誰もが嘘をついている

EVERYBODY Lies

ビッグデータ分析が暴く人間のヤバい本性

Big Data,
New Data, and
What the Internet
Can Tell Us
About
Who We Really Are

セス・スティーヴンズ=ダヴィドウィッツ
SETH STEPHENS-DAVIDOWITZ
酒井泰介 訳

光文社

誰もが嘘をついている

——ビッグデータ分析が暴く人間のヤバい本性

EVERYBODY LIES
by
Seth Stephens-Davidowitz

Japanese translation rights arranged with
Seth Stephens-Davidowitz
c/o Fletcher & Company, New York
through Tuttle-Mori Agency, Inc., Tokyo

父と母に

目次

序文

スティーブン・ピンカー

かつて哲学者は、人の思考を映し出せるという「脳鏡」なる不可思議な道具を夢想した。それからというもの、社会科学者は人の本性を明かすツールを探し求めてきた。実験心理学者としての私のキャリアを通じても、さまざまなツールが現れては消え、私はそれをすべて試した。評定尺度、反応時間、瞳孔拡大、機能的神経画像処理、果ては電極を埋め込まれたてんかん患者さえ見た。その人は、発作の合間の何時間もの言語実験を朗らかにやり過ごしていた。

だがいずれのツールや方法も、心の中をすっきり見通させてくれるものではなかった。問題は非情なトレードオフである。人間の思考は複雑な代物で、『戦争と平和』を速読したウディ・アレンのように「ロシア人に関する物語だな」で済ませるわけにはいかない。複層的で複雑に絡み合った対象は、科学では分析しにくいものだ。確かに、心情を打ち明ける人の豊かな思考を理解することはできる。だがモノローグは仮説を検証するうえでは理想的なデータセットではない。一方、たとえば言葉に対する反応時間や画像に対する皮膚反応のような定量化しやすい方法に絞れば統計データは取れるが、それでは複雑な認知構造を単一の数値に純化してしまうことになる。最も先進的な神経画像技術を使ってさえ、人の思考の広がりを3D画像化することはできても、それが何で構成されているのかはわからない。

データの扱いやすさか心理の豊かさかというトレードオフだけでも悩ましいのに、人間の本性を探ろうとする科学者は、「少数の法則」にも悩まされる。エイモス・トベルスキーとダニエル・カーネマンが提唱したこの概念は、ある集団の特質はどんな数の標本にも、ごく少数のそれにさえ、表れているはずだという誤謬《ごびゅう》を言い表している。最も数理的思考に長けた科学者さえ嘆かわしいほどに誤った直感で、ある研究に必要な標本数を断じてしまう。標本数が小さすぎることがもたらす実験結果の偶然のいたずらや歪みを一般化して、それが米国人の特質、ひいては人類全般の特質であると推論してしまうのだ。それらは単に便宜的に標本を集めたとき——特に学部二年生を薄謝で釣って被験者に募ったりしたとき——に起きる気まぐれに過ぎないのに。

本書はまったく新しい方法で人間の本性を探ったものだ。インターネット上の検索行為やその他の反応がもたらすビッグデータは脳鏡ではないが、本書の著者セス・スティーヴンズ゠ダヴィドウィッツはそれが、人間の心理をかつてない方法で垣間見せてくれることを示した。人々はプライバシーの守られたキーボード越しに、ともすると奇妙な告白をする。それは時に現実生活に利益をもたらすからでもあり（出会い系サイトや専門的助言を求める場合など）、時に何の影響もないからでもある（実際に誰かに幻滅させられたりもっとひどい目に遭ったりする心配なしに希望や不安を吐露できるなど）。どちらにせよ、人々は単に心理学の実験機械のボタンを押したりノブを回したりするわけではない。膨大な組み合わせの宇宙の中にある自分の考えを述べるために無数の文字列を入力するのだ。さらにありがたいのは、それが容易に集約化・分析できる形で残されていることだ。人々は生活のありとあらゆる場面からネットにアクセスする。われ知らず実験に参加し、すると刺激が変化し、それへの反応がリアルタイムに記録されていく。そして人々はいそいそと、膨大な規模の数字を与え続けてくれるのだ。

　本書は概念の証明にとどまらない。人間と自国についての私の先入観は、著者の発見によって繰り返し覆された。ドナルド・トランプの予想外の支持はどこから寄せられたのか？　１９７６年に新聞の人生相談を受け持つアン・ランダースが、読者に子供を持ったことを後悔しているかと聞いて過半数がイエスと答えたことにショックを受けたのは、一般性を欠いたまずい標本設定のためだったのか？　インターネットは２０１０年代後半の「フィルター・バブル」〔訳注／検索エンジンなどがアルゴリズムを使ってユーザーごとに結果表示を最適化しようとするあまり、ユーザーがシャボン玉に閉じ込められるかのように限られた情報しか得られない状態を指摘する語〕というくだくだしい名前の危機の犯人なのか？　ヘイト犯罪の引き金は何か？　ジョークを探す人々は元気になりたいのか？　私は何事にも動じない人間でありたいと願っているが、いつも大勢の女性が「ぬいぐるみとセックスしたい」と検索していることなど、ネットが暴く人間の性的嗜好にはおおいに驚かされる。反応時間や瞳孔拡散や機能的神経画像処理を使ったどんな実験でも、こんな事実は明かされなかっただろう。
本書は誰でも楽しく読める。たゆまぬ好奇心と親しみやすい機知で、スティーヴンズ＝ダヴィドウィッツは21世紀の社会科学に新たなる道を示した。人間の妄念を覗くこの魅力的な窓があれば、いったい誰が脳鏡など必要としようか？

２０１７年

序章　いま起きているビッグデータ革命

アメリカにはどのくらい人種差別があるのか

あの男に勝ち目はない、と衆目は一致していた。

２０１６年の共和党大統領候補予備選挙。世論調査の専門家は、ドナルド・トランプ候補の勝利など夢想だにしていなかった。トランプは相次いでさまざまなマイノリティ集団を罵っていた。そんな暴挙を大目に見る有権者などいるわけがない……。

世論調査専門家の大半は当時、たとえ党候補選で勝ったとしても本選挙では負けるだろうと予想していた。投票予定の有権者に聞いても、トランプの作法や考え方にはうんざりという回答が圧倒的だった。

だが実際、トランプが予備選も本選も勝ち抜きかねない徴候はあった――ネットの上に。

私はインターネット・データの専門家、人々がウェブ上に残す痕跡を追うのが仕事だ。キーボードやタッチスクリーンの操作を手がかりに、人々の本当の欲求、実際の行動、そして真実の姿を探っている。まず、この風変わりな道を歩み始めたきっかけからお話ししたい。

事の始めは、いまやはるか昔のことに思えるが、２００８年の大統領選と社会科学界の長らくの争点――アメリカには人種的偏見がどれくらいあるのか、だった。

バラク・オバマは、主要政党の候補として大統領選に立った初のアフリカ系アメリカ人だった。そして割合にすんなりと勝った。世論調査の結果は、米国の選挙において人種はさほど障害にならないことを示していた。たとえばギャラップ社はオバマの初当選の前後に世論調査を山ほど実施し、アメリカ人はバラク・オバマが黒人であることをおおむね気にしていない、と総括していた。[1]選挙後ほどなくして、カリフォルニア大学バークリー校の著名教授２人が、その他の世論調査データに先進的なデータ・マイニングを施したが、結論は同じだった。[2]

そして、そう、この見解はオバマ政権時代を通じて、メディアと学術界の主たる通念になった。マスコミや社会科学者らが80年あまりにわたって世情を理解するために用いてきたサーベイ（意識・行動調査）という情報源は示していた――大半の米国人は、大統領としての適性を判断する際にオバマが黒人であるかどうかなど気にしなかった、と。

奴隷制とジム・クロウ法（黒人差別法）に長らく手を汚してきたこの国は、ついに人をその肌の色で見ることをやめたのだ……。これは人種差別の克服が、いまや仕上げに差しかかっていることを示唆していた。実際、中には我々はポスト人種差別時代に生きているとのたまう権威もいた。[3]

2012年、私は経済学を学ぶ大学院生で、目的を見失い、学業に燃え尽き、だが生意気にもこの21世紀の世の中の仕組みや人々の考えや価値観はよくわかっていると自惚《うぬぼ》れていた。そしてこの人種偏見問題については、心理学や政治学の本で読んだ通り、あからさまな差別主義はごく一部の米国人に限られたものであり、その大半は最南部地域に住む保守的な共和党員と信じて疑わなかった。

人はグーグルに告白する

それから私は、グーグル・トレンドに出会った。

グーグル・トレンドは2009年、遊び道具としてひっそりと導入されたツールで、どんな語句がいつどこで検索されているかがわかるものだ。たとえば、どの有名人がイケてるとか、どんなファッションに火がついたかなどの雑談のネタ元という位置づけだった。最初期バージョンには冗談半分に、「博士論文の執筆に使おうとは思わないはず」と但し書きがあり、それを見て私はすぐに、これを使って博士論文を書いてやろうと思った。[*]

当時、グーグル検索データは、「まじめな」学術研究の情報源に適しているとはみなされていなかった。グーグル検索のデータは、サーベイとは違い、人間心理を理解するために工夫されたものではない。グーグルは人々が世の中を知るために生み出されたもので、研究者が人々について学ぶためのものではなかったのだ。だが蓋を開けてみると、人々がウェブ上に残す痕跡は、途方もないほど示唆的だった。

言い換えるなら、人々が情報を求める検索は、それ自体が情報なのである。人々が何かの事実、発言、ジョーク、場所、人物、物事、あるいはヘルプについて検索するとき、それは彼らの本当の考え、望み、あるいは恐れについて、どんな推測よりも正確に明かすものとなる。人々が時に何かを調べるというよりむしろ告白するかのようにグーグルを利用するのは――「上司が嫌いだ」、「私はアルコール依存症だ」、「父に虐待された」など――まさにその好例だ。語句を検索入力する日常のひとコマには小さな真実が含まれており、塵も積もればやがて深遠

＊ グーグル・トレンドは私のデータの主な出典であり続けている。だがこのツールは、さまざまな検索の相対的な頻度を示すだけで、特定の語句の検索回数を示すものではない。このため私は通常、これを補完するためにグーグル・アドワーズを併用している。これはどんな検索も、行われるたびにその絶対数を示してくれるからだ。たいていの場合、自作のトレンド・ベースの解析アルゴリズムを使って、さらに分析精度を高められた。これについては、私の博士論文『グーグル・データを使っての小論（*Essays Using Google Data*）』および学術論文雑誌『ジャーナル・オブ・パブリック・エコノミクス（*Journal of Public Economics*）』で発表した論考「黒人候補に対する人種的悪意の対価：グーグル検索データを使っての証明（The Cost of Racial Animus on a Black Candidate: Evidence Using Google Search Data）」で述べている。この博士論文とそれへのリンク、本書執筆のための研究に用いたデータとコードは私のウェブサイト（sethsd.com）で公開している。

な真実が露わになる。私がグーグル・トレンドに打ち込んだ最初の検索ワードは、「神（God）」だった。その結果、「神」について最も検索している人々は、アラバマ、ミシシッピ、アーカンソー州の住人とわかった。いわゆる聖書地帯《バイブル・ベルト》である。そして検索が最も多く行われる曜日は日曜日。いずれも意外な結果ではないが、これほど明確なパターンが明らかになることは興味をそそった。「ニックス（Knicks）」という単語を最もググっているのは、ＮＢＡチーム「ニューヨーク・ニックス」の本拠地ニューヨーク市の人々だ。これまた当たり前。次に自分の名前を検索してみると、「残念ながら、このワードでの十分な検索実績がありません」と表示された。グーグル・トレンドのデータは、同じ検索が多くの人々によってなされた場合にのみ生成されるのだとわかった。

だがグーグル検索の力は、神が深南部で、そしてニューヨーク・ニックスが地元ＮＹで愛されており、私がどこでも人気がないことを教えてくれることにとどまらない。そんなことは、どんなサーベイでもわかる。グーグルのデータの真価は、人々が誰にも決して明かさないようなことさえこの巨大検索エンジンには明かす、という点にある。

セックスに関する自己申告は嘘だらけ

たとえばセックスを例に考えてみよう（後続章でより掘り下げる主題である）。性生活についてのサーベイは当てにならない。私は総合的社会調査（ＧＳＳ）を分析したことがある。[4]これは米国人の行動をめぐる最も権威的で影響力のある調査の一つと考えられている。この調査によると、異性愛者の女性は、年間に平均して55回性交し、その16％においてコンドームを使用している。となると、年間に消費されるコンドームは11億個になる。だが異性愛者の男性は、年間に16億個のコンドームを用いていると述べている。両数値は論理上、一致するはずである。では男性と女性のどちらが真実を述べているのか？

実はいずれでもない。世界的に消費者行動を追跡している情報・調査会社ニールセンによれば、コンドームの年間販売数量は6億個に満たない。[5] つまり男女とも嘘をついており、違いはその程度だけなのだ。

実際、嘘だらけである。結婚歴のない男性は、年間に平均29個のコンドームを使っていると述べている。となると、累計では独身者はおろかすべての米国人男性が使用するコンドームの数を超えてしまう。既婚者もやはり性交回数を過剰に申告しているようだ。65歳未満の既婚男性は、平均して週に1度性交していると回答している。過去1年間に1度も性交していないと答えた人はわずか1％。既婚女性はもう少し控えめな性交回数を申告しているが、さしたる差ではない。

グーグル検索は結婚生活における性生活について、はるかに沈滞した（だがずっと正確な、と言いたい）構図を明かしている。グーグル上では、結婚生活にまつわる最大の不満はセックスレスである。「セックスレス　結婚」の検索回数は、「不幸　結婚」の3・5倍、そして「愛のない結婚」の8倍も多い。未婚カップルでさえ、どうしたものかしばしばセックスレスについてこぼしている。「セックスレス　交際」よりも検索回数が多いのは、「虐待　交際」だけである（声を大にして言っておきたいが、これらのデータはすべて匿名ベースである。もちろんグーグルはいかなる特定人物の検索歴も提供していない）。

検索行動に表れる心の闇

そしてグーグル検索は、さまざまなサーベイが示したポスト人種差別の理想郷とは大違いの米国像を明かしている。私が初めてグーグル・トレンドで「ニガー（nigger）」と調べたときのこと。これほど醜悪な言葉などあまり検索されることもないだろうと思っていた（世間知らずと言われても仕方がない）が、見当外れもいいところだった。米国では「ニガー」という単語は、「偏頭痛（migraine[s]）」とか「エコノミスト」、「レイカーズ」などとほぼ同じ回数検索されていた。この結果はラップの歌詞を拾って歪んでいるのでは、とも思った。違う。ラップの歌詞ではほぼ常に、「ニガー（nigger）」ではなく「ニガ（nigga[s]）」だからだ。では米国人が「ニガー」と検索する動機は何なのかというと、えてしてアフリカ系米国人を嘲笑するジョークを求めてのことだとわかった。実際、「ニガー」という単語検索の20％は、「ジョーク」との複合検索だった。その他の検索頻度の高い語句は、「馬鹿なニガー（stupid niggers）」や「ニガーが憎い（I hate niggers）」などだった。

こうした検索は、年に数百万回も行われている。米国人の多くは、私的な自宅空間では、衝撃的なほど人種差別的な語句を検索している。研究すればするほど、こうした不穏な情報は増えていった。

オバマの初当選の夜、大半の論説は彼を讃え、当選の歴史的意義を認めていた。だがグーグル上の「オバマ」検索の100件に1件は、「KKK〔訳注／クー・クラックス・クラン。人種差別主義団体〕」とか「ニガー」という語句を含んでいた。さして高い頻度ではないじゃないかって？　だが世界で最も強力なポストを射止め、素敵な家庭を持つこの若きアウトサイダーについて、人種差別的ではない検索をする理由が他にいくらでもあることを考えてみてほしい。選挙の夜、米国で人気の白人主義者向けサイト『ストームフロント』の検索や会員登録は、通常時の10倍以上にも上った。[6]州によっては、「初の黒人大統領（first black president）」という検索フレーズより、「ニガー大統領（nigger president）」というフレーズの検索回数のほうが多かった。[7]

伝統的な情報源では現れない闇や憎悪が、人々の検索行動には顕著に現れていたのだ。

こうした実態は、人種差別をおおむね克服した社会というイメージとは相容れない。2012年、私にとってドナルド・J・トランプは、実業家であり、リアリティ・ショーのタレントでしかなかった。数年後に彼が米国大統領選の有力候補者になるだなんて、私も余人に劣らず夢にも思わなかった。だが先のおぞましい検索の実態は、えてして人々の最悪の一面に訴えかけようとする候補——移民排斥傾向やむき出しの怒りや憎悪——の成功とは呼応している。

オバマは選挙で苦戦していた

グーグル検索の分析からは、人種差別が色濃い場所についての通念が誤っていることもわかる。サーベイや一般通念では、人種差別の本場は南部、それも共和党員によるとされる。だが人種差別的な検索の多発地域には、ニューヨーク州北部、ペンシルベニア州西部、オハイオ州東部、ミシガンの工業地帯やイリノイの農村地帯、さらにはウエストバージニア州やルイジアナ州南部、ミシシッピ州などが含まれている。だがミシシッピ州でも西部では、こうした傾向はあまり見られない。グーグルの検索データが示唆するところによると、真の分裂は、南対北ではなく東対西なのである。

また、人種差別主義は共和党員に限ったことでもない。実際、人種差別的検索は、共和党優勢地域のほうが民主党優勢地域よりも多いとは限らない。言い換えれば、グーグル検索は、米国の人種差別地図を塗り替える一助になる。そしてその地図は、一般通念とは程遠い。南部の共和党員は人種差別をより自認しやすいのかもしれない。だが北部の民主党員の多くも、同じほど偏見を示しているのだ。

そして4年後、この地図はトランプの政治的成功を説明するうえで、非常に重要であることを立証した。

2012年、私はこのグーグル検索を通じて得た人種差別地図を使って、オバマが黒人であったことの真の影響を検証した。データは明白に示していた。人種差別的検索の多い地域でのオバマの得票率は、彼の前の民主党大統領選候補者として立ったジョン・ケリーの得票率よりもはるかに低かった。当該地域におけるこの関係は、学歴、年齢、教会活動への参加、銃所有率など他のどんな要因でも説明できなかった。そして高い人種差別的検索率は、他のどの民主党大統領選候補の劣勢ぶりの説明にもならなかった。オバマだけに当てはまることだったのだ。

そしてこの結果からは、実際に大きな影響があったことがうかがえる。オバマは全米で、あからさまな人種差別によってざっと4％の票を失っていたのだ。これは他のどんなサーベイから予想されるよりも、はるかに大きな度合いだった。もちろんバラク・オバマは、民主党への強い追い風を受けて当選し、再選まで果たした。だが彼は、伝統的な情報源に頼っていた人々（ほとんど誰もがそうだった）には思いもよらなかった困難を克服しなければならなかった。民主党に追い風が吹いていなければ、人種差別主義者によって予備選や本選の結果が覆された可能性は十分にあったのだ。

私の研究は当初、5つの学術論文誌に却下された。[8] 愚痴めくようだが、多くの査読者から、忌まわしい人種差別を抱える米国人がそれほど多いとは信じられない、定説とかけ離れすぎている、さらにグーグルの検索結果など情報源として奇抜に過ぎる、と酷評された。

だがドナルド・J・トランプが大統領に就任するのを目撃した今、私の研究成果はいっそう正しかったように思える。

選挙結果を予測する

私は研究を重ねるにつれて、グーグルには、世論調査では見逃されているが、しかし選挙について（ほかの実に多くのトピックに関しても）理解を深められる情報がたくさん詰まっていると知った。

それは投票率の予想にも役立つ。実際には棄権する人の半分以上は、投票日直前の世論調査では投票に行くと答えて投票率予想を歪めている。一方、数週間も前から「投票方法」とか「投票場所」とグーグル検索している地域では、実際に投票率が高い。

誰に投票するかについても探ることができる。候補者についての検索量を見ればいいのかって？　そのやり方では明らかにだめだ。確かに支持する候補を検索する人は多いが、嫌いな候補について検索する人も同じほど多い。しかし、カリフォルニア大学ロサンゼルス校の金融学教授スチュアート・ガブリエルと私はついに、人々の投票意向を知る驚くべき手がかりを見出した。選挙絡みの検索の大部分は、両候補の名前を含んでいる。2016年にトランプとヒラリー・クリントンが戦った際には、「トランプ　クリントン　世論調査」と検索した人々もいた。また「クリントン　トランプ　公開討論」で論戦の見せ場を探した人もいた。実際、「トランプ」検索の12％は「クリントン」という検索語と複合検索されていた。同じく「クリントン」検索の4分の1以上も「トランプ」という語を含んでいた。

私たちは、見たところ中立的なこの検索が、ある人物がどちらの候補に投票しようとしているかを探る手がかりになることを発見した。

どのようにか？　候補名の入力順だ。我々の研究によれば、両候補を含む検索においては、支持候補の名前を先に入力することのほうがはるかに多い。

過去3度の大統領選では、検索語として先に入力された候補が当選している。さらに面白いのは、この入力順は、個々の州の投票動向の良い先行指標になることだ。

候補の検索入力順は、世論調査が見逃している情報をも含んでいる。2012年にオバマと共和党のミット・ロムニーが戦った際、統計学の達人でジャーナリストのネイト・シルバーは、50州すべての当落予想を的中させた。だがロムニーの名をオバマより先に入力した州では、ロムニーは実際、シルバーの予想を上回る得票ぶりだったことが、私たちの検証でわかった。オバマを先に入力することの多かった州でも、オバマはシルバーの予想を上回る勝ちぶりだった。

この指標は、世論調査から抜け落ちている情報を含んでいるかもしれない。投票者は自分さえ偽っているか、あるいは本音を世論調査会社に明かしたがらないからだ。彼らが2012年大統領選挙の世論調査で投票相手を決めていないと答えていたとしても、ずっと「ロムニー　オバマ世論調査」とか「ロムニー　オバマ　公開討論」とか「ロムニー　オバマ　選挙」と検索していたのなら、おそらく一貫してロムニー支持だったのだろう。

ではグーグルはトランプ勝利を予測していたのだろうか？　グーグルのデータをどう使えば選

挙予測に最大限に生かせるのかについてはまだ研究途上だし、多くの研究者の助けも必要だ。これは新たな科学であり、データが手に入るようになってからわずか数回の選挙しか経ていない。私も選挙予想のツールとして世論調査など全廃せよと言いきるまでには至っていないし、いずれそうなるかどうかもわからない。

だがトランプが世論調査が示していた以上に善戦しそうな徴候は、ネット上には確かに存在していた。

本選挙の間、トランプに有利な状況を示す兆しはあった。世論調査では、大勢の黒人有権者がトランプ当選を阻むために投票すると答えていた。だが黒人の多い地域では投票情報を求めるグーグル検索は、はるかに少なかった。選挙当日、クリントンは黒人の投票率の低さに泣かされた。

浮動票がトランプ側に傾く徴候さえあった。ガブリエルと私は、クリントンが勝つと見込まれていた中西部の重要州では、「トランプ　クリントン」検索のほうが「クリントン　トランプ」検索よりもはるかに多かったことを突き止めた。実際、この地域で世論調査の結果をひっくり返したことがトランプの勝因となった。

だがトランプ当選の何よりの徴候は、私がオバマ分析で暴いた密かな人種差別だったと言いたい。グーグルの検索データは、識者たちが長らく見落としていた闇と憎しみを抱える十分に大きな人口集団の存在を露わにしていた。検索データは、学者やジャーナリストが選挙世論調査に基づいて述べていた社会像とはかけ離れた姿を伝えていた。むしろ人々の本音、醜悪で剣呑な怒りの蔓延を浮き彫りにしていたのだ。

人々はしばしば嘘をつく。他人に対しても、そして自分自身に対しても。２００８年、米国人はサーベイに、もはや人種なんて気にしていないと答えた。８年後、彼らはドナルド・J・トランプを大統領に選んだ。白人のアメリカ人に対する殺人の大半は黒人によるものというデマをリツイートし、ある選挙集会では「黒人の命が大切《ブラック・ライブズ・マター》」運動の旗印を掲げた抗議者への暴行をかばい、クー・クラックス・クランの指導者だった人物からの支持を拒むことを渋った男を選んだのだ。バラク・オバマの足を引っ張った隠された人種差別が、ドナルド・トランプの追い風になったのだ。

予備選の初期、ネイト・シルバーは、トランプが勝つ見込みはないに等しいと宣言した。予備選が進みトランプが広範な支持を集めていることが明らかになるにつれて、シルバーは何が起きているのかデータで検証することにした。いったいどうしてトランプはこんなに快調なのか？

その結果、トランプが最も優位な地域をつなぎ合わせると、奇妙な地図ができることがわかった。北東部、中西部工業地帯、そして南部で勢いがあり、西部では不振を極めていたのだ。シルバーはこの勢力図を説明できる変数を探した。失業率か？　宗教か？　銃所有率か？　移民率か？　反オバマ率か？

そしてシルバーは、共和党候補予備選挙でドナルド・トランプの支持に最も相関性の高いある要因を見出した。[9] それは私が4年前に見出した判断の手がかりだった。トランプ支持が最も強かった地域は、「ニガー」という語を最もよく検索していた地域だったのだ。

グーグルからポルノサイトまで

私は過去4年間のほぼ毎日を、グーグル・データを分析して過ごしてきた。これには、私の人種差別研究を知って採用してくれたグーグルでの勤務期間も含まれる。そして私は、その後もこのデータを『ニューヨーク・タイムズ』の論説執筆者兼データ・ジャーナリストとして探り続けている。発見は後を絶たない。精神障害、性生活、児童虐待、中絶、広告、宗教、健康。いずれも小さなテーマではない。だが数十年前には望むべくもなかったグーグルの検索データはそのいずれについても驚くべき知見をもたらしてくれる。エコノミストをはじめとする社会科学者は常に新たなデータ源を探し求めているから、ここで大風呂敷を広げさせてもらおう。私はグーグル検索こそ、人間心理についてこれまで収集された最も重要なデータセットだと確信している。

しかしインターネットがもたらす世情理解のためのツールは、グーグル検索データにとどまらない。私はすぐに、ネットには他にも金脈がいくつも埋もれていることに気づいた。私はウィキペディアをそっくりダウンロードし、フェイスブックのプロフィール欄を見て回り、ストームフロントを精査した。加えてネット界最大級のポルノサイト「ポーンハブ（PornHub）」は、世界中の匿名の人々の動画検索や視聴実態のデータを提供してくれた。要するに昨今ビッグデータと

人種差別的検索[10]

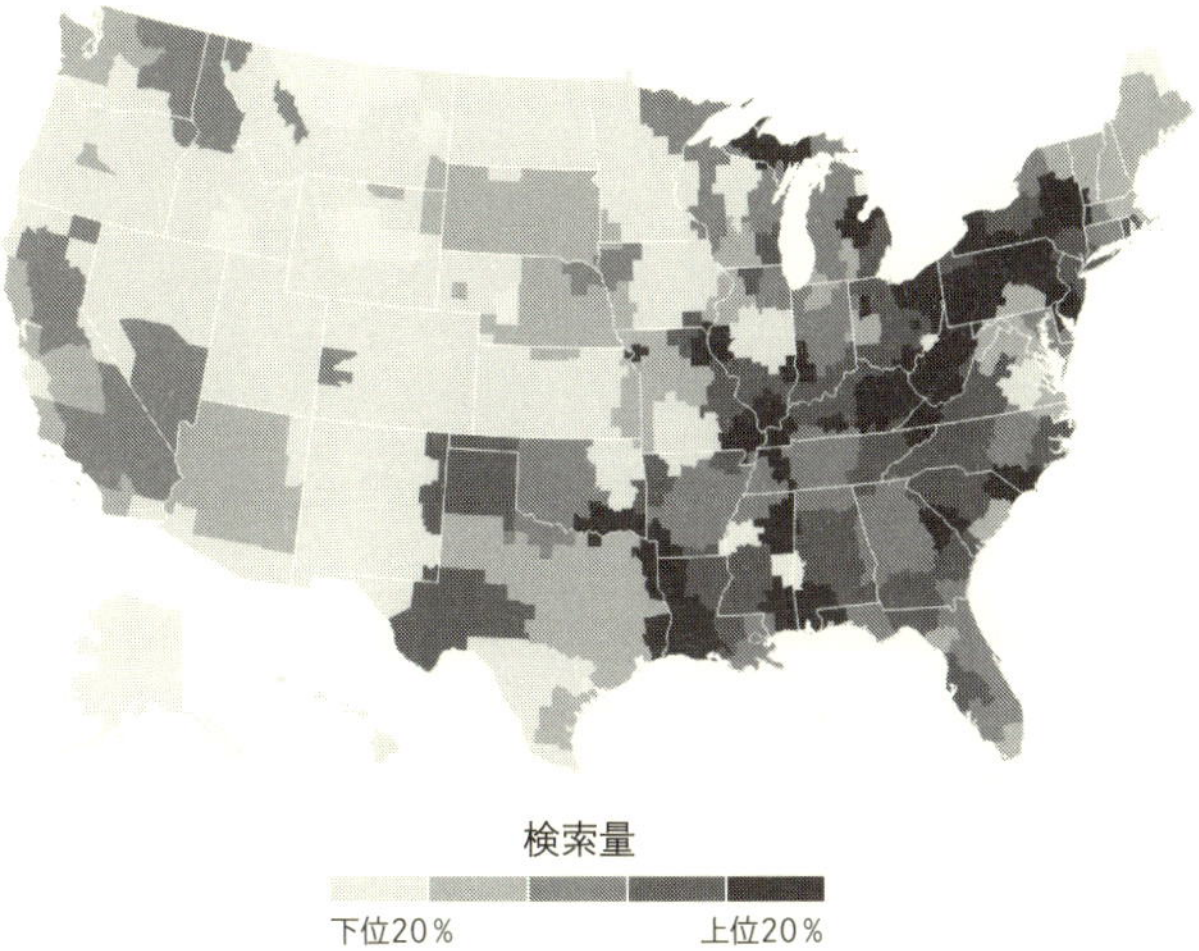

共和党候補予備選挙におけるドナルド・トランプ支持率[11]

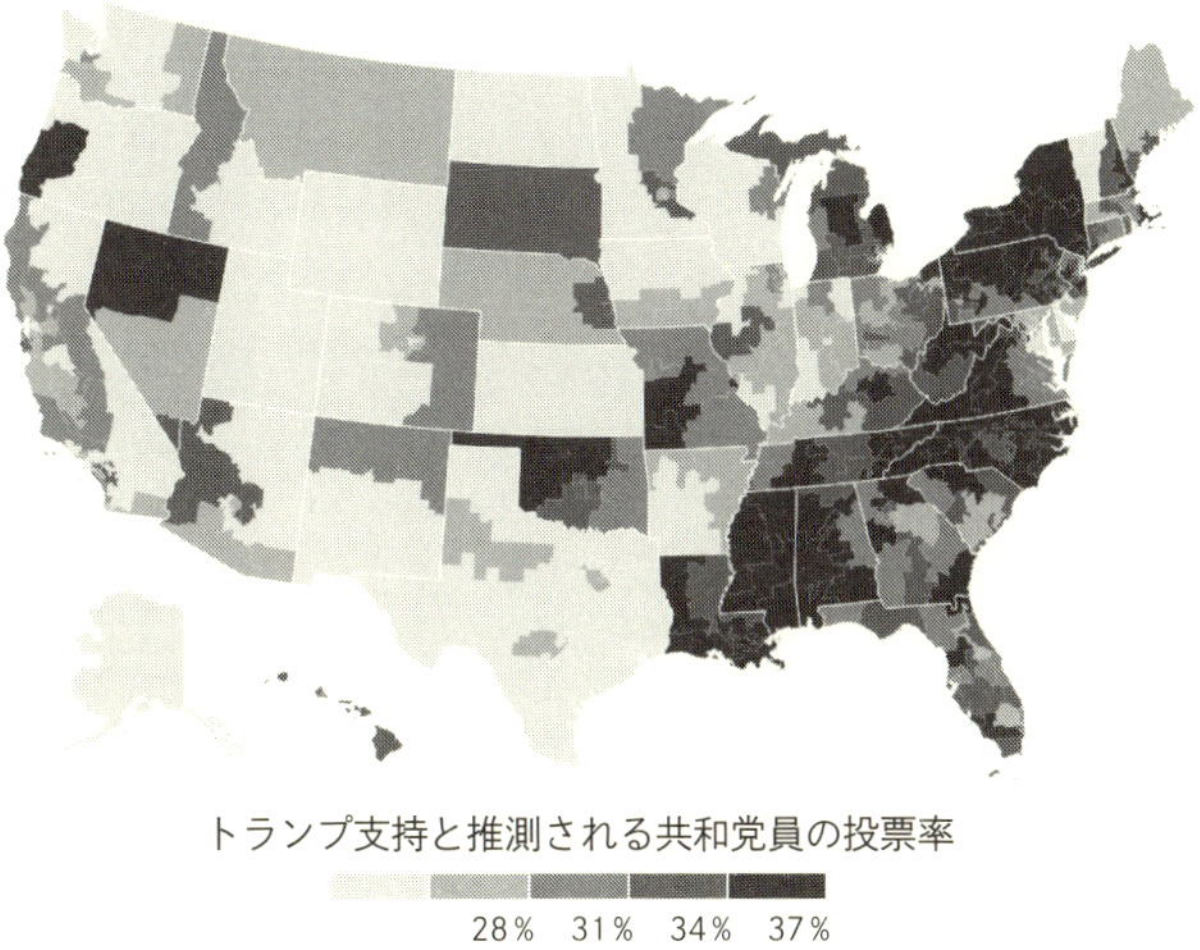

呼ばれるものに頭から飛び込んだのだ。さらに、この新たな領域を探索している大勢の人々（学者、データ・ジャーナリスト、起業家）にも取材してきた。後続章では彼らの研究の数々にも触れる。

だがまず言っておきたい。私はビッグデータというものを厳密に定義するつもりはない。なぜなら、ビッグデータとは本質的に曖昧な概念だからだ。ビッグって、いったいどの程度ビッグなら良いのか？　1万8462件のデータならスモールで1万8463件ならビッグなのか？　臨機応変にざっくりとしたとらえ方をすれば良いと思う。本書で扱うデータの多くはネット上からのものだが、他の情報源も排除しない。いまや質量ともにありとあらゆる情報が手に入る。その多くはグーグルとソーシャルメディアからのものだが、かつてキャビネットの中に秘匿されていたりファイルに綴じられていたりしたデータがデジタル化されたものもある。増えゆく市場調査の結果もある。本書で扱う研究のいくつかでは巨大なデータセットを用いていないが、代わりに情報過多時代に不可欠な新しく創造的なアプローチを採用している。

ビッグデータから価値ある情報を探し出す方法

ではビッグデータが非常に強力である真の理由は何か？　1日にオンライン上にまき散らされている情報について考えてみよう。その数字がある。21世紀の初頭、人間は1日に平均して250京バイトのデータを生成していた。[12]

そしてそれが洞察を得る端緒になる。

木曜日の午後、ある女性が退屈していた。そこで何か「面白いクリーンなジョーク」をググった。メールをチェックした。ツイッターにサインインした。それから「ニガー・ジョーク」をググった。

気がふさいだある男性がいた。彼は「鬱症状」とか「憂鬱な物語」などをググり、オンラインのソリティアで遊んだ。

ある独身女性が、友人が婚約したニュースをフェイスブックで見た。彼女は、その友人をブロックした。

ある男性はNFL（アメフトのリーグ）とラップについてのグーグル検索の手を休め、代わりに「男性にキスしたいと思うことは正常か？」と検索した。

ある女性は『バズフィード』のサイトで「かわいすぎる《キューテスト》猫15選」という記事をクリックした。

ある男性が同じ記事に目をとめたが、彼のディスプレイでは記事のタイトルが「ほれぼれする《モスト・アドラブル》猫15選」となっており、彼はそれをクリックしなかった。

ある女性は「息子は天才？」とググった。

ある男性は「娘を痩せさせる方法」とググった。

ある女性は、6人の親友たちと旅行中だった。みんなとても楽しいと口をそろえていた。彼女は友人たちの目を盗んで「夫と離れ離れでさみしい」とググった。

その女性の夫は6人の親友たちと旅行中だった。彼は友人たちの目を盗んで「妻の不貞の兆し」とググった。

こういった検索のいくつかは、決して他人には明かさないものだ。これを特定人物の恐れや願望、行動などを暴かないよう匿名で集め、そこにいくらかデータサイエンスを用いれば、人間について——彼らの行動、欲求、性質など——新たな知見が得られる。口幅ったいようだが、私は、デジタル時代がもたらしたデータのおかげで、人間社会についての理解は急速に深まっていると思うようになった。それは、微視的にも巨視的にも、これまで見えなかった光景を明かしている。いわば新たなる顕微鏡や望遠鏡の発明だ。重要どころか革命的でさえある洞察をもたらしてくれるかもしれないのだ。

こうした宣言は僭越なばかりか軽薄にも見えるかもしれない。実際、ビッグデータについてろくな証拠も示さずにやみくもな怪気炎を上げる輩は多い。

そのため、やはりビッグデータ分析を相手にしない懐疑派も多い。「ビッグデータに情報などないとは言わない」と著述家で統計学者のナシーム・タレブは記している。「確かに情報は含まれているだろう。問題の核心は、どんどん大きくなる干し草の山から針を探し出すのが困難であることだ[13]」

となると本書の目的の一つは、ビッグデータを使って何ができるのかを立証し、ますます膨れ上がる干し草の山から情報を見つけ出す方法を示すことだ。本書を通じて、ビッグデータが人間心理と行動についての新たな洞察をもたらす実例にふんだんに接し、本当に革命的なことが進行中なのだと察してもらえればうれしい。

「まあ、ちょっと待て。革命的だなどと言っても、これまでその驚異的なデータを使って示したのは、米国には人種差別主義者が大勢いることや、人々とりわけ男どもはセックスの頻度を多めに申告することを示しただけじゃないか」という声も上がるかもしれない。

確かに、ニューデータが自明なことを裏付けているに過ぎないこともある。だがこれらの発見を陳腐と思うのなら、第4章まで待ってほしい。そこではグーグル検索データを使って、男性がペニスのサイズに深刻な不安を抱えていることを余すところなく実証して見せる。

また、おおむね見当はついているが確証はないことを検証するのも、そう捨てたものではない。見当と検証は別物である。とはいえビッグデータの威力が見当の検証に過ぎないのならおよそ革命的とは言えまい。幸いにも、その力はそれにとどまらない。私は何度も、データに先入観をひっくり返されてきた。驚くべき例をいくつか挙げよう。

驚くべき真実

人種差別主義の主因は、経済的不安だと思うかもしれない。となると、職を失えば人種偏見が募ると考えるのが筋だろう。だが実際には、失業率の上昇時に人種差別的検索やストームフロントの入会は増えていない。[14]

また不安が最も募っているのは、むやみに教育程度が高い大都市だろうと思うかもしれない。大都会では神経症になりがちだというのはステレオタイプである。だが不安に関するグーグル検索――「不安　症状」とか「不安　助けて」など――はえてして、教育程度が低く、収入のメジアン（中央値）が低く、農村人口比率が高い地域で多い傾向がある。[15]たとえばニューヨーク市よりも、州北部の農村地帯のほうが不安をめぐる検索率が高いのだ。

また数十人、数百人という犠牲者を伴う大規模なテロ攻撃の直後には、おのずから不安をめぐる検索が増えると思うかもしれない。そもそもテロリズムというものは、恐怖心を植え付けるための手段だ。私は２００４年以降の欧米における主要なテロ事件後の不安関連検索の推移を数日、数週間、数カ月などの単位で調べた。平均してどのくらい増えていたか？　まったく増えてはいなかった。

人は悲しいときにジョークを検索するものだと思うかもしれない。[16]歴史上の偉大な思想家の多くも、人は痛みから逃れようとしてユーモアを求めるものと言う。ユーモアは、不満、心痛、そして人生において避けることのできない失意を乗り越える方法と考えられてきた。チャーリー・チャップリンいわく、「笑いは強壮剤であり、救いであり、痛み止めだ」

だが、ジョークについての検索は、最も不幸な曜日といわれる月曜日が最も低い。また曇りや雨の日にも少ない。そして大きな悲劇の後にも急落する（たとえば、２０１３年ボストン・マラソンで２つの爆弾が３人を殺し、数百人を負傷させたときのような）。人々は実際には、うまくいっていないときより、うまくいっているときのほうがジョークを求めるようなのだ。

時には、新たなデータセットから、思ってもみなかった行動、願望、不安が浮き彫りになることもある。性的嗜好をめぐるこの種の例には事欠かない。たとえば「夫は……」という語句と併せて、「私に授乳してほしいのか」という検索がダントツに多い国はインドだなんて思ったことがあるだろうか？[17] さらに男に授乳しているシーンを含むポルノの検索も、インドとバングラデシュではどんな国より4倍も多い。[18] こんなことは実際にデータを見るまで予想だにしなかった。

さらに、男がペニスの大きさに妄執していることは常識かもしれないが、グーグル検索が明かす女性にとっての身体をめぐる最大の不安事には驚かされる。男にとってのペニスの大きさに匹敵する女性にとっての自分の身体をめぐる不安とは……（ドラムロール入る）……アソコがにおわないかどうかだ！ 女性は、男がペニスについて検索するのと同じほど、陰部について検索をしている。[19] そして女性にとっての最大の関心は、その悪臭および対策である。こんなことは実際にデータを見るまで予想だにしなかった。

時には、新たなデータによって、考えてもみなかった文化的差異に気づくこともある。妻が妊娠したときの各国の夫の反応の違いはその一例だ。メキシコでは「妻が妊娠」に伴う検索語句のトップは「言ってやるべき愛の言葉」と「捧げるべき詩」である。[20] 米国の検索上位は「どうすればいい？」と「何をすべきか？」だ。

だが本書は、単に珍妙な事実集や単発研究集――それらも山ほど紹介するが――にとどまらない。ビッグデータ分析は新たな方法論として勢いづいているので、本書ではその働きとそれが革新的である理由を整理する。またビッグデータの限界についても明らかにする。

正しいデータ、正しい問い

データ革命の熱狂の中には見当はずれなものもある。人間がデータセットに入れ込むのは今に始まったことではない。グーグル、アマゾン、フェイスブックが生まれる前、まだビッグデータなどという言葉がなかった頃でも、テキサス州ダラスでは「大規模で複雑なデータセット」をめぐる会議が開かれていた。スタンフォード大の統計学教授で私のグーグル時代の同僚でもあったジェリー・フリードマンは、この1977年の会議を覚えている。ある著名な統計学者が登壇し、5ギガバイトもの膨大なデータを収集したと述べた。次に講演したやはり著名な統計学者が言った。「さっきの方はギガバイトと言っておられました。大したことはない。私はテラバイトのデータを持っています」。つまり論点はどれだけの情報を集めたかであり、それをどうしようかとか、それによってどんな疑問を解決しようとしているのかではなかったのだ。「当時は面白いと思った」とフリードマンは言う。「どれだけ大きなデータを持っているかが自慢の種になっていたんだ。今でも時々そんなことがある」[21]

あまりにも多くのデータサイエンティストが膨大なデータを集積しては、ほとんど意味のないことを発表している。たとえばＮＹニックスが最も人気があるのはニューヨークだ、などというような。何テラバイトを持っていようがろくな発見ができずデータの海に溺れている会社が多すぎる。データセットの規模は、えてして買いかぶられていると思う。それは、反直感的な理由による。重要な発見ほど、そのために必要なデータは減るのだ。熱いストーブに触れればやけどすることは、一度手を触れればわかる。だがコーヒーを飲んだ後に頭痛がすることが多いと気づくためには、何千杯も飲まなければならないかもしれない。どちらの教訓がより重要か？　明らかにストーブのほうだ。これは体験が強烈なため、一度で身に沁みてわかる。

　実際、最先端のビッグデータ会社は、えてして自前のデータを細分化しているものだ。グーグルでは、膨大な手持ちデータからごく一部を抽出した資料に基づいて重要な決断を下している。[22]重要な知見を得るのに、必ずしも膨大なデータは必要ないのだ。必要なのは正しいデータだ。グーグルのデータの価値が非常に高いのは、規模が大きいからではない。人々が真情を吐露しているからだ。人は友人にも医者にも恋人にも自分自身にも嘘をつく。だがグーグル上では、引け目を感じることでも気後れなく入力する。セックスレスな結婚生活や精神衛生や黒人に対する悪意などは、そのごく一例に過ぎない。

　ビッグデータから洞察を得るためにさらに重要なことがある。正しい問いをしなければならないということだ。夜空にあてずっぽうに天体望遠鏡を向けても冥王星が見つかるわけではないように、膨大なデータをダウンロードすれば隠れた人間の本性がわかるわけではない。見込みのつけ方が肝心だ。たとえばインドで「夫は……」という語句に伴っている検索フレーズを探すように。

本書はビッグデータの最適な使い方を示し、それがどうしてそんなに強力なのかを解説する。そしてその過程を通じて、私や他の人々が見出してきたことの数々をお伝えする。そのごく一例を挙げれば……

- ゲイの男性はどれだけいる？
- 広告には効果がある？
- どうしてアメリカンファラオは偉大な競走馬なのか？
- マスコミは偏向している？
- 「フロイト的錯誤」は本当？
- 脱税するのはどんな人？
- どの大学に進学するかは大切？
- 株式市場は予測できるか？
- 子育てに最も適している場所は？
- 物語をバイラル的に流行らせるものは何？
- 2度目のデートにこぎつけたければ、最初のデートで選ぶべき話題は？

だがこれらの話題に進む前に、もっと基本的な問題を議論しなければならない。そもそもなぜデータを手に入れる必要があるのか、だ。この議論のために、私の祖母を紹介したい。

パート1
大きなデータ、小さなデータ

第1章　直感は裏切り者

ビッグデータおばあちゃん

ここ数年間の感謝祭をデート抜きで過ごしてきた33歳にとっては、伴侶選びは重要な話題だろう。そしてこの話題をめぐっては、誰もが一家言あるものだ。

「セスには本人並みにクレイジーな女の子が必要だわ」と私の姉は言う。

「そんなバカな！　必要なのはまともな娘だ。バランスをとらなくちゃ」と弟が反論する。

「セスはクレイジーじゃないわ」と母。

「そんなクレイジーな。もちろんセスはクレイジーだ」と父。

それまで黙って聞き役に回っていた物静かで穏やかな祖母が口を開いた。口さがないニューヨーク人どもがしんとなり、この黄色い短髪でいまだに東欧訛りの抜けない小柄な老婆に視線を注ぐ。「セス。あなたには良い娘が必要よ。あまりきれいすぎない娘ね。頭と人当たりがとても良い娘。社交的なら、あなたの邪魔にならないからね。ユーモアのセンスも大事よ。だってあなたにはユーモアがあるから」

どうしてこの老婆の助言は、家族から一目置かれるのか？　何しろ88歳とあって、誰よりも人生経験が豊かだ。うまくいった結婚生活も、いかなかった結婚生活も、山ほど見てきた。そんな歳月のうちに、良い相性を類型化してきた。感謝祭の食卓で最大のデータポイントにアクセスできたのは祖母だった。祖母はビッグデータなのだ。

本書ではデータサイエンスにまつわる誤解を解く。好むと好まざるとにかかわらず、データは私たちの暮らしにますます重要な役割を果たしており、その傾向は募るばかりだ。新聞にも市況欄がある。企業にも社有データを分析する専門部門がある。投資家もデータを集められる新興企業には巨額の投資を惜しまない。回帰分析や信頼区間の計算を学んだことがなくても、活字、仕事の会議、廊下の雑談などで、データとさんざん向き合うだろう。

こんな趨勢に不安を覚える人も多い。データに怖気づき、まごつき、物事を定量的に理解するのは左脳が発達した少数の英才の特権で、自分など柄ではないと考える。数値を見るや否やページをめくり、会議を切り上げ、話題を変えようとする。

私はデータ分析に10年携わり、斯界の権威の謦咳《けいがい》に接する幸運に恵まれた。それを通じて学んだ最も重要な教訓は、良きデータサイエンスは思ったほど複雑ではない、というものだ。実際、良きデータサイエンスとは驚くほど直感的なものだ。[1]

なぜか？　データサイエンスとは、せんじ詰めればパターンを見出し、ある変数が他の変数にどう影響するかを予測することであり、人は絶えずこれをやっているからだ。

祖母の助言について考えてみよう。彼女は1世紀近くにわたって家族や友人や知り合いから聞きこんで脳に保存してきた膨大なデータにアクセスした。そして私に似た性格――感受性が強く、孤独癖があり、ユーモアのセンスがある――を持つ例を抽出した。そして女性にとって重要な資質――親切さ、賢さ、容姿――を絞り込んだ。そしてそれを良き結婚生活に伴う資質と組み合わせたうえで、結論を出した。つまり彼女はパターンを抽出し、ある変数が他にどう影響するかを予言したのだ。おばあちゃんはデータサイエンティストだ。

あなただってデータサイエンティストだ。子供の頃、泣けばお母さんがかまってくれると思っていたはずだ。これはデータサイエンスだ。大人になってからは、愚痴ばかりこぼしていると人から相手にされなくなると悟ったはずだ。それもデータサイエンスだ。人に相手にされなくなると、面白くない。そしてそうなると、つっけんどんになる。つっけんどんになると、ますます人から相手にされなくなる。いずれもれっきとしたデータサイエンスだ。

データサイエンスはこんなにも自然なことだから、私は、最高のビッグデータ研究は少しばかり賢い人にならば誰にでも理解できるものだと悟った。ある研究が理解できなければ、悪いのはおそらくあなたではなくその研究のほうだ。

がん患者は何を検索していたか

直感的で偉大なデータサイエンスの好例がある。最近見つけた研究だが、おそらく過去数年間で最も有意義なものだ。また私が知る限り最も直感的でもある。この研究の重要性のみならず、それがどんなに自然でおばあちゃんの知恵のようであるかにも留意してほしい。

その研究はコロンビア大学とマイクロソフトの研究者チームによるもので、すい臓がんの前駆症状を探るものだった。[2] すい臓がんの5年後生存率はわずか3％と低いが、早期に発見すればこの率を倍にできる。

これは、マイクロソフトの検索エンジン「ビング（Bing）」のユーザーの膨大な検索データを匿名化して利用した研究だった。まず「すい臓がんと診断された」、「すい臓がんの宣告を受けたが、これからどうなるのか」などの検索フレーズに基づいて、最近すい臓がんの診断を下されたに違いないと思われるユーザーを特定した。

次に、後にすい臓がんになった少数のユーザーとその他のユーザーの、健康関連の症状の検索を比較した。すい臓がんになったユーザーだけが、その数週間から数カ月前に自覚していた症状を調べたのである。

結果は驚くべきものだった。当初「腰痛」を調べ、後に「肌の黄ばみ」と検索することはすい臓がんの予兆となるが、単に「腰痛」だけを調べた人の場合はさにあらず。同様に「消化不良」

と調べてから「腹痛」を検索した人はすい臓がんになるが、「消化不良」と調べたものの後に「腹痛」と調べていない人はすい臓がんと診断されてはいないようだった。研究者たちは、すい臓がんらしいパターンで検索する人の5％から15％は、ほぼ確実にがんであるようだと突き止めた。あまり高い率ではないと思うかもしれない。だが本当にすい臓がんにかかっていれば、その程度でも、生存率を倍にできると思えば福音には違いない。

研究成果を詳述したこの論文は、専門家以外には十分に理解しにくいかもしれず、専門用語もたくさん含んでいる。たとえば「コルモゴルフ－スミルノフ検定」などで、正直言えば私も何のことだったか忘れていた（あるモデルとデータの適合性を調べる方法の一つである）。

この驚くべき研究が、その根本においてどれほど自然で直感的であるか考えてみてほしい。この研究者らは、広範な医学的症例を調べて、症状を特定の疾病と結びつけた。だが病気の診断に際しては、患者の家族であれ医師や看護師であれ、同じように経験と知識に基づいて、熱、頭痛、鼻水、胃痛などの症状をさまざまな病名に結びつけてきたのである。つまりコロンビア大学とマイクロソフトの研究者らは、誰もが健康診断に使う当たり前の方法で画期的な論文を書き上げたのだ。

とはいえ、もし最良のデータサイエンスの方法が、ともすると自然で直感的であるなら、それはビッグデータの価値についての根本的な疑問につながる。人間が生まれつきデータサイエンティストでデータサイエンスが直感的であるなら、どうしてコンピュータや統計ソフトが必要なのか？　なぜコルモゴルフ―スミルノフ検定を用いるのか？　私の祖母や医師や看護師がそうしているように、直感ではいけないのか？

この論争は、マルコム・グラッドウェルのベストセラーで人間の直感の謎を探る『第1感』（光文社刊）の発表後に盛り上がった。グラッドウェルは、直感に頼って彫像の贋作を見破る美術専門家、打つ直前にサーブを外すと悟るテニス選手、適正価格を見抜く商人などの例を挙げている。同書のヒーローたちは回帰分析や信頼区間計算などしないし、コルモゴルフ―スミルノフ検定も用いない。だがなべて驚くほど正確な予想をしている。グラッドウェルの直感擁護論に直感的に賛同する人は多い。彼らは直感や第六感を信じている。『第1感』の愛読者なら、コンピュータなど用いずに長続きする結婚生活に必要な資質を助言した私の祖母の知恵を讃えるかもしれない。また本書の随所で紹介する私や他の研究者によるコンピュータを使った研究の成果をあまり評価しないかもしれない。もし祖母流よりコンピュータ流のビッグデータを革命的とするのなら、グラッドウェルが言うようにえてして驚異的な人間の直感よりも強力であることを証明してみせる必要がある。

コロンビア大とマイクロソフトの共同研究は、精密なデータサイエンスとコンピュータが直感頼りでは不可能なことを可能にすることを示すたっての例だ。またデータセットの規模が重要である例でもある。私たちの直感は、時に不十分な経験から結論を導いてしまう。あなたや友人や家族が、後に腹痛を伴う消化不良と伴わない消化不良の症例に十分に接していることは考えにくい。実際、データセットが大きくなればなるほど、研究者らはあれこれの疾患の前駆・初期症状のタイミングについて、医師でも見落とすような微妙な症例を豊富に手に入れられる。

鬱対策には薬よりも転地？

さらに直感は通常、世の中のありようについて総じて良き一般論を与えてくれるが、不正確なことも少なくない。実相をより正確に知るにはデータが必要だ。たとえば天候が気分にもたらす影響を考えてみてほしい。おそらく摂氏マイナス12度の日には、プラス20度の日よりも気がふさぐと思うだろう。そしてこの推論は正しい。だがそれがもたらす影響の大きさはわからないだろう。私はある地域における鬱についてのグーグル検索データと、さまざまな要因（経済状態、教育水準、教会参加率など）との相関性を調べた。冬の気候の影響力は他の要因を圧倒していた。[3]冬の間、ハワイのホノルルのような暖かい都市では、鬱についての検索がイリノイ州シカゴのような寒い都市よりも40％も少なかったのだ。これは大きな影響だ。抗鬱剤の有効性研究によると、楽観的な研究においてさえ、最も有効性の高い薬剤でも鬱を20％低減できるに過ぎないとしている。グーグルのデータによれば、シカゴからホノルルに引っ越すだけで、投薬治療の少なくとも倍も冬季の鬱の対策になる。[*]

「共通の友人」は夫婦円満の敵

慎重なコンピュータ分析を伴わない直感が大間違いにつながることもある。人は自らの経験や偏見に惑わされやすい。実際、私の祖母は積年の経験を生かして長続きする男女関係について家族の誰よりも良い助言ができるが、それでもなぜそうなるのかについては疑わしい見解を持っている。たとえば彼女は、共通の友人を持つことの重要性を説いてやまない。これが自分の結婚生活の成功のカギだったと信じているのだ。彼女は夫（私の祖父）とニューヨーク市クイーンズの小さな裏庭のデッキチェアに腰かけて、決まった顔ぶれのご近所さんたちと噂話に興じて充実した日々を送った。

祖母には悪いが、データサイエンスは彼女の誤りを示唆している。最近、データサイエンティストのチームが、人類が集めた最大のデータセットであるフェイスブック上の人間関係を解析した。[4] ある時点で「交際中」の関係にあった膨大な数のカップルを調べると、一部はその後も「交際中」を保っていたが、交際ステータスを「独身」に戻した人たちもいた。そして研究の結論は、共通の友人を持つことは関係が長続きしないことの強力な予兆になることだった。おそらくパートナーや同じ少人数の人々と夜ごとつるむことは、あまり良いことではないのだろう。それぞれ

＊　告白すると、この研究をまとめた直後、私は温暖なカリフォルニアから寒いニューヨークに転居した。データによって取るべき行動がわかったからといって、その通りに行動できるとも限らない。

が別の社交集団を持つほうが関係を長続きさせるのだ。

ご承知のとおり、コンピュータなしに直感頼りでやって素晴らしい結果が得られることもある。だがそれが大きな間違いを生むこともある。祖母はおそらく、人は自らの経験を買いかぶる傾向があるという認識の罠に嵌ったのだ。データサイエンスの用語ではデータに「加重《ウェイト》する」と言うが、人は自分というデータポイントに過大な加重をするのだ。

祖母は祖父やその友人たちとおしゃべりに興じた夕べを懐かしむあまり、いつも同じ少人数の友人たちとつるんでは口論が絶えず離婚に至った義兄夫婦を忘れてしまった。また自分の娘夫婦（私の両親）のことも失念していた。私の両親は別々に夜を過ごすことがよくあった。父は友人とジャズクラブや野球観戦によく出かけたし、母は友人と連れ立って食事や映画に出かけたが、今も仲睦まじい夫婦である。

直感頼りだと、劇的なことに引きつけられるという人間の基本的な特性にも騙されがちだ。人は印象的な物語を買いかぶる傾向がある。たとえば、調査では常に、喘息よりも竜巻が一般的な死因として上位に挙げられるが、[5] 実際には喘息のほうが70倍以上も人を殺している。[6] 喘息による死は目立たないし、ニュースにならない。竜巻で人が死んだときはその逆だ。

要するに、自分の見聞に頼り切っていては、世の中のありようを見誤るのだ。よきデータサイエンスの方法はえてして直感的だが、結果は往々にして反直感的である。データサイエンスはパターンを見出し理解するという人間の自然で直感的な方法を大幅に増強し、まったく意外な実相を見せてくれることがある。私もバスケットボールの成功の予兆について調べたときにそれを実感した。

貧困家庭出身の一流選手という神話

子供の頃の私の夢はひとえに、エコノミスト兼データサイエンティストになることだった——というのは嘘。本当になりたかったのはプロバスケットの選手だ。ニューヨーク・ニックスのセンターだったスター選手パトリック・ユーイングに憧れていた。[7]

時々思うのだが、どんなデータサイエンティストの中にも、子供の頃の夢がどうして叶わなかったのかを探るもう一人の自分が宿っているのではないか。私もその例にもれず、ＮＢＡ選手になるために必要な兆しを調べた。分析結果は驚くべきものだった。実際、またしても良きデータサイエンスは世界観を変え、またいかに反直感的であるかを示したのだ。

私が検証した疑問は「貧困家庭と中流家庭のどちらで育ったほうがＮＢＡで成功しやすいのか」だった。

たいていの人は前者だと思うだろう。10代のシングルマザーの元で育つという苦労が、この競争の激しいスポーツで抜きんでるために必要な根性を養う役に立つというのは、一般通念になっている。

この通念は、ウィリアム・エラービーというフィラデルフィア在住の高校のバスケットボール・コーチが『スポーツ・イラストレイテッド』誌のインタビューで、「郊外の子供にとってバスケットは趣味だが、都市部の貧困地域の子供たちにとっては人生がかかっている」と述べたことに端を発している。[8] 残念ながら私は、ニュージャージー郊外の両親揃った環境で育った。私と同世代で最高の選手レブロン・ジェームズは、オハイオ州アクロンの貧しい16歳のシングルマザーの元に生まれた。

実際、私がネットでアンケートをとったところ、大半の米国人は、私とエラービーコーチ同様、最も成功しているNBA選手は貧困家庭の出身だと思っていることがわかった。[9]

さてこの一般通念は正しいだろうか？　NBA選手をめぐる包括的な社会経済学的データはない。だがさまざまな情報源――basketball-reference.com、ancestry.com、米国国勢調査他――をさらえば、NBAでの成功に最もつながりやすい家庭環境がわかる。情報源は従って、大きなものも小さなものもあるし、オンラインもオフラインも含む。新しいデジタルのデータソースは魅力的だが、良きデータサイエンティストは役に立つと思えば古き良き情報源の活用もためらわない。ある研究テーマの答えを知る最善の方法は、手に入る限りのデータを併用することだ。

まず個々の選手の出身地を知る必要がある。1980年代の米国のすべての郡について、私は白人と黒人の出生数のデータを入手した。次にそのうち何人がNBA選手になったかを調べた。そしてそれを、郡ごとの平均所得と比較した。さらに郡ごとの人種的構成率も照査した。これ自体が一冊の本にもなるテーマだが、黒人は白人よりも40倍も多くNBA選手になっているからだ。

わかったのは、豊かな地域に生まれたほうがNBA入りするチャンスがはるかに高いというものだった。たとえば最富裕地域に生まれた黒人の子供は、最貧地域に生まれた黒人の子供よりも、2倍もNBA入りする可能性が高い。白人の子供の場合、最富裕地域の子は最貧地域の子より1・6倍有利だ。

この結果は、一般通念に反して、現実にはNBAでは貧困層出身者は少数派ということを示している。だがこのデータは完璧ではない。なぜなら、たとえば米国で最も豊かな郡であるニューヨーク郡（マンハッタン）はハーレムのような貧困地域も含んでいるからだ。だから困難な成育歴を持つ人こそNBA入りするという仮説にもまだ成立する余地がある。検証するには、これではデータや手がかりが足りない。

そこでNBA選手の家族構成を、報道やソーシャル・ネットワーク類から調べてみた。この調査は非常に手間がかかるので、対象を1980年代に最も多くの得点をあげたトップ100人の黒人NBA選手に限った。するとNBAの優秀な黒人選手がシングルマザーの家庭で育った率は、米国黒人の平均よりも30％少なかった。つまりトップ黒人NBA選手の出身家庭環境を調べた限り、恵まれた環境であることは成功の強い追い風であることがわかる。

とはいうものの、郡ごとの出生率も一部選手に限った背景調査も、全NBA選手の幼少時代を知るうえでは完璧なデータとはいえない。だから両親揃った中流家庭出身であることが、貧困家庭のシングルマザー育ちであることに比べてNBAのスターになりやすい条件であるとは、まだ言い切れない。この問題については、データが多ければ多いほど正確な答えがわかる。

貧困とキラキラネーム

そこで私は、ある人物の出自についてより強力な手がかりとなるかもしれない研究を思い出した。それはローランド・フライアとスティーヴン・レヴィットのエコノミストコンビによる共同研究で示されたもので、黒人のファーストネームは社会経済学的出自の手がかりになる、というものだ[10]。この研究では、1980年代のカリフォルニアの出生証明を調べて、アフリカ系アメリカ人の貧しく低学歴なシングルマザーは、中流で高学歴で結婚している母親とは違うタイプの名前を子供に授けていることがわかったのだ。

その研究によると、裕福な出自を持つ子供たちは、ケヴィン、クリス、ジョンなどの一般的な名前であることが多い。一方、困難な家庭出身の子供たちは、シーションーン、ウニーク、ブレオンシャイなどの独特な名前だった。貧困家庭に生まれたアフリカ系アメリカ人の子供が、同年に生まれた子供の中で唯一無二の名前を持つ率は中流以上の家庭の子の2倍に達していた。では黒人のNBA選手の名についてはどうか？　中流風の名か、それとも貧困黒人風か？　この研究と同じ期間で見ると、カリフォルニア生まれのNBA選手が平均的な黒人に比べて独特の名前を持っている率は半分程度だった。これは統計学的には有意な差だ。

もしNBAは貧困地域育ちのためのリーグだという人がいたら、今度の試合はラジオで聴くことを勧めてほしい。ラッセルがドワイトをドリブルで抜き、ジョシュが腕を伸ばしてボールを奪い取ろうとするのをかわしてケヴィンにパスする様子を。もしＮＢＡが貧困層出身者で占められているリーグであるなら、試合中継の様子はまったく異なり、「レブロン」のような珍しい名前のほうがずっと多かったはずだ。

さて、３種類の証拠がそろった。郡別生誕地、トップ選手の母親の婚姻状況、そして選手たちの名前だ。どの情報源も完璧ではない。だがいずれとも、同じ物語を裏付けている。社会経済学的背景が良いほど、ＮＢＡ選手として成功しやすいのだ。つまり一般通念は偽である。

１９８０年代生まれのすべてのアフリカ系アメリカ人のおよそ60％は、未婚の親から生まれている[11]。だがこの10年間のアフリカ系アメリカ人のうちＮＢＡ選手になった者の大半は、結婚している親から生まれていると私は推測する。要するにＮＢＡは、レブロン・ジェームズのような背景の男たちが多勢を占める世界ではないのだ。むしろテキサスの両親のもとで電子機器に夢中だったクリス・ボッシュや、ノースカロライナ州ルイヴィルの中流家庭の次男だったクリス・ポール[12]（彼の両親は２０１１年に息子と一緒にクイズ番組に出演している）のような者のほうが多いのだ。

データサイエンティストの目標は世の中を理解することだ。反直感的な結果に接したら、さらにデータサイエンスを用いて、どうしてそうなっているのかを検証すればいい。たとえば、中流家庭の出身者はなぜバスケットボールで貧困層よりも秀でているのか、などだ。これには少なくとも2つの仮説がある。

身長の影響

第1に、貧困層はえてして身長が低いからだ。幼少時の健康管理と栄養状態が成年の健康に大きく影響することは周知の事実だ。現代の先進社会の男性の平均身長が1世紀半前に比べて10センチ以上高いのはこのためだ[13]。データからは、貧困家庭出身のアメリカ人は、幼少時の健康管理と栄養状態のために身長が低い傾向にあることが示されている[14]。

さらにデータは、身長がNBA入りに与える影響も教えてくれる。もちろんあなたも、高身長はNBA入りを夢見る若者に味方すると思うだろう。コート上の典型的な選手とスタンドの観客の身長を比べてみればわかる（NBA選手の平均身長は2メートル強、アメリカ人の平均身長は175センチ強だ[15]）。

では身長の影響度はどれくらいなのか？　NBA選手はいくらか身長を高く言うことがあるし、米国人男性の身長分布についての完璧なデータはない。だがこれらの大まかなデータを見るだけでも、身長の重要性は容易に見て取れる。その程度たるや想像以上かもしれない。私の推計によると、身長が1インチ（2・54センチ）伸びるたびにNBA入りする可能性は倍増する。そしてこのことは身長分布の全領域について言えることだ。身長180センチの男がNBA入りする可能性は、177センチの男の倍もあるのだ。身長182センチ未満の男でNBA入りできるのは200万人中1人。だが私や他の研究者の推計によれば、身長213センチあれば5人に1人はNBA入りの可能性がある。[16]

データは、私の夢が叶わなかった理由をはっきり明かしている。郊外育ちだったからではなく、身長が175センチしかない白人だったからだ（動きが緩慢であることは言うまでもない）。さらに私は怠け者だ。スタミナもないし、シュートのフォームは悪く、ボールを持つとどぎまぎする。

社会性がないと大成しない

困難な出自の少年たちがNBAで不利な2番目の理由は、ある種の社会的スキルを欠くことがあるからかもしれない。エコノミストは数千人規模の学童のデータをもとに、両親の揃った中流家庭では、素直で、規律正しく、粘りがあり、きちんとしている子供の養育に成功することがはるかに多いことを見出している。[17]

社会的スキルを欠くと、有望な才能でも開花しないのはなぜか？

1990年代で最も有望だった才能ダグ・レンの物語を振り返ってみよう。コネチカット大学のコーチとして後のNBAスターを輩出したジム・カルホーンは、レンほどジャンプ力のある選手を指導したことがないという。[18]だがレンは育ちに恵まれなかった。[19]シアトルで最も荒れた地域の一つブラッド・アレイでシングルマザーに育てられたのだ。コネチカットに来てからも、いつも周囲と諍いが絶えなかった。チームメイトに罵声を浴びせ、コーチに従わず、チームのルールに反してだぼだぼのユニフォームを着た。靴を万引きしたり警官に食って掛かったりと法的問題も抱えていた。とうとうカルホーンの堪忍袋の緒が切れ、レンをチームから追放した。

レンはワシントン大学で2度目のチャンスを与えられた。ここでも周囲になじめないことが彼の障害となった。出場時間やシュートの選び方をめぐってコーチとぶつかり、やはりチームから放り出された。ＮＢＡからはドラフトの声がかからず下位リーグをうろちょろしたあげく母親の元に帰り、やがては強盗をはたらいて収監された。２００９年、彼は『シアトル・タイムズ』に語っている。「もう俺のキャリアは終わりだ。夢も希望もないよ。ダグ・レンは死んだんだ。いいバスケ選手だったのに、奴は終わりだ。もう死んだ」[20]。レンは単にＮＢＡ入りどころか、伝説的な名選手になる可能性を秘めていた。だが大学チームにさえ留まれる気質を育むことがついぞできなかった。もっと安定した環境で育っていたら、第2のマイケル・ジョーダンになれたかもしれなかったのに。

もちろんマイケル・ジョーダンのジャンプ力は驚異的だ。さらに強烈なエゴと競争心の持ち主である点でもレンに通じる。少年時代には問題も起こした[21]。12歳の頃には喧嘩で退学処分を食らっている。だが彼には少なくともレンが欠いていたある条件が備わっていた。安定した中流家庭の出身だったのだ。父親はゼネラルエレクトリックの設備主任で、母親は銀行勤めだった[22]。そして両親は、息子のキャリアを導いてやった。

実際、彼の物語は、偉大で傑出した才能が陥りがちな罠から家族のおかげで救われるというエピソードの連続といえる。[23] 母親は学校を退学になったジョーダンを職場に連れていった。そして駐車場に停めた車内から出ることを許さず、そこで読書を命じた。シカゴ・ブルズにドラフトされると、名声とカネにつきまとう誘惑を避けるよう一族みんなで目を光らせた。

ジョーダンは、『シアトル・タイムズ』の目立たないインタビュー記事で語られたレンのような末路をたどることはなかった。それどころか、数百万人が視聴するバスケットボール名誉殿堂入りのスピーチで自らの花道を飾ったのだ。[24] スピーチでジョーダンは言った。「私は人生の良いことに集中し続けようと努力した。人からどう見られるか、人にどう敬意を示すか、世間にどう見られるか。何をするのでも、ちょっと立ち止まって考えるようにした。そしてそれは、すべて両親が教えてくれたことだった」

データは、中流家庭の両親に感謝を捧げるジョーダンがまさに正しいことを示唆している。貧しい地域のひどい家庭には、NBA級の才能を持ちながらNBA入りできない者がいることも明かしている。こうした男たちは才能も野心も持っているが、決してスーパースターになれる気質を育むことはない。

そして（直感が何と言おうが）、「バスケに人生がかかっている」ような切羽詰まった環境にあることは、ためにならない。ダグ・レンの物語を見るがいい。データもそれを裏付けている。

2013年、レブロン・ジェームズは2度目のNBAチャンピオンシップに輝いた後（彼はその後、３度目も経験している）でテレビの取材を受けている。「俺はレブロン・ジェームズだ。オハイオ州アクロンのインナーシティの出身だ。こんなところにいられる人間じゃない」[25]。ツイッターやＳＮＳは非難の投稿であふれた。こんなに才能豊かで若くしてバスケ界の未来を背負うと目されている人材に負け犬を自称する資格があるのか、と。だが実際、困難な成育環境を抱える人間は皆、運動能力の如何にかかわらず、逆境に立たされている。ジェームズの偉業は見かけ以上に例外的なことと言える。それもまたデータが裏付けているのだ。

パートII
ビッグデータの威力

第2章　夢判断は正しいか？

このあいだ一人の「ペニストリアン」を見た……。これは「ペデストリアン（歩行者）」の誤記である。誤記を膨大に集めたデータセットで見つけた例だ。道行く人を見て「ペニス」と書く人がいるのだ。そこには何か深い意味があるのだろうか？

ある男が夢の中で、婚約者との結婚式で教会の祭壇に向かいながらバナナを食べたいと思っている……。この例は、夢を投稿するアプリの膨大なデータセットで出くわしたものだ。男がそそり勃つ男根のような形状の食べ物を口にしながら結婚したがっているのだ。そこには何か深い意味があるのだろうか？

ジークムント・フロイトは正しいのだろうか？　彼の理論が初めて世間の注目を浴びて以来、これらの問いに対する最も誠実な回答は、肩をすくめてみせることだ。この点を最も明確にしたのは、オーストリア出身の英国の哲学者カール・ポパーだ。ポパーは、フロイト理論は立証不能と主張したことで名高い。真偽を証明する手立てがないのだ。

フロイト流に解すれば、「ペニストリアン」と誤記する人は抑圧された性的願望を露わにしているのかもしれない。それに対し、別に何を表しているわけでもなく、「ペダルトリアン」と誤記するのと同じように、単なる罪のない綴り違いに過ぎないという意見もあるだろう。水かけ論である。

フロイト流に解すれば結婚式でバナナを食べることを夢想する男は密かにペニスのことを考えているのであり、本当は女性とではなく男性と結ばれたい願望を表しているのだとも考えられる。だが当の本人は、たまたまバナナのことを考えていただけだ、リンゴであってもおかしくなかったというかもしれない。これまた水かけ論。フロイト理論を検証する方法はなかった――これまでは。

データサイエンスはフロイト理論の多くについて正誤の立証を可能にしたのだ。

バナナの夢は男根への欲求の表れ？

まずは男根の象徴の夢から。夢についての膨大なデータセットを用いれば、夢に男根的形状の物体がどのくらい現れているかを簡単に知ることができる。食べ物はうってつけの手がかりだ。よく夢に見るし、バナナ、キュウリ、ホットドッグなど男根的形状のものも多い。次に、ある種の食品が特に夢に現れやすい要因を探ればいい。どのくらいの頻度で食べられているか、多くの人がそれをどれくらいおいしいとみなしているか、そして、形状が男根を想起させやすいかどうか、などだ。

同じくらい好まれているが、男根的な形状とそうではない形状の2つの食品を夢に見る頻度を比べることもできる。もしその結果に大差がなければ、男根的シンボルは夢に見る重要な要因ではないことになる。ビッグデータのおかげで、フロイト理論のこの部分は、まったく検証可能になった。

私は、ユーザーが夢を記録しておくアプリ『シャドウ』のデータを入手した。そして膨大な数の夢に出てくる食品を分析した。

全体として、我々に食べ物の夢を見させるものは何か？　第1の予測変数は消費頻度だ。最も夢に出てくる物質は水である。夢に出てくる食べ物トップ20にはチキン、パン、サンドイッチ、米などが含まれており、いずれもまったく非フロイト的である。

第2の予測変数は多くの人がどれだけおいしいと思っているかだ。人々が夢見ている食べ物トップ2はまったくフロイト的ではないが、誰もが好むチョコレートとピザである。

男根的食品が予想外の頻度で夢に現れていることはないのかって？　それはない。

バナナは果物の中では夢に見る頻度は2番目だが、2番目に多く食べられている果物でもある。だからバナナがよく夢に現れることを、フロイト説の根拠とは言い切れない。キュウリは7番目によく夢に現れる野菜だが、7番目によく食べられている野菜でもある。だからその形状が夢に頻出する理由とは限らない。ホットドッグは、ハンバーガーよりも夢に出てくる頻度がはるかに少ない。ハンバーガーがホットドッグよりも実際により頻繁に食べられていることを加味してさえ、少なすぎるのだ。

総論としては、あらゆる果物と野菜に回帰分析（複数の因子の影響度を排除する社会科学研究の方法の一つ）を施した結果、男根的形状の食べ物は、その人気相応以上に夢に現れることはないとわかった。[1] 少なくとも私がデータを分析した限り、この点においてフロイト理論は偽である。

言い間違い、書き間違いに性的願望が表れる？

次に、フロイト的錯誤についても考えてみよう。これは、人々が犯す失言や誤記などには無意識の願望、それも性的なそれが現れているという仮説である。この仮説もビッグデータを用いて検証できる。その方法の一つは、錯誤が性的傾向を帯びているかを調べることだ。もし錯誤に隠された性的願望が現れるのなら、「ペニス」とか「コック」とか「セックス」という単語を含む誤記が飛びぬけて多いはずだ。

そこで私は、マイクロソフトの研究者が集めた4万語以上の綴り違い集のデータを調べた。[2] このデータセットには、人々が綴り違いをしてからすぐに正しく綴り直した単語が含まれている。性的な綴り違いも数多く含まれている。前出の「ペニストリアン」もそうだし、「セキュリティ」と打つつもりが「セックシュリティ」としてしまったり、「ロックス」を「コックス」としたり、だ。だが単なる綴り違いも多い。「ウィンドウズ」の代わりに「ピンドウズ」、「ベジタブル」のつもりが「フェジタブル」、他にも「アフタヌーン」でなく「アフタムーン」、「リフリジレーター（冷蔵庫）」でなく「リフリディレーター」などだ。

では性的な綴り違いは突出しているのか？

この検証のため、私はまずこのデータセット上で、人々がどのくらいの頻度で文字を打ち違えているのか、たとえばtとすべきところをs、gをhと打ち違えた頻度をモデル化した。次にそうした人が犯すスペルミスを再現するプログラム、いわば「エラー・ボット」を書いた。エラー・ボットは、マイクロソフトのデータ上で人々が犯すミスと同じ頻度でtをsにする（その他の誤記も同じ）。このボットを、マイクロソフトのデータ上で誤記した単語に対して作動させた。つまりペデストリアン（pedestrian）、ロックス（rocks）、ウィンドウズ（windows）、リフリジレーター（refrigerator）と打とうとするが、人的ミスと同じ頻度でrをtにするので、rocksはtocksになってしまう。同様に、rはcに変換するので、rocksはcocksになる。

ではエラー・ボットの強制的ミスとうっかり者の人間の誤記の照合結果はどうだったか？　エラー・ボットを使って人間が犯すのと同じような傾向に従って数百万の誤記を作ってみると、フロイト的誤記は膨大に生成された。「シーシェル（seashell＝貝殻）」は「セックスシェル（sexshell）」に、「リップスティック（lipstick）」は「リップスディック（lipsdick）」に、「ラッキエスト（luckiest＝最も幸運な）」は「ファッキエスト（fuckiest）」になるなどだ。重要な発見と言えるのは、潜在意識を持たないエラー・ボットが、人間と同じほど性的と解し得る「錯誤」を犯したことである。社会科学者の決まり文句ながら、「これには一層の研究が必要だが」、人間が犯す性的傾向の錯誤は偶発的な確率を超えるものではないことがわかる。

すなわち、「ペニストリアン」とか「セックシュリティ」などと打ち間違っても、それは別に抑圧された性的願望を示しているわけではない。キーボードの打ち間違いは、単に典型的な誤記によって完全に説明がつく。人はしょっちゅうミスをする。そのうちに「リップスディック」とか「ファッキエスト」とか「ペニストリアン」などと打鍵してしまうこともある。サルだってキーボードを長い年月の間触らせていれば、いずれ「生くるべきか死ぬるべきか」と打つかもしれない。山ほど入力していれば、「ペニストリアン」と打ってしまうこともあるものだ。

フロイト的錯誤理論は実証可能であり、その検証結果は、私のデータ分析によれば偽である。ビッグデータの教えるところ、バナナはただのバナナに過ぎず、「ペニストリアン」は単なる打ち間違いだ。

抑圧された近親相姦願望

ではフロイト理論はすべて的外れなのか？　そうでもない。初めてポルノ動画サイト「ポーンハブ」のデータを見たとき、私は少なくともいくらかフロイト的な新事実を発見した。実際これは、データを調べていて最も驚かされた発見だった。大手ポルノサイトでは、衝撃的なほど多くの利用者が近親相姦絡みの動画を求めていたのだ。

ポーンハブ上における男性による検索上位１００フレーズのうち16は近親相姦絡みだった。生々しくなるが、「兄と妹」とか「継母が息子とやる」とか「母と子」とか「母が息子とやる」とか「本物の兄妹」などだ。男性ユーザーによる近親相姦フレーズ検索の過半数は母と息子の絡みのある動画を探すものだった。利用者が女性の場合、ポーンハブ上での検索上位１００のうち近親相姦に関わるものは９つで、それらは男性の場合と同様の傾向にあったが、親と子供の性別がたいてい逆になっていた。つまり女性による近親相姦動画の検索の過半数は、父親と娘をめぐるものなのだ。

このデータには、少なくともフロイト流エディプス・コンプレックス理論の片鱗が容易に見出せる。フロイトは、人は幼少時に異性の親との性的関わりを求めるが後にその願望は抑圧されるという説を唱えた。この心理学者がもっと長生きしてポーンハブのデータに接し、成人した子供たちが異性の親への性的関心をあからさまに示している有様に分析能力を発揮できていたらどうなっていたか。

もちろんこのデータからは、動画の視聴者が誰を思い描いているかを確実に知ることはできない。人々は本当に親とのセックスを夢想しているのだろうか？　グーグル検索のデータからは、実際にそんな願望を抱いている人が大勢いることの手がかりが得られる。

「私はＸＸＸとセックスしたい」という検索フレーズを考えてみよう。このＸＸＸに最も多く入力される単語は「母親」だ。全体として、このフレーズでの検索の４分の３以上が近親相姦絡みである。[3] そしてこれは、特定の言い回しに限らない。たとえば「私はXXXに惹かれる」の場合は、さらに多くの近親相姦的願望に占められている。しかしフロイトには悪いが、こうした検索は取り立てて多いわけではない。米国で母親への欲望を認めている人は年に数千人程度である。また後続章でより詳しく扱うが、グーグル検索が禁忌に傾きがちであることもフロイトに言っておきたい。

母は強し

とはいえ、だ。人々の不適切な関係――上司や部下との、教え子やセラピストとの、患者との、妻や娘の親友との、義姉妹や親友の妻との関係――への願望は根強く、だからきっと数多くそんな検索がなされているのだろうと私は予想していた。だがいずれも、「母親」にはかなわなかった。ポーンハブ上のデータと勘案すれば、これはやはり何かを物語っているのだ。

そして性衝動は幼少時の体験によって形作られることがあるというフロイトの一般仮説は、グーグルやポーンハブのデータの随所で裏付けられている。少なくとも男性は、幼少時の空想をたっぷりと留めている。妻が自分の夫について検索した結果を分析すると、成人男性のフェティッシュ願望のトップ級には「おむつをしたい」、「授乳されたい」などが並び、前述のとおりインドでは特にそうだ。さらに、人気のアニメ・キャラクターをパロディにしたポルノマンガの人気も高い。[4] また18歳から24歳の男性がポルノ動画で最も検索しているジャンルはベビーシッターものだ。[5] これは25歳から64歳の男性でも、65歳以上でも変わらない。そしてどの年齢層でも、教師とチアリーダーはトップ4入りしている。明らかに若き日々の経験は、成人男性の夢想に抜きんでた影響を及ぼしているようだ。

私もまだ、これらの新しい性衝動関連データを総ざらいして性的欲求の形成過程を解明したわけではない。だがこれからの数十年、私や他の社会科学者らが、成人の性衝動について実証可能な新理論を打ち立て、実データで裏付けられるようになるのかもしれない。

すでに私は、いくつかの基本的な研究テーマに見通しをつけている。それらが、成人の性衝動に関するデータに基づいた新理論の一部となることは間違いない。その理論は決して、幼少期と抑圧について明確に定義された独特だが普遍的な段階を説いたフロイト説そっくりではない。しかし私はポーンハブのデータを概観して、成人の性衝動の最大の決定因はフロイトが説いたいくつかの主要なテーマを含むことを確信している。幼少期がとても大切なのだ。そして母親も。

ビッグデータだけが持つ4つの力

フロイトをこんな風に分析することは、10年前にはできなかっただろう。フロイトが生きた80年前にはまったく不可能だった。とはいえ前述のように、膨大なデータを入手しさえすれば、自ずから洞察がもたらされるというわけではない。データサイズそのものは買いかぶられている。

ではビッグデータはなぜそんなに強力なのか？　どうして私たちの人間観に革命をもたらすの

か？　私は、ビッグデータには4つの独特の力が備わっていると考える。本章のフロイト検証は、その好例と思う。

第1に、フロイトを検証するうえでポルノを正面から取り上げたことにお気づきだろう。そして本書ではこれからも、ポルノ関連データを活用する。意外なことに、ポルノのデータは社会学者にめったに活用されていない。彼らの大半は、自分のキャリアの基盤になった伝統的なサーベイのデータに安穏と依存している。だが少し考えるだけで容易にわかることだが、ポルノの普及及びそれに由来するデータや検索データこそ、何より人間の性衝動を理解させてくれる進歩だ。実際、これまでで最も大切なことだ。それはショーペンハウアーもニーチェもフロイトもフーコーも垂涎しただろうデータだ。彼らの存命時に、このデータは手に入らなかった。数十年前でさえ無理だった。いまやそれがもたらされたのだ。かつてなら推測するしかなかった領域を映し出す、豊富なテーマをめぐるさまざまなデータが手に入るのだ。このような新種のデータをもたらしてくれたことが、ビッグデータの第1の力だ。

ポルノサイトやグーグルの検索データは、単に新しいだけではない。正直でもある。デジタル以前の時代、人々はきまりの悪い考えは他人に漏らさなかった。それはデジタル時代になっても変わらないが、インターネット上とりわけグーグルやポーンハブのように匿名性が守られるところではさにあらず。これらのサイトはいわばデジタル自白薬のようなもので、従って広範な近親相姦への憧れを知ることができる。ビッグデータのおかげで、欲望と行動の言行不一致がとうとう明らかになった。ビッグデータの第2の力は、正直なデータをもたらしてくれることだ。

いまやデータは膨大な規模で手に入るので、ごく一部の人口集団についても有意義な分析ができる。たとえばキュウリの夢を見る人とトマトの夢を見る人を比較できるのだ。小さな部分集合に絞り込めることが、ビッグデータの第3の力だ。

ビッグデータにはもう一つ感嘆すべき力がある。手軽に比較対象試験ができるのだ。このおかげで単なる相関関係ではなく因果関係を検証できる。こうした試験は今のところビジネスの世界でよく用いられているが、社会科学者にとっても有用なツールだ。さまざまな因果関係試験ができることが、ビッグデータの第4の力だ。

さて、それではこれらの力の各々を検分し、どうしてビッグデータが重要であるのかを探ろう。

第3章　何がデータになるのか——驚くべき新データの世界

失業者が検索している意外なワード

毎月、ある週の金曜日。朝6時のマンハッタンの通りはたいてい閑散としている。立ち並ぶ店舗はシャッターを下ろし、その上層のアパートは暗く静まり返っている。

対照的に、ロウアー・マンハッタンにある世界的な投資銀行ゴールドマン・サックスの各階はまばゆい照明で輝き、エレベーターが大勢の職員を自席へと運んでいる。午前7時には大半の席は埋まっている。

他の日なら、この時間のこの界隈をわびしいと評しておかしくないだろう。だがこの金曜日の早朝、ここには喧噪と興奮が満ち、証券市場を左右する情報を今や遅しと待ち構えている。

ある情報がもうすぐ発表され、数分後にはニュースサイトに報じられることになる。だがゴールドマン他の金融機関では、情報の発表から数秒もすれば、かまびすしい議論や分析の声に沸き返るはずだ。だが今日の金融界の本物の行動は、ミリ秒単位で起きている。ゴールドマン他の金融機関では、数千万ドルもの費用を投じて、シカゴから情報を伝達する時間をわずか数ミリ秒ほど（17ミリ秒から13ミリ秒に）短縮できる光ファイバーの専用回線を引いている。金融機関はこのデータを読み、それに基づいて取引するアルゴリズムを持っている。[1] すべてがミリ秒単位で行われる。この重要情報が発表されると、市場は瞬きよりも速く動き出す。

このゴールドマン・サックス他の金融機関が求めてやまないデータとは、いったい何か？

月次の失業率だ。

証券市場に甚大な影響を及ぼすため、金融機関が何とかしていち早く入手し、分析し、それに基づいて行動しようとするこの統計はしかし、労働統計局（ＢＬＳ）が電話調査でまとめるものなので、発表時にはすでに情報としては3週間すなわち18億ミリ秒ほど古くなっている。

企業が情報伝達にかかる数ミリ秒を削り落とすために巨費を投じている一方で、それを作る政府機関がこんなに時間をかけて計算しているだなんて奇妙に思わないだろうか？

実際、こうした統計数字の発表を早めることは、２０１１年に経済学者のアラン・クルーガーがオバマ大統領の経済諮問委員会委員長に就任したときの主な目標だった。彼はそれを果たせなかった。後に総括していわく、「ＢＬＳには資源がないか、あるいは20世紀の思考法に凝り固まっていた[2]」

当面の行政改革が期待できないのなら、少なくとも失業率のあらましをいち早く知る他の方法はないのだろうか？　世界中のほぼすべてのクリックがどこかで記録されているこのハイテク時代に、どれだけの人が仕事にあぶれているかを知るのに数週間も待つしかないのだろうか？

　私はかつてグーグルの技術者だったジェレミー・ギンズバーグの仕事に触発されて一つの可能性を見出した。ギンズバーグは、失業率と同様に、国民の健康に関するデータも政府が手間暇かけてまとめていると知った。疾病対策予防センター（ＣＤＣ）はインフルエンザのデータを発表するのに1週間かけているが、この発表が早まれば医療現場は大きな恩恵を得られる。

　ギンズバーグは風邪をひいている人は風邪にまつわる検索をするのではないかと考えた。いわばグーグルに風邪を引いたと申告するようなものだ。この検索データが、インフルエンザ流行のそれなりに正確な目安になるのでは、というわけだ。実際、「風邪　症状」とか「筋肉痛」などの検索は流行拡大の勢いの重要な指標であることがわかった。[3*]

　一方、グーグルでは「グーグル・コリレイト（Google Correlate）」というサービスを開発していた。これを使えば、健康関連だけでなくさまざまな分野で同様の分析ができる。経時的に追跡している任意のデータ系列に対して、最も相関性の高い検索語句がわかるのだ。

　たとえば、グーグルのチーフ・エコノミストのハル・バリアンと私は、住宅価格に最も深く関わっている検索語を明らかにできた。[4] 住宅相場の上げ局面では、米国人は「80／20ローン」（借

＊　グーグル・インフルトレンド（Google Flu Trends）の初期バージョンには大きな欠陥があったが、最近モデルを修正し、良い結果を得ている。

入総額を8割と2割の2本のローンに分割して頭金やローン保証の支払を避けるタイプの契約）とか「新築工務店」とか「価格上昇率」などの単語を複合検索していた。下げ局面での検索ワードは「早期売却」とか「ローン残額割れ」（住宅の実勢価格がローン残額を割り込んだ状態）とか「住宅ローン債務免除益法」などが増える。

ではインフルエンザや住宅価格に対するのと同じように、失業率の趨勢を知るためにグーグル検索を活用できるのだろうか？　人々の検索内容から、どれだけの人々が失業しているかを、政府統計のまとめよりもはるかに早く知ることができるのか？

私は２００４年から２０１１年までの米国失業率をグーグル・コリレイトに入力してみた。その間に行われた兆単位の検索の中で、最も失業と相関性の高かった検索語句は何だっただろう？「職業斡旋所」などの類と思う人が多いのではないか。それらの検索は多いがトップではなかった。では「新しい仕事」かって？　それも上位だがトップではない。

私が調べた期間で最も多かった検索ワードは——そしてこうした単語は移り変わるのだが——「スラットロード（Slutload）」だった。そう、最も検索された語句は有名ポルノサイトの名前だったのだ。意外かもしれないが、失業者はおそらく暇を持て余している。多くは家に閉じこもり、一人で退屈しているのだ。他に失業率と相関性が高かった検索語句は「スパイダーソリティア」だった。これも暇つぶしを求めている人を思えば不思議ではない。

付言すると、私もこの調査だけから「スラットロード」とか「スパイダーソリティア」などの検索語句が失業率の予想の最善の指標と言うつもりはない。失業した人々が求める気晴らしは、折々に移り変わる（ある時点では、やはりポルノサイトの「ローチューブ〔Rawtube〕」が相関検索語のトップだった）。こうした検索語句のどれ一つをとっても、単独で失業者の過半数からの検索を引きつけているわけでもない。だが概論としては、さまざまな暇つぶし検索を総集すれば失業率の趨勢は追えることを見出した。やはり予想モデルにはなるのだ。

この例はビッグデータの第1の力——新種のデータをもたらす——を示している。ビッグデータの価値はえてしてその規模ではない。むしろ探るべき新たな情報、それもこれまでは集められることがなかった情報を与えてくれることだ。

グーグル以前にもある種の娯楽に関するデータはあった。たとえば映画の興行収入などで、それは人々の余暇時間についてある種の手がかりにはなった。しかしソリティアがどれだけプレイされポルノがどれだけ見られているかは、新しく強力なデータだ。この場合は経済の体温をより素早く教えてくれる。少なくとも行政改革が進んで公的統計がもっと早く発表されるようになるまでは。

革命的だったグーグル検索のしくみ

カリフォルニア州マウンテンビューにあるグーグル本社はマンハッタンのゴールドマン・サックスとは大違いだ。午前9時頃にはほとんど誰もいない。いるとしたら、無料の朝食——バナナ・ブルーベリー・パンケーキ、白身のスクランブルエッグ、濾したキュウリ水など——目当ての従業員くらいだ。町にいない従業員も少なくない。コロラド州ボールダーやラスベガスでの社外会議に出かけたり、タホ湖で無料スキーを楽しんだりしているのだ。昼食時のビーチバレー場やサッカー場は人でいっぱい。私が食べた最高のブリトーはグーグルのメキシカン・レストランのものだ。

いったいどうして世界最大で最も競争の激しいハイテク会社が、こんなにまったりと気前良くしていられるのか？　グーグルはビッグデータを他に類を見ないほどの「金の生る木」にしたからだ。本書の情報源は圧倒的にグーグルに依っているが、それはグーグル検索がビッグデータ界を支配しているからだ。そしてグーグルの成功自体が新種のデータを収集したことによってもたらされたことは忘れてはならない。

前世紀にネットを使っていた古株なら、メタクローラー、ライコス、アルタビスタなどをはじめ、当時のさまざまな検索エンジンを覚えているはずだ。そしてこれらがもう一つ頼りにならなかったことも。運が良ければ探し物が見つかるが、たいていそうではなかった。１９９０年代後半に最も人気のあった検索エンジンに「ビル・クリントン」と入力すれば、検索上位に気まぐれの様に現れるのは「ビル・クリントンはクソ」などという誹謗サイトか、クリントンをこき下ろすジョーク集などだった。[5]　現職大統領についてのまっとうな情報が得られることはめったになかった。

1998年、グーグルが現れた。そしてその検索結果は、明らかに他を圧倒していた。1998年に「ビル・クリントン」と検索すれば彼のウェブサイトを筆頭にホワイトハウスのeメールのアドレスやネット上で最高の評伝が表示された。グーグルは魔法のようだった。

グーグルの創立者セルゲイ・ブリンとラリー・ペイジのやったことは、いったいどこが違っていたのか？

他の検索エンジンでは、ユーザーが入力した検索ワードを最も数多く含んでいたサイトを上位表示していた。「ビル・クリントン」と検索すると、ネット中からその語句を最も数多く含むサイトを探してきたのだ。このランキング・システムが不完全である理由は多いが、その一つは簡単に出し抜けることだ。ページのどこかに「ビル・クリントン」と繰り返し書いておけば、ホワイトハウスの公式ページよりも大統領名への言及が多いことになる。*

ブリンとペイジは、単純に検索ワードの表記頻度を数える代わりに、もっと有意義な方法を探った。えてしてウェブサイトでは、扱うテーマの参考となる外部サイトにリンクを貼っている。たとえばニューヨーク・タイムズのサイトでは、ビル・クリントンに言及するたびに、その名前

＊　1998年に「自動車」という語句をグーグル以前の検索サイトで調べると、山ほどポルノサイトが表示されたはずだ。[6] たいていの場合、検索エンジンを出し抜くために、白地に白文字で「自動車」と書き連ねるなどしていた。彼らはこうやって、自動車を買うつもりでネット検索をしていた人々を引っかけていた。

のテキストにホワイトハウス公式サイトへのリンクを貼っている。これは、そのリンク先をビル・クリントンについての良き情報源と認めて意見表明しているようなものだ。ブリンとペイジはあらゆるテーマについて、こうした意見表明を集約した。ニューヨーク・タイムズや膨大な数のリストサーブ、ブロガーなどが、公式ウェブサイトこそビル・クリントンについての最も重要な情報源であると認めてリンクを貼っているのなら、それはおそらく「ビル・クリントン」を検索する人々が求めているサイトなのだ。[7]

こうしたリンクは、他の検索エンジンが考えてもみなかったデータ源だった。そして結局これがさまざまなテーマについて有用な情報を示す最良の手がかりだった。ここで肝心なのは、グーグルが検索界で覇権を握ったのは、単にどこよりも多くのデータを集めたためではないことだ。勝因はより優れたデータを見出したことだった。グーグルは登場から2年を待たずして、リンク分析を武器に、インターネット上で最も人気のある検索エンジンに躍り出た。今日ブリンとペイジの持つ資産は、合わせて６００億ドルを超える。

グーグルと同じく、誰もが世の中を理解するためにデータを使おうとする。ビッグデータ革命の勝負では、より多くのデータを集めるよりも、正しいデータを集めるほうが大切だ。

だがインターネットは新たなデータを得る唯一の場所ではない。また正しいデータを得ることが肝心な唯一の場所でもない。本書は何より、ウェブ上のデータが人を理解するうえでどう役立つかについてのものだ。しかし次項は、ウェブデータにも人にも何の関係もない。だが本章の要点、すなわち新種のデータがどれだけ大切かを示している。そしてそれが教える原則は、デジタル化がもたらすデータ革命を理解させてくれる。

トップ競走馬を見出す方法

2013年夏、赤みがかった茶色の毛並みに黒いたてがみを持つ並外れて大きな馬がニューヨーク州北部の厩舎でしゃがんでいた。サラトガ・スプリングスで8月に行われるファシグ・ティプトン・セレクト・イヤーリング・セールに出品された152頭の1歳馬のうちの1頭で、その年に競売にかけられた1万頭もの1歳馬のうちの1頭でもあった。

馬を競り落とした裕福な人々には、馬名を授ける栄誉が与えられる。だからこの赤毛の馬はまだ名無しで、他の出品馬と同じく厩舎番号で85番と呼ばれていた。

この馬にはこれといって目立つところはなかった。良い血統だったが最良ではなかった。父親の「パイオニアオブザナイル」はトップ競走馬だったが、その血を引く息子たちはレースであまり活躍していなかった。85番には外見的にも疑問符がつけられていた。足首の傷跡を負傷の証と懸念するバイヤーもいた。

現在の85番のオーナーはエジプトのビール王アフメッド・ザヤットで、彼はここニューヨーク州北部に、85番を売って数頭の馬を買って帰るために来ていた。

馬主の常だが彼も専門家チームを伴って馬選びを手伝わせていた。だが彼の専門家チームは、他とはちょっと違っていた。こうした催しで目にする専門家はたいていケンタッキーかフロリダの農村部出身の中年男性で、教育水準が低く、馬を代々の家業とする人々だ。だがザヤットが雇ったのはＥＱＢという小さな会社だった。ＥＱＢを率いるジェフ・セダーは古いタイプのホースマンではなく、フィラデルフィア生まれの風変わりな男で、ハーバードでいくつも学位を取っていた。

ザヤットは以前にもＥＱＢと仕事をしたことがあり、手順には慣れていた。数日ほど馬の品定めをしてからセダーのチームが85番の代わりに買う馬の候補を5、6頭ほど推薦する手はずだった。

だがこのたびは勝手が違っていた。ＥＱＢの専門家チームは、その日に出品されていた151頭のどれも代わりの馬として推薦できない、と言った。代わりに、予想外の禁じ手とも思えることを嘆願した。絶対に85番を売ってはいけない、この馬は出品馬中どころかその年の最高の馬であり、ひょっとすると10年に1頭の逸材かもしれない、というのだった。「売りたければ家でも売りなさい。だがこの馬は売ってはいけない」[8]

翌日、85番は30万ドルでインカード・ブラッドストックと称する男にひっそりと落札された。ブラッドストックはアフメッド・ザヤットの偽名だったことが後に判明した。馬の競売ではいったん出品すると取り下げはできないので、ザヤットはセダーの勧めに従って持ち馬を偽名で自ら落札したのだった。未曽有のことだった。その日の競売では62頭の馬が85番よりも高く落札され、

１００万ドル以上の値がつけられた馬も２頭いた。

３カ月後、ザヤットはとうとう85番に「アメリカンファラオ」という名を授けた。そしてその18カ月後の気温摂氏24度の土曜日、アメリカンファラオはニューヨーク市の郊外で30年以上ぶりの三冠馬になった。

ジェフ・セダーは、85番について他の誰も気がつかなかった何に目をとめたのか？ どうしてこのハーバード卒はこんなにも馬に目が利くのか？

私が初めて64歳（当時）のセダーと会ったのは、６月の太陽に焙られるフロリダ州オカラでだった。[9] アメリカンファラオが三冠を達成して１年あまりが過ぎた頃だ。１週間にわたって繰り広げられる2歳馬の品評会で、そのクライマックスは２０１３年にザヤットが自らの馬を落札したときのような競売だった。

セダーはメル・ブルックスばりのよく通る声の持ち主で、髪は濃く、かすかに足を引きずって歩いた。チノパンをサスペンダーで吊り、社のロゴ入りの黒いシャツを着て、補聴器を使う。

それからの３日間、彼は自分の人生を、そしてどうやって馬の目利きの技術を磨いたかを語ってくれた。それは紆余曲折の道のりだった。彼はハーバードを優秀な成績で卒業した後、やはりハーバードに入りなおして法律とビジネスの学位を取った。26歳のときにはニューヨークでシティグループのアナリストとして働いていたが、仕事に燃え尽き、うんざりしていた。ある日、移転したばかりのレキシントン・アベニューの社屋のアトリウムに座り、我知らず屋外の大きな壁画に見入っていた。その絵は、田園生活と馬への愛を実感させた。帰宅した彼は、スーツ姿の自分と鏡で向き合った。そして自分は銀行家向きではないし、ニューヨークにいるべきでもないと悟った。翌朝、彼は仕事を辞めた。

セダーはペンシルベニアの田舎に引っ越し、繊維産業やスポーツ医療などの仕事を転々とした後に、やがてフルタイムで勝ち馬を見抜くことに情熱を注ぐようになった。競馬界は厳しい。全米有数のオカラの競売にかけられる１０００頭の2歳馬のうち、大きな賞金のかかったレースで勝てる馬はせいぜい5頭程度。残り９９５頭はどうなるのかって？　約3分の1は速く走れないとわかる。さらに3分の1は怪我に泣く。とりわけギャロッピングの圧力に脚が耐えられないのだ[10]（米国の競馬場では毎年数百頭がレースで死ぬが[11]、たいていは脚を折ったことによる[12]）。残り3分の1は、いわばバートルビー症候群とでも言うべき状態に陥る。ハーマン・メルヴィルの傑作短編に出てくる書記バートルビーは、上司のどんな仕事の指示も、穏やかに「そうしたくないのですが」と拒絶するのみである。多くの競走馬はそのキャリアの早期に、わざわざ苦労して走ることはないと悟るようだ。勢いよく駆け出したはいいが、やがてスピードを落としたり、あるいはすっかり止まってしまったりする。どうして楕円のレース場なんか全力疾走しなければならないのか、特にひづめや飛節が痛むときはいっそうだ……。「そうしたくないのですが」とばかりに、彼らは走ることを拒むのだ（筆者は人であれ馬であれ、バートルビーが憎めない）。

馬の血統はどれほど重要か

これほど難しい状況で、馬主はどうやって稼げる1頭を選べるのか？　伝統的に馬の成功を予測する最善の方法は、血統を調べることとされてきた。馬の専門家になるとは、ある馬について聞かれたことは何でも立て板に水で語れることを意味する。父親、母親、祖父母、兄弟や姉妹はどの馬なのか……。たとえば母親方に大型の馬が連なる大きな馬を見たエージェントは、「血筋にそう体格だ」という。

だがこのやり方には一つ問題がある。血統は重要だが、それでも競走馬の成功の説明の一端にしかならないのだ。競馬界で最高の栄誉とされる「年度代表馬」を勝ち取った馬の血筋を引く競走馬を総覧してみるといい。こうした子孫は世界最良の血を引くものばかりだ。それでもその4分の3以上が、メジャーレースで一度も勝てないのである。[13]データによれば、勝ち馬を予測する伝統的な方法には改良の余地がたっぷりとある。

血統がそれほど優れた予測指標ではないことは、実際あまり驚くべきことでもない。人間を見ればわかる。NBAのオーナーが未来のチーム編成のため10歳の子供を血統で青田買いすることを想像してみてほしい。彼はエージェントを雇って、マジック・ジョンソンの息子アーヴィン・ジョンソン三世を調べさせるだろう。[14]「今のところ体格は上々だ」エージェントは言うはずだ。「ジョンソンの血筋にそう体格だ。きっと視野も広いし、無欲で、体格もスピードも発達するだろう。社交的な良い性格になるはずだ。自信たっぷりに歩き、付き合いやすい。こりゃ買いだな！」残念ながら14年後、チームのオーナーの買い物は、身長１８８センチとプロバスケ選手にしては小さめで、娯楽サイトE！のファッション・ブロガーになっている。アーヴィン・ジョンソン三世は、ユニフォームのデザインならともかくコートではあまり助けにはならないだろう。

　選手を競走馬よろしく選ぶＮＢＡオーナーなら、きっとジェフリーとマーカスのジョーダン兄弟にも真っ先に食指を動かしただろう。いずれもマイケル・ジョーダンの息子だが、２人とも大学リーグの平凡な選手になった。彼のチームがクリーブランド・キャバリアーズに善戦することを祈る。キャバリアーズを率いるレブロン・ジェームズの母親は身長１６５センチだ[15]。あるいは指導者を血筋で選ぶ国を想像してみてもいい。きっとジョージ・Ｗ・ブッシュのような人を戴く国になるだろう（これを言わずにいられるか！）。

　馬のエージェントは、２歳馬の足並みや外見など、血統以外のデータも用いる。私はオカラで数時間もさまざまなエージェントたちと話したが、それだけでも衆目の一致する決定的データはないことが明らかだった。

　こうした矛盾や不確実性の数々と金に糸目をつけない買い手たちを勘案すると、非常に非効率な市場が浮かび上がる。10年前、２歳馬１５３番はどんな馬より速く、たいていのエージェントの眼鏡にかなう外見で、血統も申し分がなかった。歴史的名馬ノーザンダンサーとセクレタリアトの血を引いていたのだ。アイルランド人の億万長者とドバイの長老がこの馬を欲しがった。競りはすぐさま意地の張り合いになった。数百人もの男女が呆然と見守るうちに掛け金はどんどんつり上がり、ついにぶっちぎりの史上最高額1600万ドルをつけた。ザグリーンモンキーと名付けられた153番は3つのレースで走り、ちょうど1万ドルを稼いで引退した。[16]

鼻孔のサイズ？　糞の量？　飽くなきデータ探し

セダーは伝統的な評価法には目もくれず、データのみを追い求めた。彼は競走馬のさまざまな属性を測定し、そのうちどれが最も成績に関わっているかを調べることにした。これがインターネットが登場する5年も前だったことをお忘れなく。彼の戦略はまさにデータサイエンスに基づいていた。そして彼の物語の教訓は、ビッグデータを用いるすべての人に当てはまる。

セダーの孤軍奮闘は長らく続いた。馬の鼻孔の長さを測り、世界初かつ最大の馬の鼻孔サイズと後の獲得賞金のデータベースを完成させた。だが鼻孔のサイズは成績に関係していなかった。馬の心電図データも取り、死んだ馬を解剖して脚の速攣縮《そくれんしゅく》（全力疾走に使う速筋）の量も測定した。あるときには厩舎から糞を掻き出して量を測りさえした。レース前に体重を落とし過ぎるとスピードが落ちるのではないかという仮説を検証するためだった。いずれも戦績には関わっていなかった。

そして12年前、ついに突破口が開いた。内臓の大きさを測定することにしたのだ。既存の技術では不可能なことだったので、携帯式の超音波測定装置を自作した。成果は目覚ましかった。心臓とりわけ左心室の大きさが馬の戦績を最も左右する変数であることを突き止めたのだ。他に脾臓も大切だった。脾臓が小さい馬はろくに賞金を稼げなかった。

セダーは他にもいくつか発見をした。膨大な数のギャロッピング動画をデジタル化して、ある種の足並みが戦績に関わっていることを見出した。また2歳馬の中には、最初の200mほどを走ったところで息を切らすものがいることに気づいた。そうした馬が100万ドル単位で取引されることもあるが、セダーのデータはそんな馬が金の生る木になることは決してないことを示していた。そのためアシスタントを決勝線そばに陣取らせて息を切らしている馬を候補から除外させた。

オカラの競売に出されている1000頭近い馬のうち、セダーの全基準にかなう馬はざっと10頭程度だった。彼は値段に関わるという点以外では血統には目もくれなかった。「血統から見て勝ち目の薄い馬がいたとする」と彼は言う。「だがこの馬はモノになると思えば、私が気にするのはどうやってモノにしてやるかだけだ」

ある夜、セダーは私をオカラのヒルトンホテルの部屋に招いてくれた。そこで彼は少年時代、家族、そして職業生活を語り、妻、娘、息子の写真も見せてくれた。フィラデルフィアの高校時代には3人のユダヤ人生徒のうちの1人だったこと、入学時には身長が147センチしかなかったことも話してくれた(大学入学時には175センチになっていた)。最も好きな馬はピンキー・ピズワンスキだとも言った。彼がその馬を買い、ゲイの騎手にちなんでその名をつけたのだ。ピンキー（馬のほうの）は1着になれないレースでも全力疾走していると感じていたからだ。

そして彼はついに、85番についての全記録を収めたファイルを見せてくれた。彼のキャリアで最高の予測につながったデータだ。彼は秘密を明かしたのだろうか。そうかもしれない。だが彼は気にしていなかった。彼にとって秘密を守ることよりも大切だったのは、自分の正しさを証明することだった。死んだ馬の脚を折り、馬糞を掻き出し、超音波測定のために馬の腹に密着ゼリーを塗って過ごした20年間が正しかったことを。

そして下の表が85番のデータの一部だ。

ここにセダーとそのチームが85番に魅了された理由がはっきりと明かされている。左心室の大きさの百分位数が99・61に達していたのだ！

それればかりか、心臓の他の部分や脾臓を含めた他の重要な臓器もすべて稀に見るほど大きかった。セダーは競馬のためには左心室が大きければ大きいほど良いことを探り当てていた。だがこれほど大きい左心室は、もし他の臓器が小さければ、病気の徴候でもある。アメリカンファラオの場合、すべての重要な臓器が平均以上で、左心室が巨大だった。データは明確に、85番は10万頭に1頭、いや100万頭に1頭の馬であることを物語っていた。

85番（のちのアメリカンファラオ）
1歳馬中の百分位数

	百分位数
体　高	56
体　重	61
血　統	70
左心室	99.61

データサイエンティストが学ぶべきこと

セダーの予測からデータサイエンティストは何を学べるだろう。

第1の、そしておそらく最も重要なことは、もし新種のデータを使って何かの領域を改革したいのなら、これまでぞんざいなやり方がまかり通っていた領域を目指すことだ。セダーが負かした血統に血眼の博労たちの仕事のやり方には、改革の余地がたっぷりとあった。いわば単語の出現数に血道を上げていた検索エンジンがグーグルに改革の余地を残したようなものだ。

グーグルのインフルエンザ予報の弱点は、前週の臨床データに季節調整を施すだけで精度の高い予測が立てられることがすでにわかっていることだった。[17] この強力なモデルに検索データがどれだけ足しになるのかについては今も議論が絶えない。私に言わせれば、グーグル検索は既存のデータが弱い分野に活用したほうがずっと見込みがある。だからグーグル・インフルトレンドよりもグーグル性病トレンドのようなもののほうが見込みがあると思う。

2番目の教訓は、予想をするときに自分のモデルがどうして有効なのかを気にしすぎる必要はないことだ。セダーは左心室の大きさがなぜ勝ち馬を見抜くうえでそんなに大切なのか、完全には説明できなかった。脾臓の価値も正確にはわからない。きっといつの日か馬の心臓外科医や血液学者がこうした謎を解明するのだろう。だが今のところ、そんなことはどうでもいい。セダーの仕事は予想であって説明ではない。そして予想を仕事とするなら勘所は予想のためには何が有効なのかであり、それはなぜなのかではない。

ハリケーンの前になぜか売れるもの

たとえばウォルマートは全店でのデータを用いて棚に並べる商品を決めている。2004年に南東部にひどい被害をもたらしたハリケーン・フランシスの到来直前、彼らは嵐に見舞われる直前の購買行動は変わるのではと賢明な予測を立て、過去のハリケーン到来時の購買データを調べた。売り上げが大きく伸びていたものは何かって？　ストロベリー・ポップ・タルト（タルト生地にジャム様の具を挟んだケロッグの加工食品）だった。[18] ハリケーン到来直前、この商品は普段の7倍も売れていた。

この分析に基づいて、ウォルマートはストロベリー・ポップ・タルトを満載したトラックをハリケーンの予想進路である州間高速95号沿いの店舗に差し向けた。そして実際、この商品はよく売れた。

どうしてポップ・タルトかって？　おそらく冷蔵庫もレンジも要らないからだろう。どうしてストロベリーなのかって？　さあ、わからない。だがハリケーンが来ると、人々はどうやらストロベリー・ポップ・タルトに手を伸ばすようなのだ。だからウォルマートでは、いまではハリケーンが来るとこれを店に大量在庫することを習いにしている。理由はどうでもいいのだ。大切なことは相関性そのものだ。きっといつの日か食品科学者がハリケーンとストロベリージャム入りのタルトの関係を解明するのだろう。だがその日が来るまでは、ウォルマートにとって大切なことはハリケーンが近づいたらストロベリー・ポップ・タルトを大量陳列し、ライス・クリスピーはもっと天気の良い日のために取っておくことだ。

この教訓は、オーリー・アッシェンフェルターの物語にも明らかだ。プリンストンの経済学者アッシェンフェルターは、馬の目利きセダーのワイン版である。

十数年前、アッシェンフェルターは不満を募らせていた。彼はそれまでもフランスのボルドーからたくさんの赤ワインを取り寄せていた。中には値段に見合ったおいしいワインもあったが、落胆させられることも多かった。

どうしてこんなにも中身の違うものに同じ価格を支払っているのかと彼は考えた。

ある日アッシェンフェルターは、ワイン通のジャーナリストの友人からヒントを聞きつけた。実際、良いワインを見抜く道が開けそうだった。友人曰く、鍵は栽培期間の天気だという。

アッシェンフェルターは興味をそそられた。そこでこの話が本当かどうか、そして常に良いワインを手に入れられるのかを突き止めることにした。

彼はボルドー地方の過去30年分の天候データをダウンロードした。さらにワインの競り価格のデータも手に入れた。ワインの競りでは発売されて何年も経った品が出品される。競り価格はワインの出来の指標と言える。

結果は驚くべきものだった。ワインの品質はおおむね、ブドウの栽培期間の天候で説明がつくのだ。

実際、ワインの品質は左記の単純な計算式に集約できる。いわばワイン醸造の第1法則だ。

価格＝12・145＋0・00117冬季降水量
＋0・0614栽培期間平均気温－0・00386収穫期降水量

ではボルドー地方のワインの品質はどうしてこうなっているのか？　ワイン醸造の第1法則が成り立つのはどうしてか？　アッシェンフェルターのワイン計算式にいくらかの説明はつく。ブドウが適切に熟すためには気温と成育初期の灌水が肝心なのだ。

だがこの予測方程式の精密な解明はどんな理論の範疇も超えるし、斯界の権威にも十分には理解されていない。

どうして冬の降雨量が1センチ増すだけで、成熟した赤ワインの価格は平均して0・1セント上がるのか？　なぜ0・2セントや0・05セントではないのか？　そんなことは誰にもわからない。だが、もし冬場に1000センチの雨が降れば、ボトル1本当たりいそいそと1ドル余計に払うべきなのだ。

実際、アッシェンフェルターはなぜ自分の回帰分析がこうなっているのかの正確な理由はわからないまま、これをワイン購入に生かしている。「効果てきめんさ」と彼は言う。[19]買うワインの品質は大幅に向上した。

予測することが目的――どのワインがおいしいのか、どの製品がよく売れるのか、どの馬が速く走るのか――であるなら、どうして自分のモデルがそのように働いているのかを詳細に知る必要はない。正しいデータを得ればよいだけだ。これがジェフ・セダーの物語の第2の教訓である。

三冠馬を見抜いたセダーの最後の教訓は、データとして重視すべきものを探るうえでは、オープンかつ柔軟でなければならないということだ。セダー以前の古株の博労らがデータに目を向けていなかったわけではない。彼らはレースタイムや血統系図に目を凝らしていた。セダーの天分は、余人が目を向けていなかった斬新なデータを探したことだ。データサイエンティストにとっては、新鮮で独創的な着眼が報われるのだ。

言葉もデータになる

2004年のある日、ジャーナリズムに通じた2人の若いエコノミスト――ハーバードの博士課程在籍中の学生――がマサチューセッツ州で同性婚が合法化された報道を読みふけっていた。マシュー・ジェンツコウとジェシー・シャピロは面白いことに気づいた。同じニュースを報じるうえで2つの新聞が非常に異なる表現を用いていたのだ。保守系とされる『ワシントン・タイムズ』の見出しは「マサチューセッツでホモセクシュアルが結婚」だった。リベラルな『ワシントン・ポスト』は「同性カップルの勝利」としていた。

別々の報道機関の報道姿勢が異なり、同じニュースを異なる視点から報じることに不思議はない。実際、ジェンツコウとシャピロは長い間、経済学の知識をメディア・バイアスの理解に生かせないかと考えていた。保守的な視点を持つ報道機関がある一方でリベラルに傾く社があるのはどうしてか？

だが2人には、この問いにどう取り組むか、確たる考えがあるわけではなかった。報道機関の主観性を測定する系統だった客観的な方法が浮かばなかったのだ。

同性婚の記事について2人が興味を持ったのは、報道内容ではなくその方法、すなわち用語選択の明らかな違いだった。2004年当時、『ワシントン・タイムズ』が用いたような「ホモセクシュアル」という用語はゲイの人々に対する古臭い蔑称であり、一方、『ワシントン・ポスト』が用いた「同性カップル」という表現は単にある恋愛関係の形を表すだけという響きがあった。

両研究者は、これが偏向を理解する鍵にならないかと考えた。リベラルと保守は一貫して使う語句が違うのか？ 新聞記事に用いられる単語はデータ化できるのか？ それはアメリカの報道機関について何を表しているのか？ 用語で報道機関をリベラルか保守か判別できるのか？ そしてその理由まで明かせるか？ 2004年当時、これらは研究可能な問いになっていた。米国の新聞紙上の膨大な言葉は、もはや紙やマイクロフィルムにとらわれてはいなかったからだ。全新聞の全記事を全文掲載しているサイトさえいくつもあった。ジェンツコウとシャピロはこうしたサイトを利用して、用語がどの程度メディア偏向の指標になるのかを即席試験した。そしてそれによって、我々の報道機関の働きについての理解を深めることができた。

だが彼らの発見を紹介する前に、まずさまざまな分野の学者が人間についての理解を深めるために、言葉という新種のデータをどのように活用しているかについて触れておきたい。

ピザの大躍進――本の中の膨大な言葉から探す

もちろん言語は、人文科学者にとって常に興味の的だった。しかし言語の研究は通常、文章の精読を必要とし、膨大な文章量をデータ化することは現実的ではなかった。いまやコンピュータとデジタル化の普及によって、膨大な文書中の単語を分類整理することは容易になった。こうして言語はビッグデータ分析の対象になった。グーグルが目をつけたリンクは言語で成り立っている。私の研究もグーグルの検索語に基づいている。本書では随所で言語を取り上げている。だがビッグデータ革命にとって言語は非常に重要なので、もっと取り上げてもいいくらいだ。実際、言語分析は多用されるあまり、今では「データとしての言葉《テキスト・アズ・データ》」という専門分野として確立しているほどだ。

この分野に一大躍進をもたらしたのはグーグルNグラムだ。数年前、2人の若き生物学者エレツ・エイデンとジャン＝バティースト・ミシェルは、いくつかの用語の普及を調べるために、研究助手に古くかび臭い文献中の単語を拾わせていた。そんな折、エイデンとミシェルは、グーグ

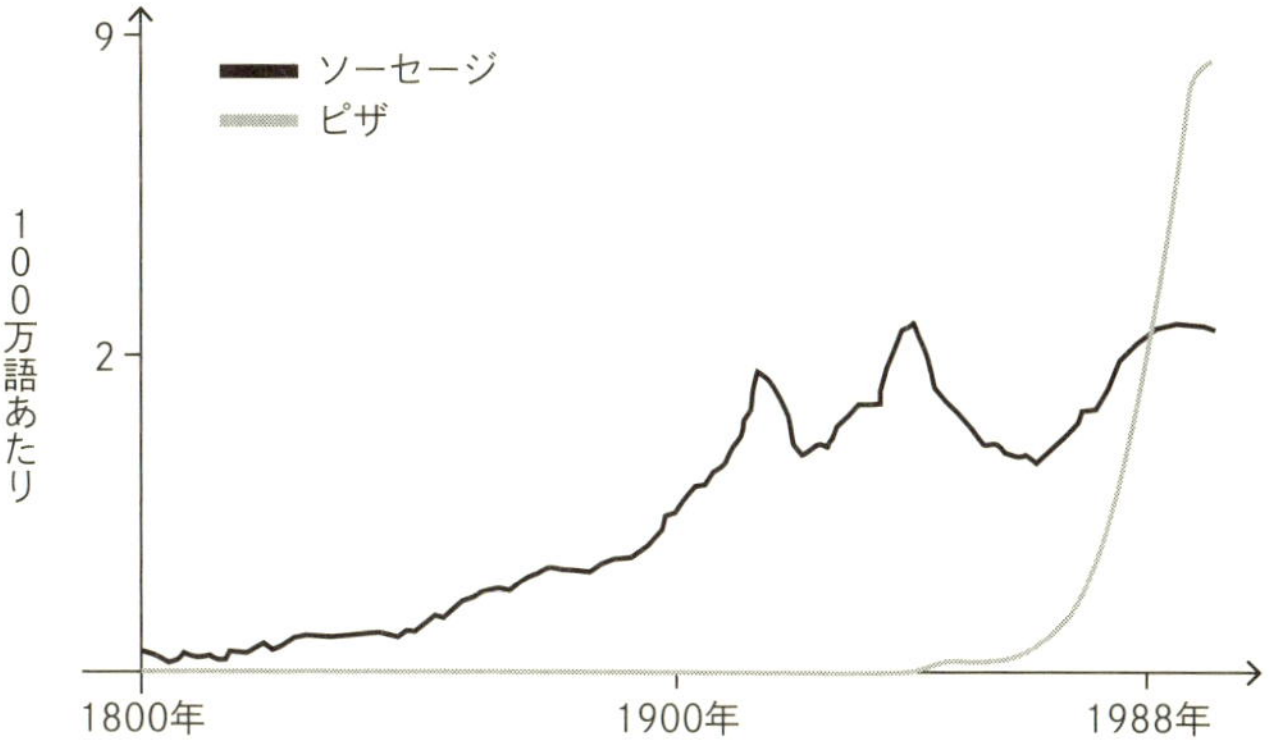

ルが世界中の本の多くをデジタル化するという計画を聞きつけ、これこそ言語の歴史を知る近道とひらめいた。
「自分たちのそれまでのやり方はひどく時代遅れに感じていました」エイデンは『ディスカバー』誌に語っている。「(グーグルによる)このデジタル化の大波には太刀打ちできないのは明白でした」そこで彼らはグーグルと協力することにした。グーグルの技術者の助けを借りて、デジタル化された数百万冊の本の中から特定の語句を検索する仕組みを開発したのだ。これによって1800年から2010年までにかけてそれらの語句が年にどのくらい本の中で用いられたかを調べられるようになった。
では年ごとにどんな語句がどのくらいの頻度で用いられているかから、いったい何を学べるのだろうか？　一例として、ソーセージ人気の緩慢な伸びと、近年になってからのピザ人気の急成長とを比較できる(上図)。
だが、もっと奥深いことも学べる。たとえばグーグルNグラムによって、国家アイデンティティがどのように形成されてきたかがわかるのだ。エイデンとミシェルの著書『カルチャロミクス』には、ある面白い例が示されている。

アメリカ合衆国は一つ？

まずちょっと質問。現在のアメリカ合衆国は団結している、それとも分裂している？　政治的分化がつのっているため昨今の米国は分裂社会だ、というのが大方の見方だ。かつてまれなほどだという人さえいる。何せ、いまや各州や地域が共和党優勢の赤地域と民主党優勢の青地域に色分けできるほどだ。だが『カルチャロミクス』の共著者らは、国についての言葉遣いをめぐる驚くべきデータから、ある時点の米国が今よりずっと分裂していたことを示した。

すなわち、私はここまでアメリカ合衆国（United States）を単数と見なして「The United States is divided（米国は分裂している）」と書いてきた。United Statesを複数形ではなく単数形として扱うことは、いまや自然な概念だし、文法的にもごく一般的な用法だ。

しかし米国人はこれまでもずっとこうした言葉遣いをしていたわけではない。建国初期には、合衆国を複数形で語っていたのだ。たとえば米国第2代大統領ジョン・アダムズは、1799年の一般教書演説で英国との条約を「their treaty」と述べている。本書が1800年に書かれていれば、「The United States are divided」と複数形で記したはずだ。この小さな用語の違いは、長らく歴史家を魅了してきた。なぜなら、それは米国人がある時点で自分たちを州の集合体と考える

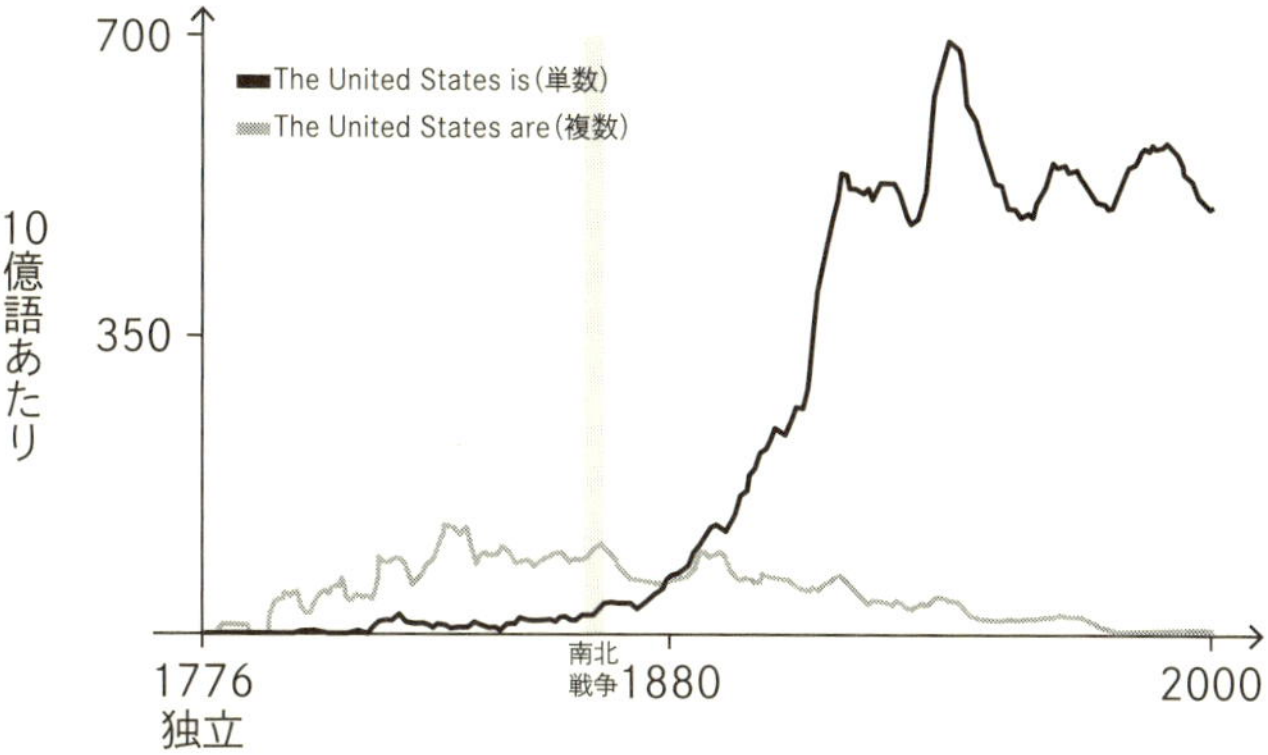

のをやめて一つの国家とみなし始めたことを示唆しているからだ。

ではそれはいつだったのか？　『カルチャロミクス』では、歴史家はこの時期をついぞ明かすことができなかった、それを組織的に調べる方法がなかったからだ、としている。だが多くの歴史家が長らく、意識の転機を南北戦争（1861年～1865年）に求めてきた。実際、元米国歴史協会の会長でありピュリツァー賞の誉に輝くジェームズ・マクファーソンは「この戦争が米国を単一国家と考える転換期だった」と断じている。

マクファーソンは誤っていた。エイデンとミシェルはグーグルNグラムを使ってこのことを系統立てて検証できた。米国史を通じて、本の中で「アメリカ合衆国は……」という文が単数形で書かれている場合と複数形で書かれている場合の各々の回数を年度別に調べたのだ。この転換ははるかに漸進的で、南北戦争が終結してかなり経つまで勢いがつかなかった（上図）。

南北戦争が終結して15年を経ても、まだ単数形よりも複数形で記されるほうが多く、言語学的には国家は分裂していたことがわかる。軍事的結果よりも心理的な変化のほうが時間がかかるのだ。

脈ありかどうかがわかる言葉

国家の団結具合はさておき、男女の結びつきについても、用語分析は役に立つ。たとえば2度目のデートに到達できるかどうかは、初回のデートの言葉遣いでわかる。

このことは、ダニエル・マクファーランド、ダン・ジュラフスキ、クレイグ・ローリングスというスタンフォード大学とノースウエスタン大学の研究者らによる合同研究で示されている。彼らは異性愛者向け婚活パーティー参加者を数百人規模で調べ、相性の良さを感じさせるもの、もう一度デートしたいと思わせるものは何かを探ることにした。[20]

まず伝統的なデータとして、身長、体重、趣味を聴取し、こうした要素が恋愛的関心と関わっているかどうかを調べた。女性は平均的に、背が高く趣味が同じ男性を好んだ。男性は細身で趣味が同じ女性を好んだ。別に今に始まった話ではない。

だが研究者らは、新たなデータも収集した。参加者に録音機を持たせ、その録音をデジタル化した。こうして、言葉遣い、笑っているかどうか、そして口調などを分析することができた。男女のいずれについても、相手に興味があるかどうか、相手のどこに惹かれたのかを調べることに成功したのだ。

こうしたデータが教えるものは何か？　第1に、相手への興味の示し方だ。男性が相手に好意を伝える方法の一つは明快だった。女性のジョークに笑うことである。だがもう一つは、それほど明快ではなかった。声調を単調にするのである。ある研究では女性は男性の一本調子な声を男らしく感じがちであるとされている。ということは、男性は、おそらく無意識に、好ましい女性の前でことさらに男らしく振る舞うのだろう。

この調査では、女性は興味のある相手と話すときには声調を変え、より柔らかな口調で、会話がより活発になる傾向を示すこともわかった。また特定の言葉遣いも女性による男性への興味の重要なしるしだ。女性が緩衝的表現、たとえば「たぶん（probably）」とか「だと思う（I guess）」などと言うときには、おそらく相手に興味がない。

男どもよ、もし女性がどんな話題であれ緩衝的表現を用いるときには――たとえば「っぽい（sorta）」、「みたいな（kinda）」、「たぶん」などと言うときには――彼女はあなたに「たぶん興味ないっぽいみたいな感じ」かもしれない。

だが自分語りをする女性は、あなたに関心がある。要するに、気になる女性の口から男が聞きたい最高の言葉は「私」である。それは彼女が気を良くしていることのしるしなのだ。さらに感情や意志を表す言葉遣い、たとえば「～ってこと（I mean）」とか「そうでしょう？（ya know）」なども脈ありのサインだ。なぜか？　研究者らは、これらの言葉が相手の興味を引くためのものだからとしている。これらは、フレンドリーで、温かく、仲良くなりたい気持ちを示唆している——ってこと。そうでしょう？

　さて、では男女ともにどんな話し方をすれば意中の相手の気を引くことができるか？　男が女性の気を引くための話し方について、データは雄弁に物語っている。女性は、自分のリードに従う男性を好む。男が自分のジョークに笑ってくれることや、自分が持ち出した話題に添って話してくれることのほうを、話題を勝手にころころ変えられるよりも好む。それほど意外でもない*。さらに、支援を表明し、共感してくれる男性をも好む。男が「そりゃいいね！」とか「かっこいいよ、それ！」などと言うと、女性はつながりを強く感じる。「それは大変だったね」とか「気の毒に」なども同様だ。

　女性にとって残念なニュースもある。データは男の醜い真実を確定的なものにするだけかもしれない。男性が女性を気に入るかどうかに、会話はごくわずかな役割しか果たしていないのだ。その点では、容姿の重要性が他の要素を圧倒している。そのうえで言うが、女性がわずかであれ意中の男の気を引く可能性を増す言葉がある。既述の「私」である。男は、自分について語る女性により惹かれやすいのだ。そしてやはり既述のとおり、女性は自分語りをしたデートの後で、よりつながりを感じやすくなる。だから初めてのデートで女性についての話題が多ければ吉兆だ。女性が気を良くし、男が話題をころころ変えなかったことに感謝している証拠だ。2度目のデートは有望である。

　最後に、デート中の会話について明らかな問題の徴候を挙げておこう。それは疑問符だ。デート中に会話が質問だらけだったら、男女のいずれも相手に関心がない証拠だ。意外だ、問いかけは相手への興味を示しているんじゃないのかって？　初めてのデートの場合は違う。初めてのデートでは、大半の質問は退屈している証である。「ご趣味は？」「何人兄弟？」これらは会話が行き詰まったときのセリフだ。だが最高のファースト・デートの締めくくりのセリフには、疑問符がついているかもしれない。「また会ってくれる？」だ。もしこれがそのデートで唯一の疑問符だったら、答えはおそらく「イエス」だ。

男女では言葉遣いがすっっっごく違う

男女の違いは相手の気を引くための話し方だけではない。男女では総じて使う言葉が違うのだ。心理学者のチームがフェイスブックの投稿の言葉遣いを分析し、男女別にどんな単語をどれだけ用いているかを調べた。[22] そして英語で最も男性的、女性的な単語を決定した。

こうした好んで使われる単語の多くは、まあ当たり前のものだった。たとえば女性は、男性よりもはるかに多く「買い物」とか「私の髪」と書いていた。逆に男性は「アメフト」とか「Xb

＊私が試しているある理論がある。ビッグデータは故レナード・コーエンが言ったことを追認しているだけだ。[21] 例えばコーエンは甥に女性の口説き方を助言したことがある。「まず相手の話をよく聞くこと。それからさらに耳を傾ける。そしてもう相手の話は十分聞いたと思ったら、さらに聞くんだ」要するに、おおむね件の研究者らの研究成果の通りである。

ｏｘ」などが多かった。心理学者チームによるビッグデータ分析を待つまでもなく見当がつく結果だ。

しかし中には、もっと興味深い発見もあった。女性のほうが「明日」と書くことがはるかに多く、これはおそらく男が将来を考えることが下手だからだろう。「すごく（so）」という言葉にｏの字をつけ足して「すっごく（soo）」のようにしたがることも、女性特有の言語的傾向の一つだ。「すっごく（soo）」、「すっっごく（sooo）」、「すっっっごく（soooo）」などの言葉遣いは女性のほうがはるかに多い。

時々罵り言葉を吐く女たちに囲まれて育ったせいか、私は罵り言葉は男女同権の印と思ってきた。違う。男のほうが、「fuck」、「Shit」、「fucks」、「Bullshit」、「Fucking」、「Suckers」などの卑語をはるかに多く使う。

次頁の図は男女別に最も使われている言葉のワード・クラウドだ。文字が大きいほど主にそのジェンダーが多用する言葉であることを示す。

私がこの研究を気に入っている理由は、新たなデータが、古くからあるのに必ずしも気づいていなかったパターンに気づかせてくれることだ。男女の話し方が違うのは今に始まったことではない。だが何万年もの間、発せられた言葉は口にしたそばから失われてしまった。それがいまコンピュータによって保存・分析できるようになったのだ（男らしく言えば「言葉なんてかつてはクソみたいに消えるもんだったが、いまではアメフト観戦やＸｂｏｘばかりやってないでこのク

男性がよく使う言葉

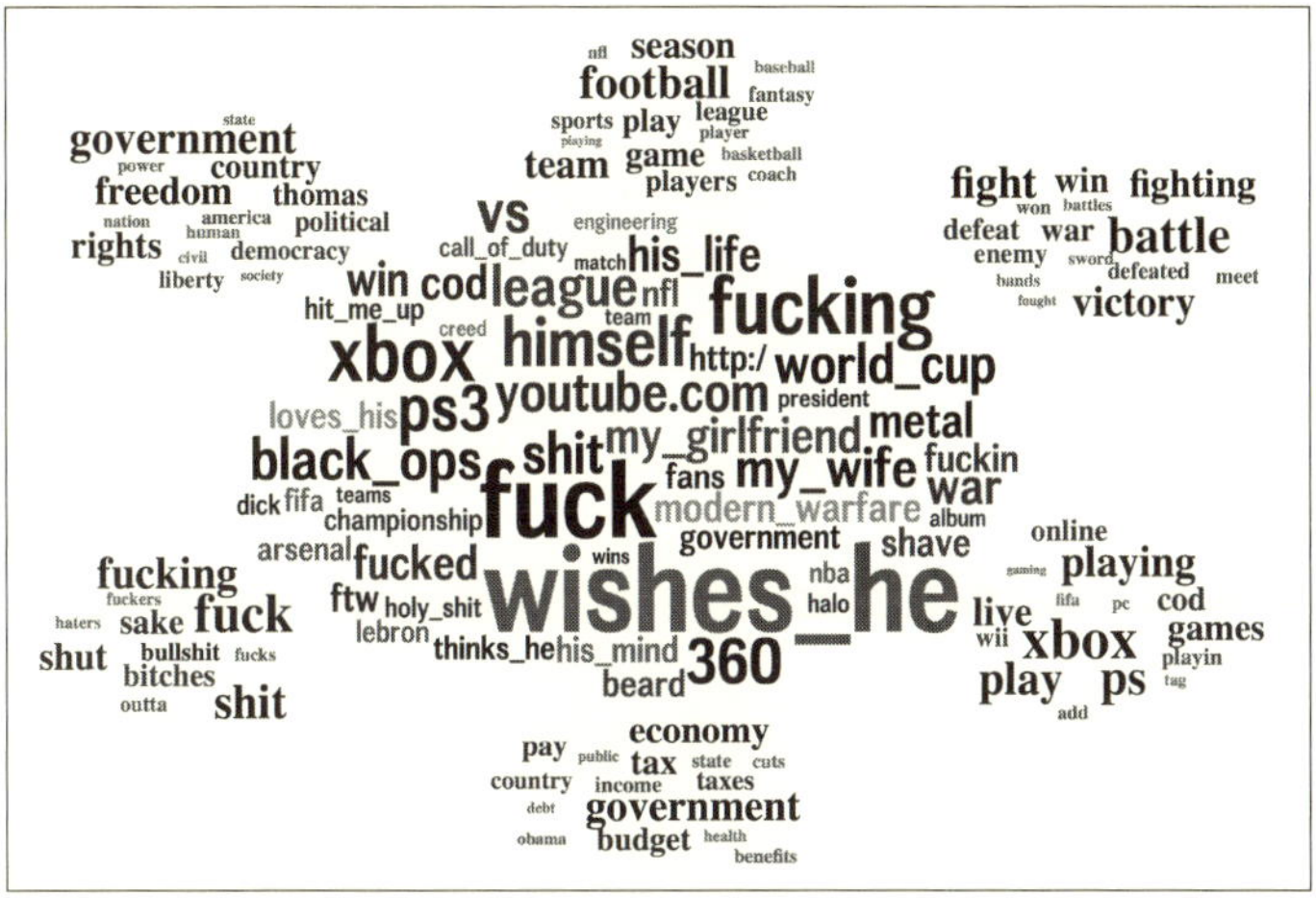

女性がよく使う言葉

飲んで、仕事して、祈って

19歳〜22歳

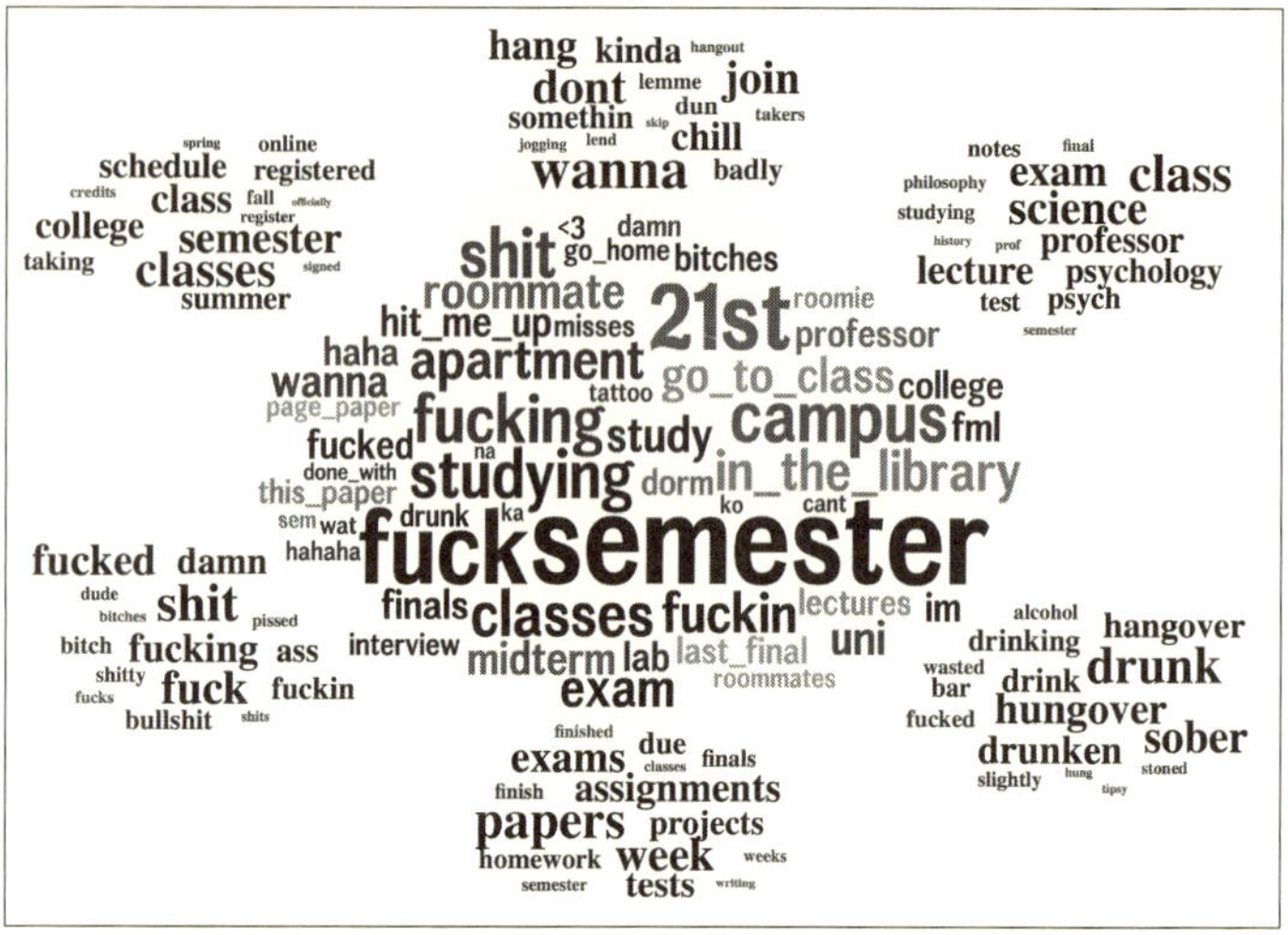

23歳〜29歳

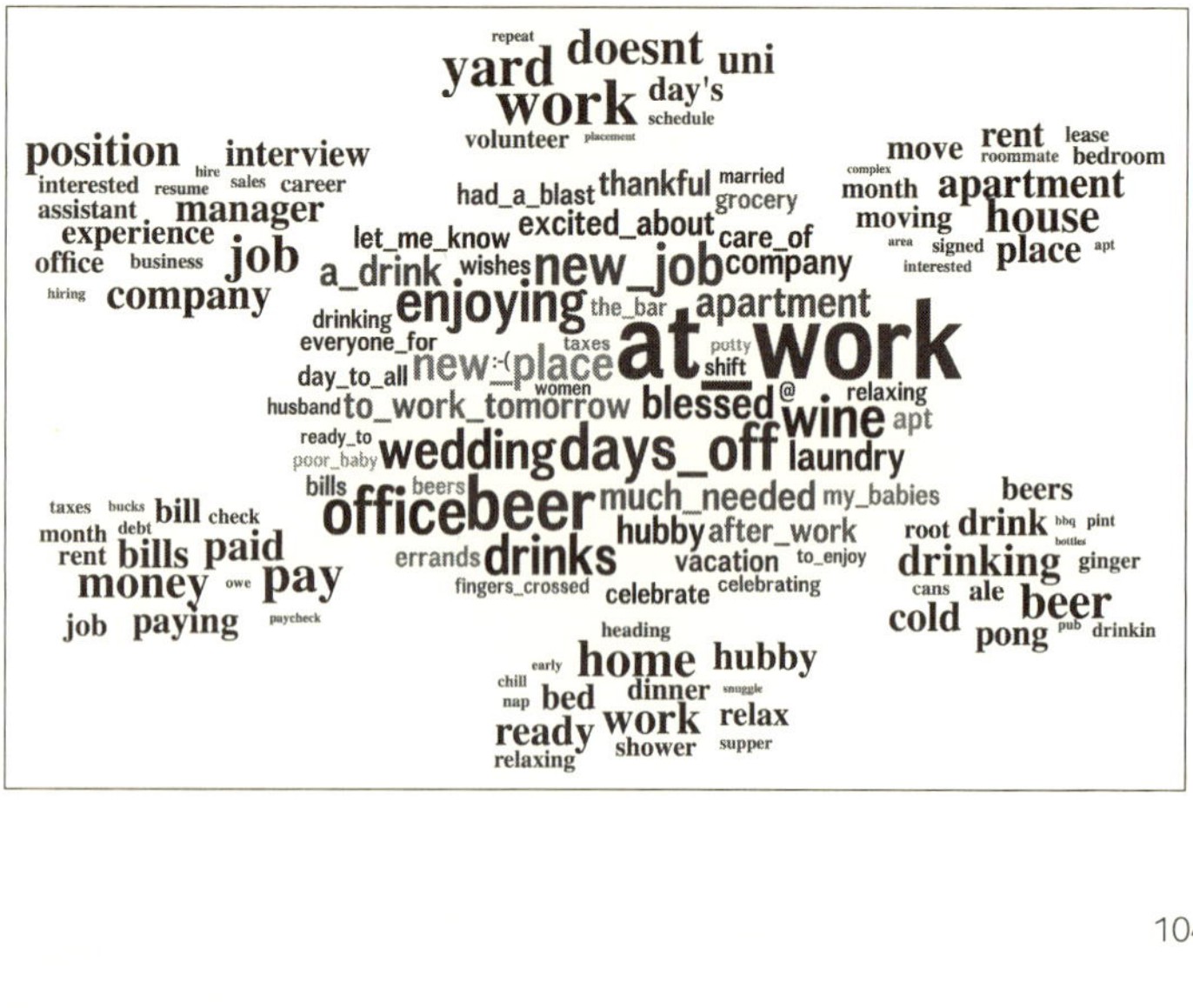

30歳～65歳

ソを研究しないとな。何かのクソがわかるかもしれないぜ」ということだ）。

用語の違いは男女の別に限らず、年齢層によっても違う。これは、加齢の過程を知る多少のきっかけになるかもしれない。前頁・本頁の図は同じ研究の成果で、フェイスブックのユーザーが年齢層別にどんな言葉を多用しているかを示すワード・クラウドだ。

私はこれらを「飲んで、仕事して、祈って」と呼んでいる。人は10代で酒の味を覚え、20代は仕事漬け、30代以降は神に祈っているのだ。

今日一日この国は幸せだったか？

言葉の分析には、感情分析と呼ばれる強力な新ツールがある。今では文章の一部を取り出して、それがどれだけ幸福か、悲しいかを測定できる。

その方法はこうだ。ある科学者チームが大勢の人々に数多くの英単語について前向きか後ろ向きかの評価をさせた。この結果によれば、最も幸福度の高い単語は「Happy」、「Love」、「Awesome（素晴らしい）」などだった。最も後ろ向きな単語には「Sad」、「Death」、「Depression（鬱）」などがある。こうして研究者らは、膨大な単語にまつわる気分のインデックスを作成した。

このインデックスを使うことで、ある文章の平均的な気分を測定できるようになった。「私は幸せで恋をしていて、すごく素敵な気分（I am happy and in love and feeling awesome）」という文は極度に幸せな文と判定される。「世界中の死と悲しみを思うと気が滅入る（I am sad thinking about all the world's death and depression）」なら感情分析上、極度に悲しい文と評価される。他の文ならその中間だ。

では文章の気分をデジタル分析すると、どんなことがわかるのか？　フェイスブックのデータサイエンティストらは面白い取り組みをしている。一国の国民総幸福度（GNH＝Gross National Happiness）を毎日調べているのだ。人々がステータスの更新時に総じて幸せなメッセージを書いていれば、その日のその国は総じて幸福だったと考える。逆も同じだ。

そして彼らは、クリスマスは一年で最も幸福な時期の一つであることを見出した。そう聞いて、私はこの分析に疑問を感じ、GNH計画全体も怪しいと思い始めた。私はクリスマスには総じて悲しい気分でいる人も多いと思う。人は密かに孤独を感じたり、家族と衝突したりしているものだからだ。もっと一般的に言えば、私はフェイスブックのステータスをあまり信用しない。その理由は次章で掘り下げるが、要するに人々はソーシャルメディア上で自分の暮らしについて嘘をつく傾向があるからだ。

あなたがクリスマスに孤独で不幸だったとして、本当に自分がどれだけ不幸か友人たちにこぼしたいだろうか？　本当は、味気ないクリスマスを送りながらも「素晴らしく、素敵で、幸せな暮らし」について投稿する人々は多いと思う。そして彼らはＧＮＨのレーティングを大きくかさ上げする。もし本当にＧＮＨを測定するのなら、単なるフェイスブックの投稿にとどまらない情報源が必要だと思う。

だとしても、全体的にはクリスマスが祝福の時であるという結論は正しいだろう。グーグルの鬱についての検索とギャラップの世論調査でも、クリスマスは年間で最も幸福な時期と結論している。そして都市伝説とは裏腹に、自殺はクリスマス時期には減る。悲しく孤独な人々もいるにしても、幸福な人々のほうがずっと多いのだ。

物語の構造を測定する

昨今では人が読む文章といえば、フェイスブックの投稿ばかりだが、そう遠くない昔、人々が本に収められた物語を読んでいた時代もあった。感情分析はここでも多くのことを教えてくれる。

現在カリフォルニア大学バークリー校で情報学を研究するアンディ・レーガン率いる研究者チームは、膨大な数の書籍と映画の脚本のテキストをダウンロードした。[23] そして各々の物語がど

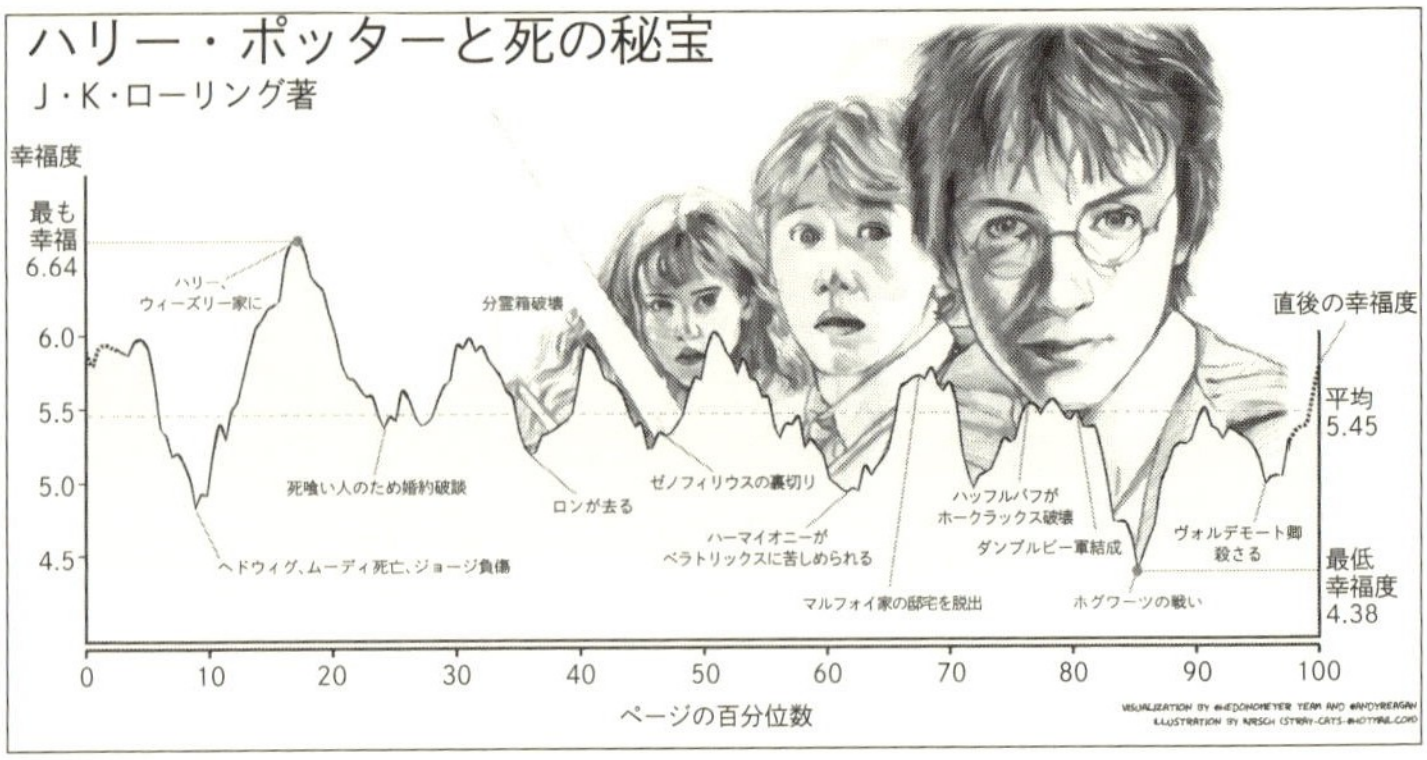

れくらい幸せか、不幸せかを分析した。

たとえば『ハリー・ポッターと死の秘宝』の筋書きの要所ごとに、物語のムードがどう変わっていくかを測定したのだ。感情分析によって、筋書きの要所ごとにそれに見合った悲喜の浮沈があることがわかる。

大半の物語はもっと単純な構造を持つ。たとえばシェイクスピアの悲劇『ジョン王』を考えてみよう。この戯曲では、物事は何一つうまくいかない。ジョン王は英国王位の放棄を求められ、法王に逆らったとして破門され、戦争も勃発する。甥もおそらく自殺。他の登場人物も次々に死に、最後にジョン王も不満を抱いた僧に毒殺される。

そして次頁の図が、この劇の進行に伴う感情分析の推移である。

要するに、単にそこに含まれる言葉のみから、ただでさえ悪い物事がどんどん悪くなり、やがては最悪に至ることがコンピュータで判別できるのだ。

あるいは映画『127時間』を考えてみよう。映画の基本

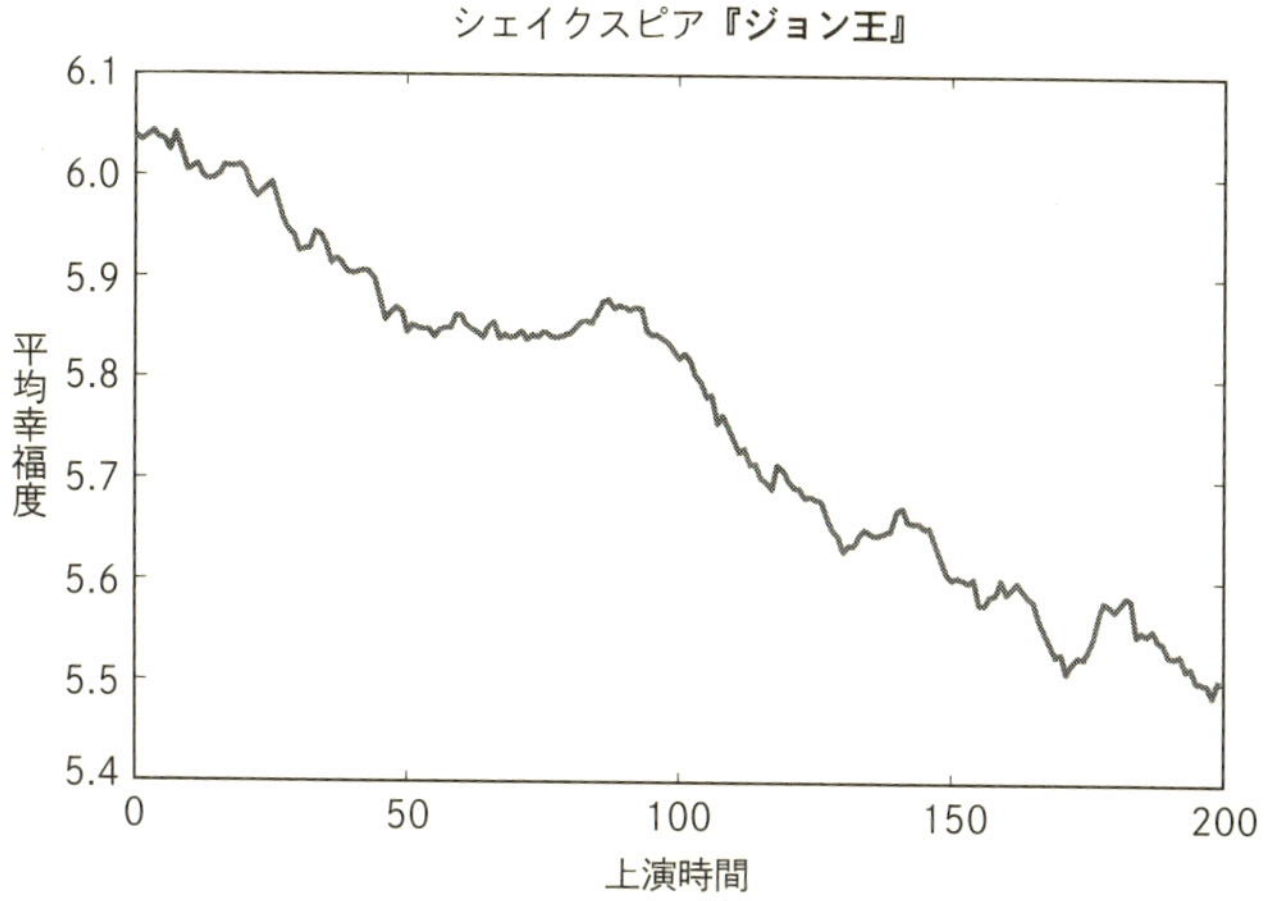

的な筋書きは次の通り。

一人の登山者がユタ州のキャニオンランズ国立公園に行く。他のハイカーと行き会うがその相手と別れる。巨岩から滑落し、岩に腕を挟まれてしまう。何とか脱出しようとするがうまくいかない。絶望にあえぐ。ついに彼は、自らの腕を切り離し、生還する。結婚して家庭を持つが登山は続ける。もっとも今では登山届を出すようになった。

そしてレーガンらのチームによる映画進行中の感情分析は次頁のグラフの通り。

ではこれら無数の物語の感情分析から学べるものは何か？

レーガンたちは、大半の物語は次の比較的単純な6つのパターンに分類できることを発見した。

『127時間』ダニー・ボイル監督

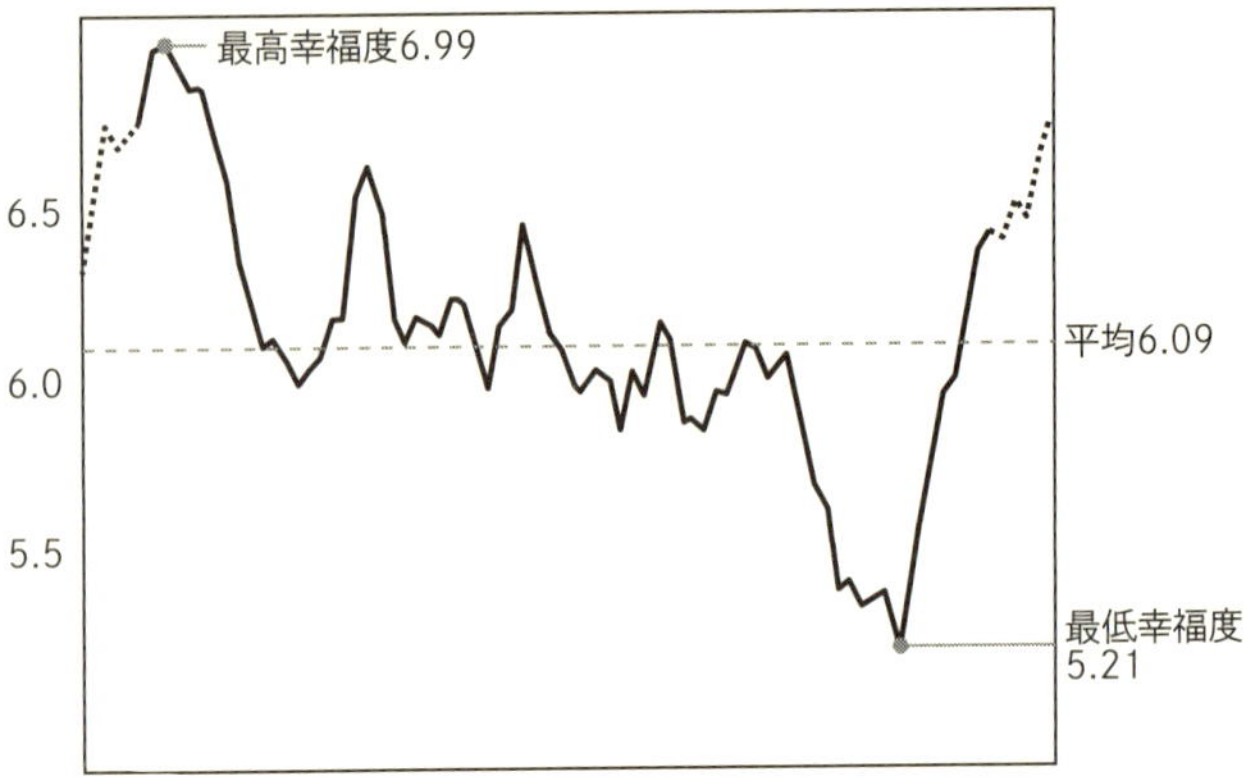

- 貧困から金持ちへ（向上）
- 金持ちから貧困へ（低落）
- 穴に落ちた男（低落して向上）
- イカロス（向上して低落）
- シンデレラ（向上、低落、そしてまた向上）
- オイディプス（低落、向上、また低落）

この単純な体系付けには捕捉されない小さなひねりや転変もあるかもしれない。たとえば『127時間』は「穴に落ちた男」カテゴリーに分類されるが、それでも低落の過程でも一時的に感情が上向く瞬間もある。だが大半の物語の全体的な構造は、6つのカテゴリーのどれかに収まる。『ハリー・ポッターと死の秘宝』は例外である。

他にも疑問は尽きない。時代と共に物語の構造は移り変わってきたのかとか、年月を経るにつれて物語は複雑化しているのか、などだ。他にも文化によって物語のパターンは異なるのか、最も好まれる物語のパターンは何か、男女で好みの違いがあるのか、国が違う場合はどうか、などもある。

データとしての言葉はついに、読者が真に求めているものについて、これまでの著者やメディア幹部の考えとは異なる洞察をもたらしてくれるかもしれない。すでにその方向性を示す徴候はある。

人々は明るいニュースを求めている

ペンシルベニア大学ウォートン校のジョナ・バーガーとキャサリン・L・ミルクマンによる共同研究を紐解いてみよう。彼らは人々にシェアされる物語について調べた。『ニューヨーク・タイムズ』の記事のうち、幸せな話と悲しい話のどちらがメールでシェアされやすいかを調べたのだ[24]。まず3カ月分の同紙の全記事をダウンロードし、感情分析によって記事ごとの気分を判定した。幸福と判定された記事には「ニューヨークに恋した天真爛漫な新来者」とか「トニー賞のフィランソロフィー」などがあった。「ネット上のうわさを苦に韓国人女優が自殺」とか「ドイツ発　赤ちゃんホッキョクグマ飼育員死亡」などは、もちろん悲しい記事に分類された。

さらに掲載位置についても調べた――トップページに掲載されたのか、右上部か左上部か？

また報じられた時間についても調べた――火曜日の深夜か、それとも月曜日の朝か？

そして同様の場所に同様な時間帯に掲載された、幸せな記事と悲しい記事ではどちらが多くメールでシェアされたのかを調べた。

結果、多くシェアされていたのは幸せな記事のほうだった。両研究者らは「記事は明るいほどバイラルに広まりやすい」と結論している。

この結論はジャーナリズム絡みの通説――人々は暴力的で悲劇的な物語に惹かれる――と正反対である。ニュースメディアが悲惨な記事を量産しているのは事実かもしれない。「流血物は読まれる」という報道室の格言もある。だがこの研究者らの分析によると、人々は実はもっと明るい物語を求めているのかもしれない。「笑える記事はシェアされる」という新格言を示唆しているのかもしれないのだ。

何が新聞の政治的偏向をもたらしているのか

文章の幸福分析はこれくらいにして、保守かリベラルかについてはどうか？　そしてそれは現代の報道機関について何を示しているのか？　この少し複雑な問題について、ジェンツコウとシャピロの研究に立ち戻ってみよう。彼らは、同性婚について新聞によって異なる用語で報じているのを見て、言葉分析で政治的偏向を明らかにできないかと着想したのだった。

この野心的な研究者らは、『連邦議会議事録』を調べることから着手した。これはすでにデジタル化されているので、２００５年度の民主党議員と共和党議員の発言をすべてダウンロードできた。そしてどちらかの党員によって特に多用されている言葉があるのかどうかを調べた。実際、それらは存在した。左記はその一例である。

民主党員が多用する語句

遺産税
社会保険の民営化
ローザ・パークス
労働者の権利
貧困層

共和党員が多用する語句

死亡税
社会保障改革
サダム・フセイン
私有財産権
歳出

これらの言葉遣いの違いは何を意味しているのか？

時には同じことを言い表すのに民主党と共和党で異なる言葉遣いをすることがある。2005年、共和党は相続税減税を目指していた。彼らは死さえ課税対象となるというニュアンスが強い「死亡税」という用語を使う傾向があり〔訳注／日本の相続税は相続人にかかるが、米国の相続税は資産や負債を残す被相続人にかかるのが基本的な概念〕、民主党員はこれを、金持ちに対する課税という響きを帯びた「遺産税」と呼ぶ傾向が強い。同様に、共和党は社会保障を個人まかせにしようとし、これを「改革」と呼ぶ。しかし民主党員にとってこれは剣呑な響きを持つ「民営化」だ。

また強調の程度が言葉遣いに表れることもある。両党員とも公民権運動の英雄ローザ・パークス〔訳注／バスで白人に席を譲るのを拒み、公民権運動のきっかけを作った女性〕に敬意を払っているが、彼女に言及するのは民主党員のほうがずっと多い。同様に、両党員ともかつてイラクの独裁者だったサダム・フセインが頭から離れないが、共和党員は湾岸戦争を正当化するために彼に言及することがはるかに多い。同じく「労働者の権利」と「貧困層」への配慮は民主党の中核的原則である。一方、「私有財産権」と「歳出（の削減）」は共和党の中核的原則だ。

そしてこれらの言語使用の違いは大きい。たとえば２００５年、議会で共和党議員は「死亡税」と３６５回発言しているのに対し「遺産税」と言ったのはわずかに46回。民主党議員にとっては逆に、「死亡税」がたった35回であるのに対し「遺産税」は１９５回だった。

両研究者らは、こうした言葉遣いの違いが民主・共和両党員の判別に資するのなら新聞の政治的偏向の調査にも使えるはずだ、と考えた。共和党議員が「死亡税」という用語を多用して相続税反対論に理解を求めたのなら、保守的な新聞も同じことをするのではないか――。リベラル寄りとされる『ワシントン・ポスト』は「遺産税」という言葉を「死亡税」よりも13・7倍も多く用いた。保守系の『ワシントン・タイムズ』は「遺産税」も「死亡税」も同程度に用いていた。

インターネットのおかげで、ジェンツコウとシャピロは全米のさまざまな新聞の用語を調べられた。ニューースライブラリ・コム（newslibrary.com）とプロクエスト・コム（proquest.com）の２サイトは、合わせて４３３紙をカバーしている。そしてこれらの新聞を対象に、政治的偏向を反映した１０００単語の使用度数を計測して報道機関としての政治的偏向度を調べた。この方法によると最もリベラルな新聞社は『フィラデルフィア・デイリー・ニューズ』で、最も保守的とされたのはモンタナ州の『ビリングス・ガゼット』だった。

これほど多くの報道機関を対象に初めて政治的偏向度を調べられるようになった今、おそらく最も重要な問い——「なぜ新聞社は右寄りになったり左寄りになったりするのか？」——にもこたえられるだろう。[25]

2人はすぐにある重要要因に的を絞った。地域の政治的土壌である。フィラデルフィアやデトロイトのように総じてリベラルな地域のメディアはリベラルに傾きがちだ。ビリングスやテキサス州アマリロのような保守的な土地柄だと主要紙も保守的になる。要するに、新聞とは読者が求めているものを提供するものであるということを、証拠は明確に裏付けていたのだ。

新聞社のオーナーの意向が報道内容の偏向にある程度影響しているのではないかと思うかもしれないが、規制上、メディアのオーナーは思ったほど政治的偏向に対する影響力を持ちえない。同じ人物や会社が別々の地域の新聞社を持っている場合を考えてみよう。ニューヨーク・タイムズ・カンパニーは、ジェンツコウとシャピロの研究でリベラル寄りと判定された『ニューヨーク・タイムズ』を所有しているが、この新聞のテリトリーであるニューヨーク市の住民のざっと70％は民主党支持である。同様に、同社はこの研究で保守的と判別された『スパータンバーグ・ヘラルド＝ジャーナル』も（同研究の実施当時に）所有しており、この新聞の本拠地サウスカロライナ州スパータンバーグでは住民のざっと70％が共和党支持である。もちろん例外もあり、ルパート・マードックのニューズ・コーポレーションは、保守的とされる『ニューヨーク・ポスト』を所有している。[26] しかし全体としてこの研究では、新聞社の政治的偏向についてはオーナーの意向よりも地域性のほうが強く関わっていることが明かされた。

この研究は、私たちの根深いマスコミ観を覆すものだ。多くの人々、特にマルクス主義者は、米国のジャーナリズムは、金持ちや企業が支配しており、それは大衆に影響を及ぼすため、それもおそらくは彼らの政治的視点に同調させるためと見てきた。だがジェンツコウとシャピロの共同研究では、これは報道機関オーナーの意向が勝ってのことではないことが明かされた。米国マスコミのオーナーたちは、自分たちがよりリッチになるためにお膝元の人々に彼らが求めるものを与えているのだ。

もう一つ疑問がある。そしてそれは議論を呼び、おそらくさらに挑発的な大問題だ。米国の報道機関は、平均して右に傾いているのか、それとも左か？　つまりメディアは総じてリベラルなのか、それとも保守なのか？

ジェンツコウとシャピロの研究では、左偏向が確認された。つまり平均的な新聞社の言葉遣いは、共和党連邦議員よりも民主党連邦議員のそれに近いのだ。

保守的な読者なら「やっぱり！」と快哉を叫ぶところだろう。新聞が大衆を左寄りの視点に誘導しているというのは、保守派が長らく抱いてきた疑念だからだ。

だがこの研究の結果はそうではないことを示している。実際、左寄りであるのは、新聞の読者の好みに照準を合わせた結果である。新聞の読者層自体が、全体的には左に傾いているのだ（それを裏付けるデータもある）。そして新聞報道は、読者が求めるものを提供するために、わずかに左寄りになっているのである。

陰謀論は間違いだ。単純に市場原理の結果である。

ジェンツコウとシャピロの研究結果が示唆するところでは、報道機関も他のあらゆる企業と同様に振る舞いがちなのだ。スーパーマーケットが人気のあるアイスクリームを品揃えするのと同じように、新聞社も人々が求める視点の記事で紙面を埋める。シャピロは私に「ただの商売ですよ」と言った[27]。これがニュース、分析、意見などの複雑なものを、その構成要素――言語――に分解し、定量分析した結果である。

米国人は笑うようになった？――データとしての写真

旧来の学者やビジネスパーソンは、データが必要になるとサーベイを行った。質問票の回答結果がまとめられ、きれいに整理されて届けられた。だがもはや事情が違う。体系立った、整然としたサーベイの時代は終わった。この新時代では、私たちが暮らしを通じて生み出す厄介な痕跡が主要な情報源になるのだ。

既に見たように、言葉も、クリックも、リンクも、誤記も、みなデータだ。夢に出てくるバナナも、声調も、疾走する馬の喘ぎも、胸の鼓動も、脾臓の大きさもデータだ。検索は、私に言わ

せれば、最も暴露的なデータだ。

そして写真もまたデータだ。

デジタル化以前には言葉が書籍や定期刊行物に閉じ込められ埃臭い書架に収められていたように、写真もかつてはアルバムや段ボール箱にしまい込まれていた。だが今では写真もデジタル化され、クラウドへと解放された。そして言葉が歴史について教えてくれる（たとえば言葉遣いの変遷を）ように、写真も歴史について教えてくれる（たとえば被写体がとるポーズの変遷を）。

ブラウン大学とＵＣバークリーの４人のコンピュータ・サイエンティストによる独創的な研究を見てみよう。彼らはデジタル時代の素晴らしい進展を利用した。多くの高校では卒業アルバムをスキャンしてネット上で公開している。[28]彼らはインターネット上から、１９０５年から２０１３年に至るまでの９４９冊の卒業アルバムを見つけ出した。そこには膨大な数の４年生の写真が収められている。そして彼らはコンピュータ・ソフトウェアを使い、10年ごとの「平均的な」写真を選び出した。つまり人々の鼻、目、唇、髪の平均的な位置や配置を割り出したのだ。上は過去１世紀強にわたる男女別の10年間を代表する写真である。

お気づきだろうか？　米国人とりわけ女性は笑うようになった。20世紀初頭にはほとんど仏頂面だったのが、世紀の終わり頃には満面の笑みをたたえるようになっている。

なぜそうなったのか？　どんどん幸せになっているから？

違う。この問いには別の学者がヒントをもたらしている。そして少なくとも私は、その理由をとても面白いと思う。写真術が発明された当初、人々はそれを絵画のようなものと思っていた。他になぞらえるものもなかった。だから写真の被写体も、絵画のモデルに倣った。そして肖像画のモデルは長時間笑みを浮かべてはいられなかったので、真剣な表情になった。写真の被写体はその表情を引き継いだのだ。[29]

では最終的に変化をもたらしたものは何か？　もちろんビジネス、利益、そしてマーケティングだ。20世紀半ばごろ、フィルム会社のコダックは人々に写真をもっと撮らせようとして幸福な基調を帯びた広告を打ち始めた。楽しんでいる自分を見せるために写真を撮らせようとしたのだ。件の卒業アルバムの笑顔は（今日のフェイスブックやインスタグラムと同じように）、このキャンペーンの成果だ。

データとしての写真はしかし、高校3年生が「チーズ」と言い始めた時期がいつかということ以外のことも教えてくれる。驚いたことに、経済の状況さえわかるのだ。

街の明かり

「大気圏外から経済成長を測定する」――そんな大胆不敵な題名の学術論文がある。Ｊ・バーノン・ヘンダーソン、アダム・ストーレイガード、デイヴィッド・Ｎ・ウェイルは、多くの発展途上国では既存の国内総生産（ＧＤＰ）の測定法に欠陥があると気づいた。これは経済活動の大半が地下に潜り把握されていないためだ。政府機関にも経済生産を測定する術がない。

そこで彼らは、型破りな方法を考えた。夜中にどれだけの明かりがついているかでＧＤＰを測定しようとしたのだ。[30] そしてこの情報を、１日に14回地球を周回する米国空軍の衛星からの写真で得ることを思いついた。

夜間の明かりがどうしてＧＤＰの良き指標になるのかって？　非常に貧しい地域では、電気代の支払いにさえ事欠く。だから経済状態の悪い地域では、夜間の電灯使用が激減する。

アジア金融危機に直撃された１９９８年のインドネシアでは、夜間の電灯使用が急減した。韓国では１９９２年から２００８年にかけて、この間の目覚ましい経済発展と歩調を合わせて、夜間の電灯利用が72％も増えた。同時期に北朝鮮では、その間の経済不振を反映して電灯使用はむしろ減っている。

１９９８年、マダガスカル南部でルビーとサファイアの大鉱脈が見つかった。掘っ立て小屋が立ち並んでいたイラカカの町は交易中心地になった。それからの5年間、この地では夜間の電灯利用が爆発的に増えた。

この研究の共著者らも、夜間電灯が経済的産出の測定指標として完璧から程遠いことは認めている。夜中に人工衛星がどれだけ光を検出するかから経済状態を正確に把握することはできない。共著者らもこの方法を米国のような先進国に適用することは勧めていない。既存の経済測定の方法のほうがはるかに正確だからだ。そして公平を期していえば、途上国に関してでさえこうして得られたデータは公式データと同程度にしかあてにならない。だが問題の多い政府統計データと不完全な衛星映像データを合わせれば、いずれか一方の情報源だけよりも、はるかにましな推計が立てられる。つまり空からの映像を使って途上国経済への理解を深められるのだ。

コンピュータ・サイエンスの博士で穏やかな口調で話すジョゼフ・ライジンガーも、これまでの途上国の経済データに不満を持っていた。彼の記すところによると、2014年4月、ナイジェリアはこれまで算入されていなかった新たな経済セクターを含めてGDP推計値を発表した。セクターを増やしたおかげで、GDP推計値は90%も高くなった[31]。「彼らはアフリカ最大の経済国です」とレイジンガーは徐々に声の調子を上げながら語った。「そんな国について、最も基本的なことさえわからないのです[32]」

彼は経済状態をもっと精密に見る方法を探していた。そして彼が見出した解決法は、まさに情報源を刷新した成果と価値を示している。

レイジンガーは「プレミス」という会社を興し、途上国の人々を雇ってスマートフォンを支給し、経済的に重要と思われる風景の写真を送らせた。

彼らはガソリンスタンドの風景やスーパーマーケットで売られる果物の写真などを定点観測した。そしてプレミスに送られてきた写真は、コンピュータ・サイエンティストの社員たちによってデータに変換されていった。ガソリンスタンドの列の長さから、スーパーの店頭にリンゴがいくつ売られているか、どれだけ熟しているか、値段はいくらかまで、さまざまなデータだった。こうした写真からの情報をつなぎ合わせて、プレミスは途上国の経済生産やインフレを推計する体制を整えた。途上国の場合、ガソリンスタンドの長蛇の列は、経済不振を示す代表的な指標になる。リンゴの品切れや未熟なまま売られていることも同様だ。プレミスでは中国の現場写真も参考に、公式データが発表されるはるか前から、2011年の食料品インフレと2012年の食料品デフレも察知していた。

プレミスはこうしたデータを銀行やヘッジファンドに売り、世界銀行とも協力している。

良いアイデアの常として、プレミスのそれもさまざまに応用されている。世界銀行では近年、フィリピンの脱税密造たばこの経済規模に注目していた。特に同国政府によるランダムな密造所急襲の効果が焦点になっていた。プレミスは賢いアイデアでこの問題の解決策をもたらした。路上で見かけるたばこの写真である。正規品には貼ってあるはずの印紙の有無を調べたのだ。その結果、この地下経済は2016年から大幅に縮小傾向にあり、政府の対策の効果が裏付けられた。

すでに見てきた通り、何がデータになるのかはこのデジタル時代になって一変し、それが多くの発見をもたらしている。メディア偏向の原因は何か、初めてのデートで成功するコツ、そして途上国経済の状態を知ることなどは序の口に過ぎない。

またそんな新データが大きな富を生むことも驚くまでもない。グーグル創始者コンビの莫大な資産は言うに及ばず、ジョゼフ・ライジンガーもうまくやっている。関係者の見るところ、プレミスはいまや年間数千万ドルを稼いでいる。最近では投資家から5000万ドルの増資も寄せられた。[33] つまり主に写真の売り買いを生業とする会社として、プレミスが『プレイボーイ』並みに儲かる会社だと踏んでいる投資家がいるのだ。

何をデータとするかの新発想には、学者と起業家の別を問わず、大きな価値があるのだ。データサイエンティストたるもの、伝統的な狭いデータ観に閉じこもっていてはならない。今ではスーパーマーケットの行列の映像が、品揃えが、リンゴの熟れ具合が、貴重なデータなのだ。衛星写真も、写真の被写体が笑みを浮かべているかどうかもデータだ。すべてがデータなのだ！

そしてこれらあらゆる新データを手に入れたおかげで、とうとう人々の嘘を見抜けるようになったのである。

第4章　秘められた検索

誰もが嘘をつく。

帰宅途中に何杯飲んだか、ジムに週何回通っているか、靴がいくらだったか、ある本を読んだかどうか……。仮病で仕事を休む。また連絡するわと言ってそれっきり。いや、君のことじゃないと言うのも嘘。愛していると嘘をつく。落ち込んでいても幸せだとうそぶく。本当は男性が好きなのに女性が好きだという。

友人にも嘘をつく。上司にも嘘をつく。子供にも嘘をつく。両親にも、医者にも、夫にも、妻にも嘘をつく。自分たち自身にも嘘をつく。

そしてサーベイにも、もちろん嘘をつく。

ここで、ちょっとサーベイに応えてほしい。

あなたは試験でカンニングをしたことがありますか？

あなたは誰かを殺す空想に耽ったことがありますか？

正直に答える気になっただろうか？　サーベイで恥ずかしい物事や行動について過少申告する人は多い。大半の調査は無記名式だが、それでも人に良く見られたいものだ。これを「社会的望ましさのバイアス」と言う。

1950年に発表されたある重要論文は、サーベイがそんなバイアスに陥りやすいことの強力な証拠を示している。[1]研究者らはデンバーの住人の投票率、慈善寄付、図書館カードの所有率についての公式データを入手した。それから実際に住民を対象にそれらについての調査を実施し、結果を公式データと照合した。その結果は当時、衝撃をもって受け止められた。事前に入手していた公式データとは大違いだったのだ。無記名式の調査票なのに、集計結果では回答が大幅に誇張されていた（下図）。

この調査から65年後のいま、何か変わっただろうか？　インターネット時代の今日、図書館カードを持っていなくても恥ではなくなった。だが社会的規範の対象こそ変わっても、人々が調査

	調査結果	公式統計
投票登録をした	83％	69％
前回の大統領選で投票した	73％	61％
市長選で投票した	63％	36％
図書館カードを持っている	20％	13％
地域の募金活動に募金した	67％	33％

に嘘を回答する傾向はいまだに強い。

メリーランド大学では最近、卒業生に大学生活について調査をし、結果を公式データと照合した。[2] 人は常に見栄を張って回答に嘘を書く。ＧＰＡ（平均成績）２・５未満で卒業したと正直に報告した人は、実際には11％なのに２％にも満たなかった。そして44％が昨年、大学に寄付をしたと回答した（実数は28％）。

そしてサーベイの嘘回答が、２０１６年大統領選でのドナルド・トランプ勝利に一役買った可能性は大いにある。[3] サーベイは彼の支持率を平均して約２％低く報告した。彼を支持していると表明することに気後れする人々がいたのだ。実際には一貫してトランプ支持なのに投票候補を決めていないと表明する人もいた。

大学教授の９割が自分を平均以上と思っている

匿名のサーベイで虚偽の回答をするのはなぜか？ この問いを、ミシガン大学の名誉研究教授で社会的望ましさのバイアスの世界的研究者ロジャー・トゥーランゴーにぶつけてみた。[4] 彼は、人間はたわいない嘘をつきがちで、それが強く関わっていると回答してくれた。「人々は実生活を通じてざっと３分の１は嘘をつきます。それがサーベイにも持ちこまれているのです」

さらに人は時に自分自身に対しても嘘をつくという奇妙な習性がある。「たとえば学生として、自分は落ちこぼれであるだなんて認めたくはないものです」

これが多くの人が自分は平均以上であると考える理由なのかもしれない。[5]その程度たるや甚だしい。ある会社では、技術者の40％が自分はトップ5％以内だと回答し、大学教授の90％が自分は平均以上の仕事をしていると考えている。高校3年生の4分の1は協調性でトップ1％に入ると考えている。自分さえ欺く人々が、どうして世論調査に正直になれるだろうか？

サーベイで嘘をつく他の理由として、調査員がいる場合に相手に良く思われたいという意識が働くことがある。トゥーランゴーが言うように、「自分の好きな叔母のような人が訪ねてきたのに、先月はマリファナを吸っただなんて言いたいでしょうか？*」あなたは愛する母校にお金を寄付しなかっただなんて認めたいだろうか？

この理由のため、調査に人間的関わりが薄いほど正直な回答が得られる。真実性の高い回答を引き出すためには、対面調査よりも電話調査の方が、電話調査よりもインターネット調査のほうが優れている。人間は他の人がいるときよりも一人のときのほうが物事を認めやすいのだ。

＊もう一つの理由は、単純に調査結果を混乱させるために嘘をつくというものだ。[6]これは10代を対象とするすべての調査の根本的な問題で、この年代層への理解を妨げている。ある調査では、養子であることとさまざまな好ましくない行動（ドラッグ使用、飲酒、学業さぼり）との間に相関関係を見出した。だが後に、この相関関係は養子であると詐称した19％の回答者の存在によって完全に説明できることが判明した。追加調査でわかったのは、身長２１３センチ以上で体重１８０kg以上、あるいは子供が3人以上いると回答した10代が有意な割合で存在したことだった。あるサーベイでは、義足や義手を使用していると回答した学生の99％がふざけただけだったことが判明した。

しかし微妙なテーマについては、どんな調査方法をもってしても少なからず嘘の回答の可能性は免れない。トゥーランゴーはここで、経済学者が多用する「インセンティブ」という用語を持ち出す。サーベイには真実を述べるインセンティブが働いていないのだ。

では人間が何を考え、どう振る舞っているのか、どうすればわかるのか？

時には公式データが役立つこともある。人々が募金額を偽っても、実際の額は慈善団体そのものから聞き出せる。だが公式統計として数値化されていない行動について調べたり、人々の考え（真情、感情、欲望など）を知りたいときには、これまではサーベイに頼る他に情報源はなかった。しかしいまや事情は違う。

これがビッグデータの第2の力だ。ある種のオンライン情報源は、人々に他では決して漏らさないような本音を吐かせている。いわばデジタル自白薬だ。グーグル検索がよい例だ。オンラインであること、一人であること、調査員が介在しないことなど、人がより正直になる条件を兼ね備えている。

他人には言えないこと

さらにグーグル検索には、本音を吐かせる大きなインセンティブがある。人種差別的ジョークが好きだったとして、オフラインの調査ではその事実を認めるインセンティブがない。だがネット検索では、新しい最高のジョークを探し出せるという利点がある。鬱に苦しんでいても同じ。

オンラインなら症状や療法がわかるかもしれない。

仮に人々が自分を偽っていたとしても、グーグルは真実を知っているかもしれない。ある地域に投票日の数日前まで投票する気でいた人がいたとしても、投票場所やその方法についてググっていなかったら、私のようなデータサイエンティストはその地域の投票率は低いとわかる。同様に、鬱であるとは認めたがらない人でも、号泣したり起床できないなどの行動についてググっていれば、序章で述べた通り、鬱気味であることがわかる。

自分のグーグル使用体験を思い出してほしい。人前では憚《はばか》られるような検索をしたことがあるはずだ。実際、大多数の米国人がグーグルには非常に個人的なことを問いかけている証拠がある。たとえば米国では「天気」よりも「ポルノ」の検索のほうが多い[7](この事実は、世論調査では男性の25%、女性の8%しかポルノ鑑賞を認めていないことと整合しない[8])。

グーグルのオートコンプリート機能にも正直さは垣間見られる。これは他の人々がその話題についてすでに実施した検索をもとに表示されるから、他の人がよく行っている検索の手がかりが得られる。だがこの機能でさえ正確ではない。グーグルでは猥語や卑語など、彼らが不適切と考える言葉をオート表示しないようにしている[9]。そのためグーグルのオートコンプリート表示は、人々の人種差別的傾向について実際よりも控えめに表示していることになるが、それでも時にはいくらか微妙な結果が表示される。

たとえば「どうして……」から始まるフレーズ検索のトップ2件は「空は青いの?」と「うる

う日があるの？」だ。だが3番目は「私のウンチは緑色なの？」である。またグーグルのオートコンプリートが不穏な様相を帯びることもある。「……したいと思うことは正常？」というフレーズ検索の目下のトップ候補表示は「人を殺したいと思うことは」である。さらに「……を殺したいと思うことは正常？」のトップは「家族を」である。

　グーグル検索から非日常的な姿が浮かび上がる例は枚挙にいとまがない。たとえば子供を持つべきか持たざるべきかについての後悔をめぐる検索だ。中にはこの判断をめぐって不安を覚える人もいる。そして問いかけはほぼ常に、「子供を持たないと後悔するだろうか」、というものだ。子供を持てば後悔するかと聞くよりも、持たないと後悔するかと聞くほうが7倍も多いのである。

　そして実際に判断を下した（それが子供を持つという判断であれ持たないという判断であれ）後も、人々は時に、グーグルにその決断を悔いていることを告白する。ショックかもしれないが、これは決断前と逆転する。子供がいる成人は、いない成人よりも、3・6倍も多くその決断を悔いているとグーグルに真情を吐露している。[10]

　本章については留意点がある。グーグルにはあるまじき考え、すなわち人に言えない考えを表示する傾向がある。それでも人々の隠された思考を探る際には、グーグルの自白作用は強力だ。そして子供を持つべきかどうかをめぐる意見の大きな隔たりは、その力を雄弁に物語っている。

　ここでちょっと「子供を持ったことを後悔している」などと検索することの意味を考えてみよう。グーグル自体は情報を調べる手段として存在している。天気予報や昨晩の試合結果、自由の女神はいつ建てられたのかなどだ。だが時に人は、たいして期待もせずに赤裸々な思いを検索ボックスに打ち込む。この場合、検索ボックスはいわば告解の場だ。

毎年、こうした検索は膨大な数に上る。「寒い季節は嫌いだ」とか「どいつもこいつもウザい」とか「寂しいわ」などだ。もちろんこうした数千件程度の「寂しいわ」検索は、実際に寂寥をかこっている数億人のごく一部が行っているに過ぎない。情報の代わりに考えや感情を検索することは、私が調べたところ、そんな考えを抱いた人々のごく一部に限られている。同様に米国で「子供を持ったことを後悔している」と検索する年に7000人の人々も、私の調査によれば、そう感じている人々のごく一部だ。

子供は多くの人にとって、いやおそらくほとんどの人にとって、大きな喜びをもたらす。そして私の母は、「あんたとあんたのバカげたデータ分析」のせいで孫の数が減ってしまうのではと恐れているが、この研究は別に私の子供を持ちたいという願望を変えていない。だが子供を持つことをめぐるこの不穏当な検索は興味深い。そして旧来のデータセットには見られない人間性の一側面を示す証拠の一つだ。我々の文化は、常に幸福な赤ちゃん像で満ちている。たいていの人は、子供を持つことを後悔をもたらすものとは考えないだろう。だがそんな人もいるのだ。そして彼らは誰にもそれを認めないが、グーグルに対してだけは別なのだ。

ゲイ人口の推計

米国にゲイの男性はどのくらいいるのだろう？　これは性に関する調査では伝統的な質問でありながら、社会科学者にとって最も困難な問いでもあり続けている。もはや心理学者も、米国人男性の10％はゲイというアルフレッド・キンゼイの有名な推計（囚人と娼婦を過度に含む標本に基づいている）を信用していない。今日の代表調査では2～3％程度が定説である。だが調査では長らく、嘘の回答が横行していた。私は、ビッグデータを使えばこれまでより良質な回答が得られると考える。

まず調査結果をもう少し探ってみよう。従来の調査では同性愛に寛容な州には不寛容な州よりもはるかに多くのゲイ人口がいるとされている。たとえばギャラップ社の調査によれば、同性婚に最も寛容なロードアイランド州ではもっとも不寛容なミシシッピ州に比べてゲイの人口比が2倍に上る。[11]

この理由として、2つの仮説が立てられる。まず不寛容な州に生まれたゲイ男性は寛容な州に引っ越すというもの。次に不寛容な州にも多くのゲイがいるがそれを告白していない、他州のゲイにも増して隠しているのかもしれないということだ。

まず転居説については、別のビッグデータ・ソースから洞察が得られる。フェイスブックでは、どちらの性に興味があるかを登録できる。この登録をした男性ユーザーのうち恋愛対象を男性とした人は約2・5%であり、これはおおむねサーベイの報告と釣り合っている。[12] そしてフェイスブックでも、居住州の寛容性によってゲイ人口比に大きな違いがみられる。ロードアイランドのゲイ・ユーザー比率はミシシッピよりも2倍以上も多い。

フェイスブックからは人口移動を知ることもできる。私は、ゲイであることを公表しているフェイスブック・ユーザーの部分標本の出生地をもとに、どれだけのゲイ男性が不寛容な場所から寛容な場所へと転居しているかを調べる機会を得た。その結果、たとえばオクラホマシティからサンフランシスコに転居するなど、そうした傾向は明らかに確認された。だが私は、ジュディ・ガーランドのCDをカバンに入れて先進的な場所をめざす男性の存在は、寛容な州と不寛容な州でゲイ人口が違う理由の半分も説明していないだろうと考えている。*

さらにフェイスブックでは高校生について調べることもできる。高校生は自発的に引っ越すことはめったにない特殊な集団だ。仮に転居がゲイ公表人口比率の州別差異に関わっていたとしても、高校生には反映しないはずだ。だが調査の結果、不寛容な州ではゲイを公表する高校生はは

＊ 冗談半分とはいえ、ジュディ・ガーランド好きの男性を同性愛指向と結びつけることに、反感を抱く人もいるかもしれない。そしてもちろん、すべての、あるいは大半のゲイ男性が女性歌手好きだというつもりもない。だが検索データは、こうした典型（ステレオタイプ）の存在を示唆している。私の推計によると、ジュディ・ガーランドについて検索している男性は異性愛ポルノよりも同性愛ポルノについて検索することが3倍も多い。ビッグデータは、典型の中には真実もあることを教えている。

るかに少なかった。ミシシッピでは男子高校生1000人中わずか2人である。だからこれは移動性だけの問題ではない。

もしゲイ男性の出生比率がどの州でも同程度でありながら、それを公表する人口比率の違いを転居だけでは十分に説明できないのなら、秘匿性が大きく関わっているはずだ。

そこで、多くの人が秘密を打ち明けるグーグルに立ち返る。

ポルノ関連の検索を州別のゲイの実人口を試算する手段にするのだ。グーグル検索とグーグル・アドワーズのデータを用いた私の推計では、男性によるポルノ検索のうちゲイ・ポルノの検索はざっと5%程度だ[13]（「ゲイ・ポルノ」などに加えて人気ゲイ・ポルノ・サイトの「ロケットチューブ」などの検索語を調査した）。

その結果、総じて寛容な州のほうが不寛容な州よりもゲイ・ポルノ関連検索が多かった。これはゲイ転居説を勘案すると合点のいく結果だ。だがその違いは、サーベイやフェイスブックから判明しているほど大きくはなかった。ミシシッピではポルノ検索のおよそ4・8%がゲイ関連で、これはサーベイやフェイスブック分析によるゲイ比率よりはるかに多く、ロードアイランドのゲイ・ポルノ検索率5・2%と大差がない。

では米国人男性のゲイ人口はどのくらいなのか？　このゲイ・ポルノ検索率（およそ5%）は米国のゲイ人口規模をおおむね正確に示していると思われる。そしてこの数値を得るもう少し間接的な方法もあり、それにはいくらかデータサイエンスを用いる必要がある。寛容性とゲイ公表率の関係を利用するのだ。ちょっと技術的な説明になるが我慢してほしい。

私の予備研究では、任意の州において同性婚に対する支持が20％増えるたびに、州内のゲイ公表フェイスブック・ユーザー数は１・５倍増える。これに基づけば、完全寛容州——住人の１００％が同性婚を支持する状態——におけるゲイ公言人口が推計できる。そして私の推計ではそれは人口比で５％程度であり、ゲイ・ポルノ検索に基づく推計値とぴったり一致する。こうした完全寛容環境にもっと近いのは、カリフォルニアのベイエリア（サンフランシスコ及び対岸のオークランド）の高校生だ。そして彼らのおよそ４％がゲイであることを公言しており、これも私の計算に合う。[14]

ここで言っておくべきことがある。私はいまだ女性の同性愛傾向の推計をなしえていない。ポルノ関連のデータは使えない。女性は男性よりもポルノ鑑賞率がはるかに少ないので、データにならないからだ。そしてポルノを見る女性の場合でも、実生活では総じて異性愛傾向が強いのにレズビアン・ポルノを見る傾向があるようなのだ。ポーンハブで女性が見ている動画の優に20％はレズビアン物である。

もちろん米国人男性の５％がゲイであるというのは推計である。両性愛者もいるし、中には——特に若いうちは——自分のことがわかっていない人もいる。もちろんこうしたデータは、投票者数や映画の観客数のようには正確に計測できない。

しかし私の推計の一つの重要性は明らかだ。米国では、不寛容な州ではとりわけ、膨大な数の男性がいまだにゲイであることを隠しているということだ。彼らはフェイスブックでもそれを登録しないし行動調査でも認めない。時に女性と結婚さえしている。

妻が夫をゲイなのではないかと疑うことは案外多いこともわかっている。彼女たちはそれを、驚くほど共通の検索フレーズ――「私の夫はゲイか?」――で調べている。「私の夫は……」検索において、「ゲイか?」はそれに次いで2番目に多い「浮気しているか?」よりも10%多い。「アルコール依存症か?」よりも8倍、「鬱か?」より10倍も多いのだ。

何より啓示的なことに、夫がゲイなのではないかと疑っている女性の人口比は、寛容性の低い地域のほうがずっと多い。トップはサウスカロライナとルイジアナだ。実際、夫の性的指向についての検索数上位25州中21州では、同性婚に対する支持率が全米平均を下回っている。

男性の性的指向について役に立つ情報源は、グーグルやポルノサイトに限らない。ビッグデータには、秘密を抱えて生きることについての証拠がさらに存在する。私は大手案内広告サイトのクレイグスリストで「出会い」を求めている男性の広告を分析した。男性との「出会い」を求める男性による広告出稿は、不寛容な州のほうが多かった。最も出稿率が高い州にはケンタッキー、ルイジアナ、そしてアラバマなどがある。

そして秘密にさらなる光を当てるには、グーグル検索に立ち戻って精査することだ。「ゲイ・ポルノ」という検索の前後で最も多い検索は「ゲイ・テスト」(自分が同性愛者であるかどうかを調べるためのテスト)だ。そして「ゲイ・テスト」検索は、最も不寛容な州では2倍も多いのだ。

「ゲイ・ポルノ」と「ゲイ・テスト」を相次いで検索しているとはいったいどういうことか？不可解とは言わないまでも判然としない。しかしゲイ・ポルノを見たいからといってそれが自分がゲイであることを意味しないことを望む男性がいるという推測は理にかなっていよう。

グーグル検索調査では、特定の個人の検索歴を調べることはできない。しかし２００６年、ＡＯＬでは学術研究者向けにユーザーの検索歴の一部標本データを公開した。これはある匿名ユーザーの６日間の検索歴の例である。

金曜日 03:49:55　無料ゲイ画像
金曜日 03:59:37　更衣室ゲイ画像
金曜日 04:00:14　ゲイ画像
金曜日 04:00:35　ゲイセックス画像
金曜日 05:08:23　長いゲイ・テスト
金曜日 05:10:00　良いゲイ・テスト
金曜日 05:25:07　混乱する男のためのゲイ・テスト
金曜日 05:26:38　ゲイ・テスト
金曜日 05:27:22　僕はゲイなの　テスト

金曜日 05:29:18　ゲイ画像
金曜日 05:30:01　男性裸体画像
金曜日 05:32:27　無料男性ヌード画像
金曜日 05:38:19　ホットなゲイセックス画像
金曜日 05:41:34　ホットなゲイ・アナルセックス画像
水曜日 13:37:37　僕はゲイなの　テスト
水曜日 13:41:20　ゲイ・テスト
水曜日 13:47:49　ホットな男アナルセックス画像
水曜日 13:50:31　無料ゲイセックスビデオ

この男性は明らかにゲイであることに逡巡しているようだ。そしてグーグル・データからは、彼のような男性は少なくないことがわかっている。実際、こうした人々の大半は同性愛カップルにあまり寛容ではない州に住んでいる。

こうした数値に埋もれている人々の姿を詳しく見るために私は、ゲイであることを隠している男性を支援しているミシシッピ在住の精神科医に患者の紹介を頼んだ。1人の患者が取材に応じてくれた。年齢は60代で大学教授職を引退し、もう40年以上も妻と連れ添っているという。

彼はざっと10年ほど前に精神疲労でこの精神科医を受診し、とうとう自分の性的指向を認めた。

男性に惹かれていることは一貫して自覚していたが、これは一般的なことであり、すべての男性がそれを隠しているだけだと思っていたという。診療を受けるようになってすぐ、彼は初めて同性愛的性交渉を持った。相手は20代の教え子で、その関係を彼は「素晴らしかった」と評した。

妻とはセックスレスだった。離婚したり大っぴらに男性とつきあったりすることは、罪悪感のためにできなかったという。彼は自らの人生に関わる主な決断のほぼすべてを後悔していた。

この元大学教授とその妻は、今後も恋愛感情もセックスもない夜を続ける。大きな進展があったとはいえ、根強い不寛容は、膨大な数の米国人にもそれを強いている。

多彩なる「好み」の世界

男性人口の5％がゲイであり、その多くがそれを隠していると聞いても、驚かないかもしれない。だがかつて、大半の人がそう聞いて驚いただろう時代があった。そして今日もなおそうである場所も少なくない。

2007年、当時イランの大統領だったマフムード・アフマディネジャードは言った。「イランにはあなたの国と違って同性愛者はいない」[15]。そんな現象は起きていない」同様にロシアのソチ市長アナトリー・パホーモフも、2014年冬季オリンピック大会開催直前にゲイの人々は「この街にはいない」と言った[16]。だがネット上の行動は、イランにもソチにもゲイ・ポルノに対する大きな興味があることを明かしている[17]。

となると当然の疑問がわく。今日の米国でも衝撃的と見なされる一般的な性的嗜好があるのだろうか？　それは何を一般的と思うか、またどのくらい衝撃を受けやすいかによる。

ポーンハブ上の大半の検索は驚くべきものではない。男性では「10代」、「3P」、「フェラ」など、女性では「情熱的なセックス」、「乳首愛撫」、「プッシーを舐める男」などだ。

だがそんな主流派を別にすると、想像もしなかったようなフェチ嗜好が見えてくる。「リンゴをアナルに」とか「ぬいぐるみと獣姦」などと検索する女性がいるし、「鼻水フェチ」とか「裸礫」などを求める男性もいる。だがこの巨大ポルノサイトでもこうした検索は稀有で、月に10件がせいぜいだ。

ポーンハブのデータを見ていると、他にも関連することが明らかになる。どんな人にもニーズはあるということだ。女性がえてして「背の高い」、「色の濃い」、「ハンサムな」男性を検索していることは無理もない。だが「チビな」、「生っ白い」、「醜い」男性を求める女性もいる。中には「身体障碍者」、「ぽっちゃりしてアソコが小さな」、「太った醜い老人」を検索する女性もいるのである。

男性はたいてい「スレンダーな」、「巨乳の」、「ブロンドの」などの検索語を打ち込んでいる。だが「太った」、「貧乳の」、「緑色の髪の」女性を探す人もいる。「禿頭の」、「小人の」、「乳首のない」女性を探す男さえいる。こうしたデータは、背が高くなく、浅黒くなく、ハンサムでも痩せてもおらず、巨乳でもブロンドでもない人にとっては福音だろう。*

他にどんな衝撃的な検索が多いのか？　男性による上位１５０程度の検索ワードの中で私が最も衝撃を受けたのはフロイトについての章で論じた近親相姦関連のものだ。だがあまり論じられていない男性の欲求対象として、「女装した男」（検索順位77番目）、「おばあちゃん」（１１０番目）などもある。全体として、男性によるポーンハブ上の検索の約１・４％はペニスのある女性についてである。高齢者については０・６％（34歳未満の男性においては０・４％）。男性がポーンハブ上ではっきりと13歳未満を指定して行う検索は、２万４０００件中わずか1件しかない。これはポーンハブが当然ながらあらゆる児童ポルノを禁止しているためかもしれない。

女性によるポーンハブ上の検索上位には、読者の多くにとって嫌悪感を催させるものもある。女性に対する暴力を含むポルノの検索だ。女性による検索の優に25％は女性が被る苦痛や恥辱を強調した動画を求めてのものだ。「痛ましいアナル責め」や「公衆の面前での凌辱」や「極端に暴力的な輪姦」などだ。女性の５％は同意を伴わないセックス（「レイプ」や「強制された性交」）の動画を（同サイトでは禁止されているにもかかわらず）探している。そしてこれらすべての検索語の検索率は、男性に比べて女性のほうが2倍にも及ぶ。もし女性に対する性暴力をテーマにしたポルノがあれば、私のデータ分析は、それはほぼ常に女性に偏って好まれるであろ

＊　このデータはまた、最善のデート戦略も示唆していると思う。とにかく臆せず自分を売り込み、山ほど肘鉄を食らい、それでもくよくよしないことである。こうしているうちに、いずれあなたを最高と考える相手に出会える。どんな容姿であれ、あなたを求める人はいるのだ。信じてほしい。

うことを示している。

もちろんこうしたデータを受け入れるにあたっては常に、空想と現実生活の違いを忘れないことが重要だ。確かにポーンハブを訪れる数少ない女性のさらに一部はレイプものを探している（見つからないが）のは事実だ。しかし当然ながらこれは、女性が実生活でレイプ願望を抱いているということではないし、もちろんレイプの罪を軽くするものでもない。ポルノ関連データが教えているのは、時に人は、自分の身に起こってほしくないこと、人には決して言えないことを空想するということだ。

セックスレスに悩んでいるのは女性のほうが多い？

隠されているのは空想だけではない。ことセックス絡みとなると隠し事は多い。[18] たとえばその回数だ。

序章では、米国人は実売量よりもはるかに多くのコンドームを使用していると申告していることに触れた。これを、セックスの際に実際にはコンドームを使っていないのに使ったと申告する人がいるのだなと受け取った人もいるかもしれない。だが証拠を調べてみると、そもそもセックスの回数そのものを過剰申告していることもわかる。15歳から44歳までの女性の11％は、性的に活発であり、妊娠はしておらず、避妊もしていないと申告している。[19] 彼女らの性交回数を控えめに見積もっても、毎月10％の人は妊娠するはずと科学的に推計できる。[20] だがこれだけで米国の妊娠実数（妊娠可能年齢期の女性の113人に1人）[21]を超えてしまう。セックスの妄念にとりつかれた我々の社会では、そんなにしていないのよとは認めがたいのかもしれない。

だが理解や助言が欲しいのならやはりググる動機になる。グーグル上では、セックスしてくれない伴侶に対する文句は、会話に応じてくれない伴侶に対する文句の16倍も多い。未婚のカップルの場合でも、相手がメールに返事をくれないという文句よりセックスに応じてくれないという文句のほうが5・5倍も多い。

そしてグーグル検索からは、こうしたセックスレスについて意外なこともわかる。彼女がセックスに応じてくれないという文句より、彼氏が応じてくれないという文句のほうが、2倍も多いのだ。彼氏についての文句検索のダントツの1位は「彼氏がセックスしてくれない」である（この検索はユーザーの性別まで分析していないが、既述の分析から95％の男性は異性愛者なので、男性による「彼氏」についての検索はあまり多くないと推測できる）。

これをどう解釈すべきか？　実際に彼女よりも彼氏のほうがセックスを拒むことが多いのか？　そうとは限らない。前述のとおり、グーグル検索は人が腹立ちまぎれに行いがちだ。男は妻や彼女がセックスに応じてくれないときに友人にこぼしやすいが、女性の場合はそうではない（ので代わりにグーグルにこぼしている）のかもしれない。だからグーグルのデータだけでは女性より男性のほうがパートナーのセックスの求めを拒むことが2倍も多いとはいえないとしても、彼氏が応じてくれないことが女性にとって捨て置けないほど多いことはわかる。

グーグルのデータは、これほどセックスレスが多い理由も示している。それは大きな不安のためである。しかもその大半は思い過ごしなのである。男性の不安から見てみよう。男性が自分の身体に不安を抱えているのは今に始まった話ではないが、それは思いのほか根深い。

自分の身体、相手の身体への疑問

男性は身体のどの部分よりも性器についてググっており、肺、肝臓、脚、耳、鼻、喉、脳関連の検索を合わせたよりも多い。男どもは、ギターのチューニング法、オムレツの焼き方、タイヤの交換法を調べるよりも頻繁に、ペニス増大術を調べている。男がステロイドについてググる最大の懸念は健康に有害かどうかではなくペニスが矮小化しないかどうかだ。男性が加齢による心身の変化について最もググっているのは、年を取るにつれてペニスが縮まないかである。

余談だが、男性による男性器についての検索トップは「私のペニスの大きさは?」である。この疑問について物差しではなくグーグルに頼ることを、私はデジタル時代の象徴と思う[*]。

女性は相手のペニスのサイズを気にしているだろうか? グーグル検索によれば、めったに気にしない。女性がペニスのサイズについて検索する頻度は、男が自分のそれについて検索する場合の170分の1である。そんな稀な機会は確かにサイズに関わる検索だが、必ずしも小さいことについてではない。その40%は大きすぎることへの不満だ。「セックス中の……」に伴う検索語のトップは「痛み」である(出血、おしっこ、声が出る、おならなどで上位5位を構成する)。

だが男性によるペニスの大きさ関連の検索のうち縮小術の検索は、わずか1%に過ぎない。

男性の性関連検索で2番目に多いのは、どうやって交接時間を延ばすかである。これまた男女の不安は合致していない。女性は、彼氏をどうやってもっと早くイかせるかと、もっと長く保たせるかを、同程度に検索している。女性が彼氏のオーガズム関係で抱く最大の心配事は、イかせるまでの時間ではなく、どうしてイかずじまいなのかである。

男の身体については普段あまり話題にならない。そして確かに容姿を気にするのは主に女性だが、その偏りは思ったほどでもない。人々がどんなウェブサイトを見ているかを計測できるグーグル・アドワーズを分析したところ、美容関連の42%、減量関連の33%、美容整形関連の39%は男性が検索していた。胸に関する「ハウ・ツー」関連検索の20%はどうやって男の胸を小さくするかについてのものだった。

男が自らの容姿に対して抱えている不安は案外大きいとはいえ、やはりこの点では女性のほうが悩みは深い。デジタル自白薬で真相に迫ってみよう。米国では豊胸手術についての検索が年に700万件以上に上る。公式統計によれば、年に30万人が実際に手術を受けている。

女性はお尻についても大きな不安を抱えている。しかしこの点で、彼女たちの多くは最近、悩

＊　私はもともと本書のタイトルを『僕のペニスの大きさは？　グーグル検索が教える人間の本質』にしたかったのだが、それじゃ人が空港の書店で買うのをためらうから売れないと、編集者が没にした。どう思いますか？

みの種を逆転している。

２００４年、米国のいくつかの場所では、お尻について最も多かった検索は、どうやって小さくするかだった。お尻を大きくしたいという願望は圧倒的に、黒人の集住地域に集中していた。だが２０１０年、大きなお尻への憧れは他の地域へも広がり始めた。この興味は、それからの４年間で３倍増した。２０１４年には、すべての州でお尻を小さくする方法より大きくする方法についての検索のほうが多くなった。昨今では豊胸術についての検索５件ごとに豊尻術についての検索が１件行われている（ありがとう、キム・カーダシアン！）。

この女性の大きなお尻への憧れは、男性の好みに合致しているのか？　面白いことに答えはイエスだ。「巨尻ポルノ」についての検索は、やはりかつては黒人集住地域に集中していたが、今では全米で増加中だ。

男は女性の身体について他に何を求めているのか？　既述のとおり、そして当たり前のようだが、男は大きなおっぱいが好きだ。ポルノ関連の指定検索の12％は巨乳を求めてのもの。これは貧乳ポルノの検索ボリュームのざっと20倍にも及ぶ検索量である。

そのうえで言うと、これが男性が女性の豊胸術を望んでいることを示唆しているとは限らない。巨乳ポルノ検索の３％は明確に、天然モノを見たいと指定している。「妻」と「豊胸」についての複合検索は、どうやって彼女に手術を受けさせるかと、妻がそれを望むことへの当惑とに、二分されている。

あるいはガールフレンドの胸についての最も多い検索――「彼女のおっぱいが好きだ」――を見るがいい。この検索フレーズを打ち込んだとき、彼がどんな検索結果を探していたのか、私にはよくわからない。

女性はセックスについて何をググる?

女性も男性同様、自分の性器についての疑問を抱えている。実際、彼女たちは、男性がペニスについて検索するのと同じくらいヴァギナについて検索している。女性のヴァギナ検索はえてして健康状態に関わっている。だが少なくとも30％は別のこと――剃毛の方法、締まりを良くする方法、アソコの味を良くする方法など――についてだ。既述のとおりニオイ対策も驚くほど多い。

性器のニオイが何に似ているかということについて女性が最も気にしているのは順に、魚、酢、玉ねぎ、アンモニア、ニンニク、チーズ、体臭、尿、パン、漂白剤、おりもの、汗、金属、足、生ごみ、そして腐った肉である。

男は総じてパートナーの陰部について検索しない。男が彼女のヴァギナについて検索する頻度は、女性が彼氏のペニスについてそうするのとほぼ同程度だ。

だが男性がパートナーのヴァギナについて検索する際に最も多いのは、女性の最大の心配事であるニオイについてである。なにより男性は、彼女を傷つけずにそれに気づかせるにはどう言えばいいのかと悩んでいる。だが時には、ニオイについての男の検索が彼らの不安を明かすこともある。そこから浮気を突き止められないかを調べることがあるのだ。たとえば、コンドームや別の男の精液の匂いがするのだが、という問いである。

我々はこうした秘匿している不安をどうすべきなのか？　明確な良い知らせがいくつかある。グーグルによると、それほど気にする必要はなさそうだ。セックス・パートナーにどう思われるかについての不安の大半は取り越し苦労なのだ。一人でコンピュータに向かって嘘をつく必要がなければ、人は本当の姿をさらけ出す。実際、我々は自分の身体を気にするあまり、相手の身体について気にする余裕などないのだ。

おそらく性的検索のトップ2件――セックスレスと、自分の性的魅力や性的能力についての不安――には関わりがあるのかもしれない。もしそうなら、自分の身体や能力についてあまり気にしなくなれば、もっとセックスするようになるのかもしれない。

グーグル検索からは他に、セックスをめぐる戦い、男女別の奉仕精神の差についてもわかる。たとえばオーラル・セックスのテクニックをめぐる検索などである。男女のどちらが多く異性に対するオーラル・セックス技術を検索しているのか[22]？　どちらがより奉仕しているのか？　どちらが性的にサービス精神が豊かか？　女性である。私の苦心の推計によれば、女性はオーラル・セックスのテクニックについて男より2倍も多く調べている。

そして男がオーラル・セックスについて調べるときには、それはえてして相手をどうやって悦ばせてやるかではない。男は女性をイかせる方法と同じほど自分にフェラする方法を調べている

	1位	2位	3位	4位	5位
アフリカ系アメリカ人	下品	人種差別主義者	ばか	醜い	怠惰
ユダヤ人	邪悪	人種差別主義者	醜い	安っぽい	強欲
イスラム教徒	邪悪	テロリスト	悪人	暴力的	危険
メキシコ系	人種差別主義者	ばか	醜い	怠惰	とんま
アジア系	醜い	人種差別主義者	うっとうしい	ばか	安っぽい
ゲイ	邪悪	間違っている	ばか	イライラする	利己的
キリスト教徒	ばか	クレイジー	間抜け	妄想	間違っている

（これはグーグル検索データをめぐる私が最も好きな事実だ）。

ヘイトと偏見をめぐる真実

人々が恥と思い、隠し続けているのは、セックスや恋愛に限ったことではない。多くの人は、もっともながら、自らの偏見も隠しがちだ。人種、性的指向、宗教などで人を値踏みすれば差別主義者扱いされるのがオチと考える人が増えたことは進歩と言えよう。だが今も多くの米国人が差別意識を持っている（本項では、通常用いるに不適当な差別表現を含みます）。

グーグルにはそれが表れている。人は時に、「黒人はどうして下品なのか？」とか「ユダヤ人はなぜ邪悪なのか？」などという検索をしている。上の表はさまざまな人口集団をめぐる差別的な検索語の上位5件の一覧だ[23]。

このステレオタイプからは、2～3のパターンが浮かび上がる。たとえばアフリカ系アメリカ人は、「下品」というステレオタイプに最も結びつけられている人口集団の一つだ。ほぼすべての人口集団が「ばか」というステレオタイプに結びつけられている。そうでないのはユダヤ人とイスラム教徒だけだ。そして「邪悪」はユダヤ人、イスラム教徒、そしてゲイに結びつけられているが、黒人、メキシコ系、アジア系、キリスト教徒とは結びつけられていない。

テロリストと結びつけられているのはイスラム教徒だけだ。そしてこんな色眼鏡で見られれば、反応は一気に燃え上がる。グーグルの検索データでは1分刻みでヘイト（憎しみ）に煽られた炎を観測できる。

差別的検索を分刻みに観測する

２０１５年12月2日、カリフォルニア州サンバーナーディーノの銃乱射事件勃発直後に起きたことを振り返ってみよう。その朝、リズワン・ファルクとタシュフェーン・マリクは半自動拳銃と半自動ライフルで武装してファルクの職場の集会に押し入り、14人を殺害した。その夜、イスラム教徒風の犯人の名前が報じられたまさに数分後には、捨て置けないほどのカリフォルニア州民がイスラム教徒を殺害せよと書き込み始めた。[24]

当時のグーグル検索で「イスラム教徒」と最も多く複合検索されていたのは「〜を殺せ」だった。そして米国全体で「イスラム教徒を殺せ」という検索は、「マティーニのレシピ」や「偏頭痛の症状」、「ダラス・カウボーイズの登録選手名簿」と同程度の件数に上った。サンバーナーディーノ乱射事件直後の日々には「イスラム教徒恐怖症」と「イスラム教徒を殺せ」検索はほぼ同数だった。襲撃事件前はイスラム教徒絡みの検索のおよそ20％がヘイト検索だったが、襲撃後の数時間には半分以上に上った。

そしてこの分刻み時系列検索分析は、こうした怒りを鎮静化させるのがどれだけ難しいかも物語っている。事件の4日後、オバマ大統領（当時）はゴールデンタイムに国民向け演説を行った。政府にはテロを制圧できること、そして何より剣呑なイスラム恐怖症を食い止められることを訴えたかったのだ。

オバマは人々の良心に語りかけ、受容と寛容の重要性を説いた。それは力強く感動的な演説だった。『ロサンゼルス・タイムズ』はオバマを「恐怖に判断力を曇らせられないよう促した」と称賛した。『ニューヨーク・タイムズ』は彼の演説を「タフで冷静」と評した。リベラルな宗教ニュースサイト「シンク・プログレス」は「良き統治に必要なツールであり、イスラム教徒米国人の命綱」と称賛した。つまりオバマの演説はマスコミから大成功と評された。だがそれは本当に成功だったのだろうか？

グーグル検索のデータは、その逆を示唆している。当時プリンストンにいたイヴァン・ソルタスと私は、データを分析した。演説で大統領は「差別を拒むことは、宗派を問わずすべての米国人の責務」と語った。だがイスラム教徒を「テロリスト」、「悪人」、「暴力的」そして「邪悪」と結びつけた検索は、演説終了後に倍増していた。オバマ大統領は「入国時に宗教を問わないのは我々の責務」とも言った。しかし安全地帯を切望していたイスラム教徒主体のシリア難民についてのネガティブな検索は60％も増え、一方で彼らを救う方法についての検索は35％も減っていた。オバマは「自由は恐怖に勝ることを忘れないよう」呼びかけたが、演説中に「イスラム教徒を殺せ」という検索は3倍増えた。実際、オバマの演説中には、イスラム教徒をめぐるおよそ考えられる限りすべてのネガティブな検索件数が跳ね上がり、あらゆるポジティブな検索は減っていた。

つまり、オバマはすべての正しいことを話し、あらゆる主流派マスコミはその癒しの言葉を讃えた。だがデジタル自白剤が生むインターネット上の新たなデータは、彼の演説はその主目的に対して逆効果だったことを示唆していた。怒れる群衆をなだめたどころか（人々はオバマがそうしたと思っていた）、むしろ彼らを燃え上がらせていたのだ――それがデータの示唆するところだ。効果的と思われていたものは、実はむしろ逆効果だった。自画自賛にならないためにネット上のデータが必要になることもあるのだ。

では今日の米国で猛威を振るっているこのヘイトに対し、オバマは何を語るべきだったのだろう？　この問題については、後に触れる。まずは米国の差別の宿痾であり、ダントツの差別語であり、本書のきっかけとなった研究テーマについて触れよう。グーグルの検索データを対象とした筆者による研究で明かされたネット上でのヘイトを何よりも雄弁に物語る事実は、「ニガー」という差別語の横行ぶりだった。

人種差別は潜在意識のせい？

毎年、この言葉は単複の別はあれ米国で７００万回も検索されている（前にも記したがラップの歌詞はほぼ常にニガ〔nigga〕でありニガー〔nigger〕ではないのでこの頻度にさして影響していない）。「ニガー・ジョーク」の検索は、「kike jokes（ユダヤ人を侮蔑するジョーク）」、「gook jokes（アジア人を侮蔑するジョーク）」、「spic jokes（中米人を侮蔑するジョーク）」、「chink jokes（中国人を侮蔑するジョーク）」、「fag jokes（ゲイ男性を侮蔑するジョーク）」の合計より17倍も多い。[25]

では「ニガー」や「ニガー・ジョーク」を含む検索が最も増えるのはどんなときか？　アフリカ系アメリカ人についてのニュースが流れたときならいつでも、だ。過去最高だった瞬間の一つは、ハリケーン・カトリーナの直後にニューオリンズの困窮した黒人たちがマスコミで報じられたときである。オバマの初回大統領選のときにも跳ね上がった。そしてマーティン・ルーサー・キングの日[26]（1月15日。故キング牧師の生誕日にちなむ）には、「ニガー・ジョーク」検索が平均して30％増える。

この恐るべき人種差別的悪罵の蔓延は、人種差別をめぐる定説に疑問を投げかける。

人種差別を論じる際には、米国が抱える大きな矛盾について触れないわけにはいかない。すなわち、黒人の圧倒的多数が自分たちは偏見に晒されていると考えており、警官による職務質問、就職面接、陪審員評決などをめぐる差別の証拠は枚挙にいとまがない一方で、人種差別主義者であることを自認する白人はきわめて少ないということだ。

この矛盾について今日の政治学者らは、主として潜在的偏見のためと説明している。白人の米国人は善意だが意識下に偏見があり、それが黒人への接し方に影響している、というものだ。そして学者たちは、この偏見を検証するために潜在的連想テスト（ＩＡＴ）という独創的な方法を考案した。

この試験によると、黒人の顔を見せられた大半の被験者は、「おぞましい（awful）」のようなネガティブな言葉を連想するより、「良い（good）」などのポジティブな言葉を連想するほうが、数ミリ秒程度長くかかる。白人の顔を見せると、この反応は逆転する。この時間差が自覚していない潜在的な偏見の証拠であるという。

他方、この矛盾を説明する異説もある。隠された自覚的差別意識だ。差別心を自覚していながら隠している（とりわけサーベイには）人々がいるとする。検索データの分析結果はこれで説明がつく。「ニガー・ジョーク」を検索する人の差別意識は決して潜在的なものではなく、自覚的なのだ。そして米国人が「ニガー」という単語を「偏頭痛」や「エコノミスト」と同じほどググっていることは、アフリカ系アメリカ人に対する自覚的な偏見なしには説明し難い。グーグルの検索データが手に入るようになるまでは、こうした毒々しい敵愾心を測る明確な手段はなかった。いまや事情が違う。我々は、それが説明するものを見られるようになっているのだ。

既に議論したように、それは2度にわたるオバマの大統領選が多くの地域で苦戦した理由を説明している。さらに最近エコノミストの共同研究で明かされた黒人と白人の給与所得ギャップとも相関している。[27] 最も人種差別的検索が多い地域は、黒人に対する給与支払いに渋い地域でもあるのだ。そしてそこに、ドナルド・トランプ大統領選出馬という現象も加わった。序章で述べた通り、統計学の達人ネイト・シルバーは、２０１６年の共和党候補選におけるトランプ支持と最も強く相関する変数を探し、私が生み出した差別地図にそれを見出した。変数は「ニガー」の検索数だった。

最近、学者たちは黒人に対する潜在的偏見を州別地図にまとめた。おかげでグーグルの検索データによる自覚的偏見の結果と照合できるようになった。たとえばオバマの2度の大統領選の際、潜在的偏見と自覚的偏見の各々が彼の苦戦ぶりにどれだけ影響したかを調べられる。回帰分析の結果、オバマの苦戦地域は人種差別的なグーグル検索が多い地域と一致していた。一方、潜在的連想テストの結果は、苦戦地域と相関性が低かった。

この分野の後続研究を促すために、あえて挑発的な憶説を述べる。そしてこれがさまざまな分野の研究者に検証されることを望む。今日のアフリカ系アメリカ人に対する差別を何より説明しているのは、研究室でいそいそと試験を受けた人々が黒人に対してネガティブな言葉を意識下で連想することではない。膨大な数の白人が「ニガー・ジョーク」のような検索を続けているという事実である。

親たちは性別で子供を差別している

米国で黒人が日常的に経験している差別の火は、よしんば隠されているとはいえ、自覚的な敵意によって油を注がれている。だが他の人口集団については、意識下の偏見がより根本的な影響を与えているのかもしれない。たとえばもう一つの偏見対象人口集団である少女層に対する潜在的偏見の証拠を、私はグーグル検索に見出している。

誰が少女たちに偏見を抱いているのかって？　両親だ。[28]

親がウチの子には才能があるのかもしれないと興奮することは驚くにはあたらない。実際、「ウチの2歳児は……」から始まる検索で次に続く言葉として最も多いのは「才能がある」だ。だがこの検索は、男児と女児で等しく行われているわけではない。親は「私の娘は才能がある？」より「私の息子は才能がある？」のほうを2・5倍も頻繁に検索している。親たちは公言するのが憚られるような知性に関する他の文章検索——たとえば「ウチの子は天才？」——をめぐっても同じく性別の偏りを示している。

こうした親たちは、男児と女児の正当な違いに基づいてそうしているのだろうか？　男の子のほうが女の子よりも難解な言葉を使ったり、客観的な才能の片鱗を示したりしやすいのか？　そんなことはない。むしろ逆だ。幼いうちには、女の子のほうが常に語彙が豊かでより複雑な構文を用いる。米国では、女の子のほうが男の子よりもギフテッド教育（有望な児童向けの英才教育プログラム）に入る確率が９％高い。[29] これらの事実にもかかわらず、親は男児に才能を見出しやすいようである。[*] 実際、私が調べたところ、知性絡みのすべての検索（その欠如も含めて）において、親は娘よりも息子について頻繁に検索している。「ウチの子は遅れているか？」とか「バカなのか？」という検索においても、女児より男児についてのほうが多い。だがこうした子供についてのネガティブな単語を含む検索の男女差は、「才能ある」とか「天才」などのポジティブな単語を含む検索の場合に比べて小さい。

では親が娘のほうを圧倒的に気にすることは何か？　何よりも容姿全般に関わることだ。子供の体重を例に見てみよう。親が「ウチの娘は太りすぎ？」とググることは息子の場合と比べて2倍も多い。娘をどうやって減量させればいいのかの検索も、同じく息子の場合の2倍に上る。そして才能をめぐる検索の場合と同じく、この性別偏差も現実に即していない。女児のうち太り過ぎの子は28％だが、男児では35％なのだ。[30] だが体重計の針がどうあれ、親は息子より娘の太りすぎのほうを頻繁に検索しているのである。

親はまた、息子はハンサムかと検索するより娘は美人かと検索するほうが1・5倍も多い。そして「息子は醜いか」とググるより「娘は醜いか」のほうが3倍も多い（どうしてグーグルが彼

＊ 親が子供の性別によって異なる扱いをしているという仮説をさらに検証するために、私は今、育児関連のウェブサイトのデータを獲得しようとしている。これが得られれば、ここに述べた具体的な検索をする親たちよりも、はるかに多くの数の親たちのデータが得られるだろう。

らの子供の美醜を判断できると思うのかは知らないが)。

親たちは総じて、息子に対する検索でポジティブな単語を用いる傾向がある。息子は「幸せか」のほうが「落ち込んでいるか」検索よりも多いのだ。

リベラルな読者なら、こうした偏りは保守的な地域に多そうだと思うかもしれない。だが私はそんな仮説を支持する証拠を見出していない。むしろ、州ごとの政治的、文化的な人口構成と、これら子供についての検索偏向の明確な関係を見出せずにいる。またこうした偏りが、グーグル・データが初めて手に入るようになった2004年からこの方、弱まっている証拠もない。この少女に対する偏りは、思ったよりも広範で根深いようである。

国粋主義者もニューヨーク・タイムズが好き?

偏見的ステレオタイプは性差別主義に留まらない。Vikingmaiden88は読書と詩作を愛する26歳の女性だ。座右の銘はシェイクスピアの一節。これらの情報は彼女の自己プロフィールと米国最大のヘイト・サイト、ストームフロント(stormfront.org)への投稿から得た。彼女は私の勤務先『ニューヨーク・タイムズ』のサイトも楽しんでおり、ある特集記事を激賞する投稿をした。
私は先ごろ、所在地、誕生日、興味などの情報を投稿できるストームフロントのプロフィール欄を万単位で集めて分析した。[31]
ストームフロントは1995年にかつてクー・クラックス・クランのリーダーだったドン・ブ

ラックが設立した。サイト内で最も人気のある「ソーシャル・グループ」にはナチズムにちなむ「国家社会主義連合」や「アドルフ・ヒトラーのファンや支持者」などがある。クォントキャストの調べでは、昨年を通じて月間20万人から40万人がこのサイトを訪れている。南部貧困法律センターによる最近の調査では、過去5年間で100件近い殺人がストームフロントの登録メンバーによるものだ。

だがそのメンバー像は、私の想像とは異なるものだった。

少なくとも自己申告による生年月日から見る限り若者が多い。登録時の最多年齢は19歳だ。その人数は40歳で登録したメンバーの4倍に上る。ネットやSNSのユーザーは総じて若者に傾いているが、これほどではない。

プロフィールには性別欄がない。だが無作為抽出した米国人ユーザーの全投稿とプロフィール内容を読んだところ、大半のユーザーの性別は判別できた。私の推計では、ストームフロントのユーザーのざっと30％は女性である。

州人口当たりで最も登録者が多いのはモンタナ、アラスカ、そしてアイダホなどだ。これらの州は、圧倒的に白人住民が多い。多様性が乏しい環境で育つとヘイトを育みやすいのだろうか？

おそらく違う。これらの州は非ユダヤ系白人の住民比率が高いので、ユダヤ人や非白人を攻撃するメンバーが潜在的に多いのだ。ストームフロントに登録できる人のうち実際に登録した人の割合は、少数派住民の多い地域のほうがかえって高い。これは自らの意思で居住地を選べない18

歳以下について特に当てはまる。

この年齢層では、最も少数派住民比率が高い州の一つカリフォルニアの登録率は全米平均より25％高い。

サイト上で人気の高いソーシャル・グループの一つに「反ユダヤ主義支持者連」がある。このグループへの参加率は州内のユダヤ系人口に正相関している。最もユダヤ人口比率が高い州ニューヨークは、このグループへの人口当たり参加率が平均以上である。

２００１年、Dna88はストームフロントに登録した。自称「ハンサムで人種問題に目覚めた」30歳のインターネット・デベロッパーで、「ジューヨーク・シティ」在住という。それからの4カ月で、彼は２００件以上の投稿をした。「人間性に対するユダヤ人犯罪」や、「ユダヤ人の血に染まった金」や、「シオニストの犯罪性」に関する「学術的ライブラリ」と称するジューウォッチ・コム（jewwatch.com）の紹介などだ。

ストームフロントのメンバーは、少数派集団が英語以外の言語を話したり犯罪を犯したりすることについてこぼす他、興味深いことにデート市場における競争にも不満を漏らしている。

20世紀初頭に「カナダは白人の国であり続けるべき」と言ったカナダ首相の名にちなんでウィリアム・ライオン・マッケンジー・キングと称する男は２００３年に、「白人女性が黒人との醜い混血児と出歩いているのを見ると憤怒を抑えきれない」と投稿している。ロサンゼルス在住の41歳学生whitepride26は、「黒人、ラテン系、そして時にはアジア系の女性が嫌いで、男たちが彼女たちを白人女性より魅力的と言うときには特にそう思う」と記している。

政治的状況も一役買っている。これまでダントツにメンバー登録が多かった日は２００８年11月８日、バラク・オバマが大統領に選出された日である。だがドナルド・トランプの選挙期間中にはストームフロント上ではさしたる反応はなく、当選直後にもわずかに登録数が伸びただけだった。[32]彼は白人国粋主義の波に乗っただけであり、その震源となった証拠はない。

だがオバマの選挙の際は、白人国粋主義が大幅な盛り上がりを見せた。トランプの選挙は、それに呼応する反応であるように見える。

そしてあまり関係がなさそうなことがある。経済だ。州の失業率とメンバー登録数の推移には相関性がない。リーマンショック後のグレート・リセッションにとりわけ大きな打撃を受けた州において、ストームフロントのグーグル検索数には相対的増加が見られなかった。

だがおそらく最も興味深く、また驚異的であるのは、ストームフロント上で語られている話の内容だ。それは私が友人と話すようなことなのだ。私は、白人国粋主義者は私や友人たちとは住む世界が違うと思っていた（私がウブなだけなのだろうが）。だが彼らは、広く人気を博しているテレビドラマ「ゲーム・オブ・スローンズ」について延々と語り合い、どの出会いサイトが良いかについて議論していた。

そして何よりも彼らと私のような人間の共通性を示す事実としては、『ニューヨーク・タイムズ』の人気が挙げられる。Vikingmaiden88だけではなく、サイトの登録メンバーの多くが同紙を好んでいるのだ。実際、ストームフロントのメンバーと「ヤフー・ニュース」のユーザーを較べると、前者のほうが「ニューヨーク・タイムズ・コム」を2倍も訪れている。

ヘイト・サイトのメンバーがリベラルの牙城ニューヨーク・タイムズ・コムをウォッチしている？　どうしてそんなことが？　ストームフロントの少なからぬメンバーがニューヨーク・タイムズ・コムでニュースを得ているのなら、白人国粋主義についての一般的通念は間違っていることになる。さらにそれは、インターネットをめぐる通念が間違っている、ということでもある。

リベラルも保守も実は同じサイトを見ている

たいていの人は、インターネットは人々を分断している、似た者同士が集まるサイトに閉じこもらせていると思っている。ハーバード・ロースクールのキャス・サンスティーンの言葉を借りると、「現代のコミュニケーション市場は、持論に閉じこもる傾向を急速に促している。リベラルはほぼリベラルな意見のみを視聴している。中道派は中道派の、保守は保守の、ネオナチはネオナチ向けのものだけを見ている」

もっともらしい意見だ。インターネットは何より、ニュース消費の事実上無尽蔵な供給源になっている。私はなんでも読みたいものを読める。あなたもなんでも読みたいものを読める。Vikingmaiden88もなんでも読みたいものを読めるのだ。そして端末と向き合っている人は、自分の信念に合致する意見を探す傾向がある。このようにインターネットは、確かに極端な政治的分断を生んでいる――

だがこの通念には問題がある。データに真っ向から反しているのだ。

この一般通念に対する反証は、前述したマット・ジェンツコウとジャセ・シャピロのエコノミスト・コンビが２０１１年に発表した研究から得られる。

２人は米国人のブラウジング行動（ネット上でどんなサイトを訪れているか）を大規模に調べた。データには、信奉するイデオロギーの申告も含まれていた（リベラルか保守か）。このデータを使ってネット上の政治的分断を測定するという研究だった。[33]

その方法は、ある面白い思考実験だった。

同じニュースサイトを訪れた無作為抽出した２人の米国人がいたとする。その１人がリベラル、もう１人が保守である確率はどのくらいか？　換言すると、リベラルと保守が同じニュースサイトで「出くわす」頻度はどの程度か？

これについてさらに考えを推し進めるために、ネット上のリベラルと保守は決して同じサイトからニュースを得ていないと仮定してみよう。この場合、先の「出くわす」確率は０％になり、インターネットは完全に分断している。リベラルと保守はネット上で、決して出くわすことはない。

対照的に、両者の情報源がまったく異ならないと仮定してみよう。つまりいかなるサイトも同様に訪れる可能性があるとする。この場合、いかなるニュースサイトにおいても２人の読者が対極の政治信条を持つ確率はざっと50％になる。インターネットは完全に非分断的で、リベラルも保守も完全に共存している。

さてデータの結果はどうだったか？　ジェンツコウとシャピロの研究によれば、米国において対極的な政治信条を持つ人々が同じニュースサイトに接する確率は約45％だった。つまりインターネットは、完全分断的よりも完全非分断的のほうにはるかに近い。リベラルと保守は、ウェブ上でいつも出くわしている。

このネット上の実態は、実生活での分断ぶりと比較するとわかりやすい。ジェンツコウとシャピロはオフラインでの遭遇をめぐって同じ比較を繰り返した。政治信条が異なる家族同士が出会う確率は？　近所同士だったら？　同僚の場合は？　友人では？

総合的社会調査（GSS）のデータによると、いずれも任意のニュースサイト上に政治信条が異なる人々が共存する確率よりも低いことがわかった。

遭遇する相手が異なる政治信条を持つ確率

ニュースサイト上	45・2％
同僚	41・6％
隣人	40・3％
家族	37・0％

つまり実生活より仮想空間のほうが、自分と対極的な視点を持つ人物と共存しやすいのだ。

なぜインターネットはあまり分断的ではないのか？　それには2つの理由が考えられる。

第1に、意外かもしれないが、ネット上のニュース産業は2、3の巨大ニュースサイトが圧倒的に幅を利かせていることだ。一般にインターネットは非主流派向けのメディアと考えられがちだ。確かに、ありとあらゆる視点向けのサイトがある。銃所持賛成派のサイトも反対派のそれもある。喫煙権主義者向け、ドル硬貨活動家向け、無政府主義者向け、白人国粋主義者向けサイトもある。だがこれらを総計しても、ニュースサイトのトラフィックに比べれば微々たるものだ。実際、2009年にはヤフー・ニュース、AOLニュース、msnbcコム、cnnコムの4ニュースサイトが、ニュース視聴の半数以上を担っていた。米国人にとって最も人気のあるニュースサイトはヤフー・ニュースで、月間に9000万近いユニーク来訪者数を誇り、これはストームフロントのざっと600倍である。ヤフーのようなマスメディアが、政治的に多様な視点を持つ人々に幅広く好まれているのだ。

ネット上が非分断的である2番目の理由は、強い政治主張を持つ人々の多くは、単に怒りをたぎらせるためや議論を吹っ掛けるためだけであれ、対極的な立場のサイトを実際に訪れるからである。政治オタクは彼ら向けのサイトだけでは飽き足りないのだ。極端にリベラルな「シンク・

プログレス（thinkprogress.org）」や「ムーブオン（moveon.org）」などのサイトの視聴者が右寄りのフォックス・ニュースを訪れることは、平均的なネットユーザーよりも多い。同じく極度に右寄りの「ラッシュ・リンボー（rushlimbaugh.com）」や「グレン・ベック（glennbeck.com）」のサイトユーザーは、リベラル色の強いニューヨーク・タイムズのサイトを平均的なネットユーザー以上の割合で訪れている。

SNSではリベラルと保守は「友だち」

ジェンツコウとシャピロの研究は２００４年から２００９年までのデータに基づいており、これはインターネットの歴史の中では割合に早期である。その後、ネット界がより細分化されている可能性はないのだろうか？　ＳＮＳ特にフェイスブックは同研究の結論を変えたのだろうか？友人同士が政治的意見を交換するものであるなら、台頭するＳＮＳは偏った意見に満ちた反響室の様相を呈しているのではないか？

だがまたしても、事はそう単純ではない。フェイスブック上の友人は政治信条を共にしている可能性は高そうだが、データサイエンティストらのある共同研究（アイタン・バクシー、ソロモン・メッシン、ラダ・アダミック著）は、人々がフェイスブックから得ている情報の驚くほど多くは対極的な視点を持つ人々からのものであることを明らかにしている。[34]

なぜか？　友人同士は政治的信条を共有しがちなのではないのか？　確かにその通りだ。だがフェイスブックには実生活での社交以上に多様な政治信条を持つ人々の議論の場になりやすい決定的な理由がある。[35] 人々は平均して、実生活よりもフェイスブック上でのほうがより多くの友人を持つ傾向があるのだ。[36] そしてフェイスブックが容易にしたこうした弱いつながりは、正反対な政治信条を持つ人々をも含むようなのだ。

つまりフェイスブックは私たちに、ごく弱い絆――高校時代の知り合い、頭のおかしい遠い親戚、友人の友人のまた友人など――をもたらしているのだ。[37] 彼らは一緒にボウリングをしたりバーベキューをしたりすることはついぞない相手だ。ディナー・パーティーに招待しようとも思わない。だがフェイスブックでは友人になるのだ。そして彼らがリンクを貼っている、さもなければ見ることもなかった記事に、あなたもアクセスするのだ。

つまりインターネットは、むしろさまざまな政治的視点を持つ人々を結び付けているのだ。一般的なリベラルはリベラルな夫やリベラルな子供と朝を過ごし、リベラルな同僚と日中を過ごし、リベラルなバンパー・ステッカーを貼った車に囲まれて退勤し、ヨガ教室でリベラルな仲間たちに囲まれて過ごすのだろう。そして帰宅してCNNのサイトで保守的な投稿をいくつか読み、共和党員の高校時代の知り合いからフェイスブック上のリンクを受け取る瞬間が、一日のうちで最も保守的な考えに接する時間なのかもしれない。

私はおそらく、ブルックリンのお気に入りの喫茶店で白人国粋主義者と出くわしはしないだろう。だがVikingmaiden88とはしばしば『ニューヨーク・タイムズ』のサイトで出会っている。

不況時に児童虐待は減ったのか?

ネットが与えてくれるのは、不穏な考えについての洞察に限らない。不穏な行動についても、光を投げかけてくれる。実際、グーグル検索のデータは、通常の情報源から取りこぼされている苦しみへの注意を喚起する。人は苦しいとき、グーグルに告白するのだ。

グレート・リセッション当時の児童虐待を考えてみよう。

2007年後半にこの大規模景気後退が始まったとき、多くの専門家は当然ながら子供への影響を憂慮した。何しろ多くの親たちに重圧と失意がのしかかったことは、虐待の主要リスク要因となるからだ。児童虐待は急増しそうだった。

だが公式データが発表されてみると、それも取り越し苦労のようだった。虐待保護件数はかえって減っていた。さらにこの減少幅は、景気後退に最も手ひどく見舞われた州ほど大きかった。「案ずるには及びませんでした」とペンシルベニア大学の児童福祉の専門家リチャード・ゲレスは2011年にAP通信に語っている[38]。意外かもしれないが、児童虐待は景気後退中に減ったようであったのだ。

だが多くの成人が失業に苦しんでいるときに児童虐待が本当に減るのか[39]? 私にはにわかに信じられなかった。だからグーグル検索データを調べることにした。

すると子供たちが悲痛な検索――「ママがぼくをぶつ」、「パパに殴られた」――をしていたことがわかった。そしてこの検索データは公式統計とは異なる悲惨な実相を浮き彫りにしていた。こうした検索はグレート・リセッションの間に跳ね上がり、失業率データとぴったり一致していたのだ。

思うに児童虐待が減ったのではなく、その報告数が減っただけなのだろう。当局に報告される児童虐待数は氷山の一角と推計されている。そして景気後退期には、児童虐待を報告することが多い人々（教師や警官など）や事例を扱う人々（児童保護当局者など）は手いっぱいだったか失業していた可能性が高い。

当時、虐待が疑われる事例を報告しようとしたが、さんざん待たされて結局あきらめたという話は枚挙にいとまがない。[40]

実際、景気後退期に児童虐待が増えていたという証拠は、グーグル以外にもある。虐待やネグレクトで子供が殺された場合、公式に報告される。そうした死は数少ないものの、景気後退に最も手ひどく見舞われた州で増えていた。

そしてグーグルからも、虐待を疑う人がこうした州で増えていた証拠が得られる。景気後退前の検索率と全国的傾向を調整した後でも、児童虐待とネグレクトの検索が最も増えたのは不況が著しかった州だった。失業率が1％上がるたびに、「児童虐待」と「児童ネグレクト」の検索は3％上がっていた。推定だが、こうした懸念を抱いた人の大半はうまく報告できなかったのではないか？　これらの州は報告数が最も減った州だったからだ。

そして苦しんでいた子供たちによる検索は増えていた。犠牲の死は跳ね上がった。虐待を疑う人々による検索は重被害州で増加した。しかし事例報告数は減った。景気後退はより多くの子供たちに両親に殴られているとググらせ、より多くの人々に、あれは虐待なのではと懸念を抱かせた。だが手いっぱいだった当局は、より少ない案件しか処理できなかったのかもしれない。

グレート・リセッションは実際に児童虐待を悪化させたが、伝統的な調査手法ではそれを示すことができなかった――それが真相ではないか。

非合法な中絶の数

人々が密かに苦しんでいるのではと思うたび、私はグーグル検索データに向かう。この新たなデータとその解釈法を知ることの利点の一つは、さもなければ当局に見過ごされかねない弱者を助けられるかもしれないことだ。

だから先ごろ最高裁判所が中絶をより難しくする法律の影響に目を向けたとき、私は検索データに向かった。この法律のあおりを受けた妊婦が、非合法な中絶手段を探すのではないかと思ったのだ。[41] その通りだった。そしてこうした検索は、中絶を制限する法律を通した州で最も高かった。

この検索データは有益であると同時に痛ましいものだ。

２０１５年、米国では自己誘発式中絶法をめぐる検索が70万回以上あった。対照的に、この年の中絶クリニックを探す検索は340万回だった。このことは、中絶を考える女性のかなりの割合が、自らそれを行おうと考えたことを示唆している。

女性たちは、非公式な流通経路で中絶薬を入手する方法を16万回検索（「オンラインで中絶薬を買う」、「無料中絶薬」）している。パセリのような薬草やビタミンCによる中絶もググっている。衣類ハンガーを用いた中絶法も4000件ほどあり、そのうちおよそ1300件はまさしく「衣類ハンガーを用いた中絶法」という語句による検索だった。

何が自己誘発式中絶法への関心を駆り立てているのか？　グーグル検索が行われた場所とタイミングを見ると、容疑者が浮かび上がってくる。公認された中絶手段がないと、非公認のやり方を探すようになるのだ。

2004年から2007年まで、自己誘発式中絶法の検索はほぼ一定だった。増加し始めたのは2008年後半で、これは折しも金融危機やそれに次ぐ景気後退と同時期だった。そして2011年には一気に40％も跳ね上がった。生殖権（中絶権を含む、性と生殖に関する自己決定権）推進組織グットマッカー・インスティテュートは、2011年が昨今の中絶取り締まり強化の始まりだったと指摘している。この年に中絶の機会を制限する92の州法が施行された。比較のために生殖権への取り締まりを行っていないカナダを見ると、同時期に自己誘発式中絶法の検索は増えていない。

自己誘発式中絶法のグーグル検索率が最も高い州はミシシッピで、ここではざっと300万人の州人口に対して中絶クリニックが１軒しかない。検索率上位10州中8州は、グットマッカー・インスティテュートによって、中絶に対し敵対的もしくは非常に敵対的と分類されている。逆に下位10州ではそれらに分類された州は１つもない。

もちろんグーグル検索から自己誘発中絶に成功した女性がどれだけいるかはわからないが、かなり多そうなことを示す証拠はある。この点に光を当てる一つの方法は、中絶と出生数データを比較することだ。

州レベルでの中絶データが得られる最終年だった２０１１年、中絶クリニックが少ない州に住む女性は合法的中絶をした件数も少なかった。

人口当たり中絶クリニックが最も多い10州（ニューヨークやカリフォルニアを含む）と最も少ない10州（ミシシッピやオクラホマを含む）を比べてみると、中絶クリニックが少ない州の女性たちが合法的中絶をした件数は54％少なかった。これは15歳から44歳までの女性１０００人中11件の違いに相当する。クリニックが最も少ない10州の女性たちは出産数も多かったが、出産数の多さは中絶数の少なさを埋め合わせるほどではなかった。出産適齢女性１０００人当たり6人多かっただけである。

つまり中絶手術を受けにくい地域では、消息不明になった胎児がいることになる。公式データからは、中絶困難な州の妊婦１０００人あたり消息不明になった5件の妊娠がどうなったかを知る由はない。

だがグーグルはこの謎を解く強力な手がかりを与えてくれる。

政府統計を妄信することはできない。政府は児童虐待や中絶数は減ったと言うかもしれないし、政治家はそれを好ましい成果と自賛するかもしれない。だがそれはデータ収集のやり方がおかしかった結果かもしれない。真相は、ずっと陰惨なものかもしれないのだ。

フェイスブック上の友人についての真実

本書はビッグデータ全般についてのものだが、本章ではとりわけグーグル検索について既成概念を転覆するものと論じてきた。では他のビッグデータ源もデジタル自白剤なのか？　多くのビッグデータ源、たとえばフェイスブックなどは、実は往々にしてその正反対だ。

ソーシャルメディア（SNS）上では、サーベイと同じく、真実を述べるインセンティブが働かない。むしろサーベイと同じく、見栄を張ることに大きなインセンティブが働くのだ。何しろSNSのユーザーは匿名ではない。フォロワーを招待し、友人、家族、同僚、知り合い、そして赤の他人に対して、自分はこんな人間だと言うのだから。

SNS上のデータがどれだけ歪んでいるかを知るために、2つの定期刊行物の人気を取り上げる。かたや高級月刊誌と認められている『アトランティック』、こなたは低俗でえてして煽情的とされる『ナショナル・インクワイアラー』だ。いずれも平均発行部数は数十万部程度で同程度[42]（『ナショナル・インクワイアラー』は週刊だから実際には総発行部数がより多いのだが）。グーグル検索の件数も同程度である。

だがフェイスブック上では、プロフィール欄でアトランティックについて「いいね！」をつけたり、その記事について論じたりしているユーザーが１５０万人もいる。[43] 一方、インクワイアラーのほうはわずか5万人程度である。


情報源別にみる『アトランティック』と『ナショナル・インクワイアラー』の人気比較

発行部数――おおむね同じ
グーグル検索件数――おおむね同じ
フェイスブック上の「いいね！」――27対1の差でアトランティックが多い

雑誌の人気を評価するうえで、発行部数は基本的な事実だ。グーグルの検索データはおおむね部数に比例している。そしてフェイスブックのデータでは低俗なタブロイド誌は圧倒的に不利になっており、人々の本当の好みを知るうえで最悪のデータとなっている。

この購読誌の好みについての偏向は、生活全般にも通じる。人はフェイスブック上で自分を良く見せようとしており、本当の自分をさらけ出すわけではない。私は本書で、いや現に本章でも、フェイスブックのデータを用いているが、常にこのことを念頭に置いている。

ソーシャルメディアが歪めている物事に理解を深めるために、しばらくポルノの話題に立ち戻ろう。まず、ネット上は低俗なポルノであふれているとの通説は事実ではない。ネット上のコンテンツの大半はポルノ以外のコンテンツである。たとえば最もトラフィックの多いサイトトップ10にポルノサイトは１つも含まれていない。[44] だからポルノ人気は、巨大ではあるものの、過大評価されるべきではない。

それを踏まえて、ネットユーザーがポルノをどう好み、またシェアしているかを詳しく見ると、フェイスブック、インスタグラム、ツイッターがネット上で本当に人気のある物事についてごく限られた情報源にしかならないことがはっきりする。ネット上には非常に人気がありながらＳＮＳではほとんど語られない一角があるのだ。

本書執筆時点でネット史上最も人気の動画は、ＰＳＹ《サイ》の「江南《カンナム》スタイル」のプロモーションビデオだ〔訳注／2017年7月に米国のラッパー、ウィズ・カリファのMPVに更新された〕。トレンディな韓国人をからかうおバカＰＶである。２０１２年に発表されて以来、ユーチューブ上だけで23億回も再生された。そしてその人気はどのサイトを見ようが同じ。さまざまなＳＮＳで何千万回もシェアされている。

ネット史上最も人気のポルノ動画は「グレート・ボディ、グレート・セックス、グレート・ブロウジョブ」で、８０００万回以上視聴されている。「江南スタイル」が30回再生されるたびに「グレート・ボディ」が少なくとも１回視聴されていることになる。もしソーシャルメディアが人々が視聴している動画の好みを正確に反映しているのなら、「グレート・ボディィ」は数百万回は投稿されているはずである。だがこのポルノ動画がSNS上でシェアされている回数はわずか数十回に過ぎず、それも一般的なユーザーによってではなく、常にポルノ俳優によってである。人々は明らかに、この動画に対する興味を友人らに喧伝したいとは思っていないのだ。

フェイスブックはデジタル自白剤ではなく、「自分はこんなにいい暮らしをしていると友人にデジタル自慢させる薬」なのだ。フェイスブック上では、平均的なユーザーは幸せな結婚生活を送り、カリブ海に休暇旅行に出かけ、『アトランティック』の記事を追いかけている。現実には多くの人々はいらいらとスーパーのレジ前に並びながら『ナショナル・インクワイアラー』を横目で立ち読みしつつ、もう何年も一緒に寝ていない伴侶からの電話を無視している。フェイスブック上では、家族生活は完璧に見える。現実には悲惨なもので、そのあまり子供を持ったことを後悔する人もいるくらいだ。フェイスブック上では、あたかもすべてのヤングアダルトが週末にはいかしたパーティーで楽しんでいるかのようだ。実際には彼らの多くは自宅に引きこもり、ネットフリックスばかり見ている。フェイスブック上では、彼女は彼氏との息抜き旅行での26枚の幸せな写真を投稿する。現実には、この写真を投稿するや否や、彼女は「彼氏がセックスしてくれない」とググる。そしてそのとき彼氏はおそらくその「グレート・ボディィ、グレート・セックス、グレート・ブロウジョブ」を見ているのだ。

人の言葉よりも、行動を信じる

２００６年9月5日の早朝、フェイスブックはホームページを大幅にアップデートした。[45] 初期のバージョンでは、友人の近況を知るにはプロフィールをクリックするしかなかった。同社は大成功とみなされてはいたが、当時９４０万ユーザーしかいなかった。

だが同社の技術者らは数カ月の悪戦苦闘の果てに「ニュースフィード」と呼ぶ機能を実現した。全友人の活動がアップデートされるたびに通知されるようにしたのだ。

ユーザーはすぐさまニュースフィードは最低と言い出した。ノースウエスタン大学の学部生ベン・パーは「フェイスブック・ニュースフィードに反対する学生の会」を立ち上げた。いわく「ニュースフィードはとにかくストーカーのようで嫌らしい。廃止すべき機能だ」。数日のうちにこの会はパーに同調する70万人を集めた。あるミシガン大学三年生は『ミシガン・デイリー』に「フェイスブックには身の毛がよだつ。まるでストーカーにさせられたみたいだ」と語っている。

この逸話はデビッド・カークパトリックが同社の正史『フェイスブック　若き天才の野望』に記したもので、彼はニュースフィードの導入を「フェイスブックが直面した過去最大の危機」と評している。だがカークパトリックは、この急成長する企業の共同設立者でＣＥＯのマーク・ザッカーバーグに取材したとき、彼は動じなかったと述べている。

それはザッカーバーグがデジタル自白薬――すなわち人々がクリックした回数とフェイスブッ

クを訪れる回数――を用いていたからだ。カークパトリックは記している。

ザッカーバーグは、ユーザーが何と口を揃えようがニュースフィードを気に入っていることを知っていた。彼は裏付けになるデータを持っていた。人々は、ニュースフィード導入前よりも総じて長時間をフェイスブック上で過ごすようになり、そこで桁外れに多くの活動をするようになっていた。八月、ユーザーは120億ページを読んでいた。だがニュースフィードが始まった十月、ページビューは220億にまで達していた。

ザッカーバーグの手元の証拠はそれにとどまらなかった。反ニュースフィード・グループの盛り上がりも、ニュースフィードの力を示していた。このグループが急成長できたのは、まさにニュースフィードによって友人たちが反ニュースフィード・グループに加わったと知ったからだった。

つまり人々は友人の暮らしを逐一追いかけるなんてまっぴらと言いつつ、まさにその通りに行動していたのだ。ニュースフィードは生き残り、いまやフェイスブックは日に10億人以上のアクティブ・ユーザーを持つ。

同社に早くから投資していたピーター・ティールは著書『ゼロ・トゥ・ワン』に、偉大なビジネスは秘密(自然と人間の別を問わず)の上に成り立っていると記している。[46]第3章で触れたジェフ・セダーは、競走馬の強さは左心室の大きさから予測できることを見出した。グーグルはリンクに秘められた情報の力を喝破した。

ティールは「人についての秘密」を「自覚していない物事や、他人に知られたくないために伏せている物事」と定義している。つまりこうしたビジネスは、人々の嘘の上に成り立っているのだ。

そもそもフェイスブックは、ザッカーバーグがハーバード時代に見出した人についての不快な秘密の上に成り立っているともいえる。二年生になったばかりのザッカーバーグは、フェイスマッシュというサイトを立ち上げ、2人の学生の顔写真を並べた。フェイスマッシュは「アム・アイ・ホット・オア・ノット（自分はイケてる?）」というサイトにヒントを得たもので、2人のハーバード学生のうちどちらが見栄えが良いかを他の学生に投票させるものだった。

このサイトは怒りを買った。学生紙『ハーバード・クリムゾン』は論説で、人間の「最悪の側面」に奉仕していると若きザッカーバーグを指弾した。ヒスパニックとアフリカ系アメリカ人の団体は、性差別主義と人種差別主義で彼を非難した。だがハーバードの管理部がザッカーバーグのネット接続を切断する（サイトが公開されてわずか数時間後だった）頃には、450人がサイトを閲覧し、さまざまな写真に2万2000回も投票していた。ザッカーバーグは重要な秘密を見出した。人は、腹立たしい、不快だと言いながら、それでもクリックするものだ、と。

彼が学んだ秘密はもう一つある。ハーバードの学生のような真剣で責任感があり他者のプライバシーを尊重すべき立場の人でも、人々の容姿を値踏みすることには強い興味があるのだ。サイト閲覧と投票はその証拠だった。そして後に（フェイスマッシュはあまりに問題が大きかったため）人が知り合いのうわべにどれだけ興味津々かというこの秘密をもとに、彼は時代を代表する企業を起こした。

ネットフリックスも似た教訓を早期に学んだ。人の言葉を信じるな、行動を信じろ、だ。かつて同社のサイトでは、ユーザーが今は時間がないがいずれ見たい映画のリストを登録できた。こうすれば、時間ができたときにリマインド通知してやれるからだ。

だがデータは意外だった。ユーザーは山ほどこのリストを登録したのに、後日それをリマインドしてもクリック率がほとんど上がらなかったのだ。

ユーザーに数日後に見たい映画を登録させると、第二次世界大戦時の白黒の記録映画や堅い内容の外国映画など高尚で向学心あふれる映画がリスト入りする。だが数日後に彼らが実際に見たがるのは、ふだん通り、卑近なコメディや恋愛映画などである。人は常に自分に嘘をついているのだ。

この乖離に気づいたネットフリックスは見たい映画登録をやめ、似たような好みのユーザーが実際に見た映画に基づいた推奨モデルを作り出した。ユーザーに、彼らが好きと称する映画ではなく、データから彼らが見たがりそうな映画を提案するようにしたのだ。その結果、サイトへのアクセス数も視聴映画数も伸びた。ネットフリックスのデータサイエンティストだったサビエ・

人々の言葉を無視することの巨大な価値

人々の言葉	現実	結果
友人を追い掛け回すなんてまっぴら	友人を追い掛け回し値踏みするほど面白いことはない	フェイスブック共同設立者マーク・ザッカーバーグの資産総額552億ドル
労働搾取工場で作られた商品など買いたくない	「手ごろな価格」の良い商品なら買う	ナイキの共同設立者フィル・ナイトの資産総額254億ドル
朝はニュースを聴きたい	朝は小人がポルノ女優とセックスする話を聞きたい	過激なネタで人気のラジオパーソナリティ、ハワード・スターンの試算総額5億ドル
緊縛、監禁、SMなど興味がない	若い大学生と金満ビジネスマンのSM物語を読みたい	『フィフティ・シェイズ・オブ・グレイ』が1億2500万部のヒット
政治家には政策の概要を提示してほしい	内容はそっちのけでタフで自信がありげな政治家を支持する	ドナルド・トランプの当選

アマトリエインは、「アルゴリズムは本人よりもよくその人をわかっているんだ」と語った。[47]

我々は真実を扱えるのか？——真実が必要な3つの理由

本章に幻滅した人もいるかもしれない。デジタル自白薬は、人が外見で他人を値踏みしていること、ゲイであることを隠している人がいくらでもいること、レイプを夢想する女性が少なからずいること、アフリカ系アメリカ人への広範な敵意、隠された児童虐待や自発的中絶、暴力的な反イスラム感情とそれを大統領が宥めようとしても悪化する一方だったことなどを暴き出した。いずれも気が晴れる事実とは言い難い。私は研究発表の後によく言われる。「セス、とても面白かった。だが気が滅入ったよ」

このデータは人の心の闇を示すものであることは否めない。だが人の聞きたいことだけ話していたら、やがておためごかしが事実を覆い隠すようになる。デジタル自白薬は総じて、世の中は想像以上にひどいことを明かしてしまう。

それを知ってどうなる、グーグル検索、ポルノ・データ、そして誰が何をクリックしているかを知って「これはすごい。人間の本質がわかったぞ」ではなく、「これはひどい。人間の本質がわかったぞ」と思うことに何の意味があるだろう。

真実は役に立つ。そしてそれは、マーク・ザッカーバーグや、クリックや顧客を求める他の人々にとってだけではない。この知識は少なくとも3通りのやり方で私たちの暮らしを良くするものだ。

第1に、不安や気恥ずかしい行動を抱えているのは自分だけではないと自信が持てることだ。他の人も容姿に自信がないものだと知れば気が休まる。おそらく多くの人にとって、特にあまりセックスをしていない人にとって、世間は盛りのついたウサギのようにヤリまくっているわけではないと知ることは良いことだろう。それにアメフトのクォーターバックに恋をしているミシシッピの男子学生にとって、ゲイを公表している人は少なくても、多くの人が内心では同じ気持ちを抱えていると知ることは良いことなのだろう。

グーグル検索のおかげで自分だけではないとわかることには、別の分野もある（まだ論じていないが）。子供の頃、「わからないことがあったら手を挙げなさい、自分がわからなければ他の人もわかっていないのかもしれないよ」と教師に言われた人もいるだろう。だが私はそんなときに黙っていた。こんなことがわからないなんて自分は馬鹿なのだ、他の子はもっと難しいことを考えているのにと気後れしていたからだ。グーグルの検索データに集まった匿名データは、教師の正しさを雄弁に物語っている。私たちの心の中には、平凡で当たり前の疑問が山ほど渦巻いているのだ。

オバマ大統領の2014年一般教書演説中に米国人が検索した物事トップ10を紹介しよう[48]（巻頭カラー写真参照）。

そう思っているのはあなただけではない――一般教書演説中のグーグル検索トップ

- オバマは何歳？
- 副大統領ジョー・バイデンの隣に座っているのは誰？
- ベイナー下院議長はなぜ緑色のネクタイをしているの？
- ベイナーはなぜオレンジ色なの？

これらを読んで、こんなのは我々の民主主義ではない、誰もが大統領の演説の内容より人のネクタイの色や顔色を気にしているわけではないと言う人もいるだろう。ジョン・ベイナー（当時の下院議長）になじみがないことも米国民の政治意識の高さとは折り合いが悪い。

だが私は、こうした疑問は教師の英知を表していると思うことにしている。人が気後れして口に出さない疑問は山ほどあるのだ。だが多くの人がそれを抱え、そしてググっていた。

実際、ビッグデータは有名な人生訓「自分の内面を人の外面と比べることなかれ」の今世紀版だと思う。さしずめ「自分のグーグル検索を人のSNS投稿と比べることなかれ」だ。

たとえば妻たちが夫についてSNSで言っていることと匿名で検索していることを比べてみればよい。

妻たちによる代表的な夫の評価

SNSへの投稿――――「最高」「親友」「驚異的」「誰よりすごい」「超かわいい」
夫に関する検索語――――「ゲイ」「嫌なやつ」「驚異的」「うんざり」「いやらしい」

私たちは人のSNS投稿は目にするが検索しているところは見ないので、夫を「最高」、「誰よりすごい」、「超かわいい」と評する妻たちの数をいつも過大評価している。[*]一方で夫を「嫌なやつ」、「いやらしい」、「うんざり」と検索している妻たちの数は過小評価している。匿名のデータ集合全体を分析することで、結婚生活や人生に困難を覚えているのは自分だけではないと得心がいくかもしれない。そして自分の検索内容と他人のSNS投稿を比べる愚かしさに気づけるかもしれない。

デジタル自白剤の2つ目の長所は、苦しんでいる人々に気づかせてくれることだ。私はLGBT人権団体ヒューマン・ライツ・キャンペーンから協力を求められた。性的指向を隠さないようにさせる啓蒙活動に手を貸してほしい、匿名のグーグル検索データを分析して資源を効率的に配

＊ 私はツイッターのデータを分析し、妻が夫をどう評しているかを調べてみた（データのダウンロードに力を貸してくれたエマ・ピアソンに感謝する）。いま夫が何をしているかについての記述は除外した。ソーシャルメディアではそんな記述が多いが検索にはあまり寄与しないうえ、そうした言及だけでも結果を夫への好ましい評価へと歪めるからだ。結果、ツイッター上で夫がいま何をやっているかについて最も多かった記述は「仕事中」と「料理中」だった。

分したいと言うのだった。各種児童保護団体も同様に、公式データに現れない児童虐待が潜んでいそうな場所について問い合わせてきた。

他にも驚くべき問い合わせを受けたことがある。女性器のニオイについてだ。初めてこの話題について、それもよりによって『ニューヨーク・タイムズ』に記事を書いたとき、私はいくらか皮肉な調子をこめた。それは私を含めた人々を苦笑させる小ネタだった。

だが後にこの話題について検索するとさまざまな掲示板がヒットし、そこには女性器のニオイのために人生が台無しだと思い込んでいる若い女性からの投稿が無数にあった。お笑い種ではなかった。性教育の専門家らは私に、若い女性が抱えるこの種の偏執症を減らすためにネット上のデータを参考にしたいと問い合わせてきた。

いくらかお門違いの感もあったが彼らは真剣で、私もデータサイエンスは一助になれるものと確信している。

デジタル自白薬の最後の、そして最も強力と信じる価値は、問題を解決へと導く力だ。理解が深まればこそ、しぶとい差別や偏見を減らすことができる。

イスラム恐怖症についてのオバマ大統領の演説に立ち戻ろう。彼が人々にイスラム教徒にもっと敬意を払おうと語り掛けるたびに、当の相手は怒りをたぎらせた。だがグーグル検索データは、大統領が期待していた反応を引き出したある一節の存在をも示していた。大統領が次のように述べた瞬間だ。「イスラム系アメリカ人は我々の友人であり隣人だ。同僚でありスポーツ・ヒーローだ。そして彼らは軍服に身を包み、私たちの祖国を防衛するために進んで命を捧げている」

これを述べた直後、それまでの1年以上を通じて初めて、「イスラム教徒」と組み合わせられる検索語は「テロリスト」でも「原理主義者」でも「難民」でもなくなった。第1に「スポーツ選手」、それに次いで「兵士」になったのだ。そして実際、「スポーツ選手」はその日ずっと検索語トップであり続けた。

データは、怒れる人々に説教をすると彼らの怒りはかえって燃え盛ることを示唆している。だが人々の好奇心を微妙に刺激してやり、新たな情報を提示し、怒りの種だった人々についての新たなイメージを与えてやると、彼らの怒りと思考をもっと建設的な方向へと変えられるかもしれないのだ。

初めての演説の2カ月後、オバマはイスラム恐怖症について、テレビ中継される2度目の演説を、今度はモスクで行った。[49] 大統領府の誰かが、前回の演説で有効だったことと無効だったことを論じた評論家イヴァン・ソルタスや私がタイムズに書いたコラムを読んだのだろう。この演説の内容は、明らかに前回とは違っていた。

オバマは寛容の価値などにはほとんど触れず、人々の好奇心を掻き立てること、そしてイスラム系アメリカ人への認識を変えることに専念した。アフリカから連れてこられた奴隷の多くはイスラム教徒だった、トマス・ジェファソンもジョン・アダムズもコーランを持っていた、初めてモスクが米国に建てられた場所はノースダコタだった、シカゴの摩天楼を設計したのはイスラム系アメリカ人だった……。オバマ大統領はまた、イスラム教徒のスポーツマンや軍人にも触れたうえ、さらに警官や消防士、教師や医師などについても語った。

そして私のグーグル検索データ分析によると、この演説は前回のものよりはるかに成功といえた。イスラム教徒へのヘイトや怒り交じりの検索は、演説の数時間後にわたって大幅に減った。[50]

検索データ分析には、何がヘイトを起こし、また減らすのかを学ぶ別の有意義な使い方もある。たとえば黒人のクォーターバックがドラフトされた際の、あるいは女性が公職に当選した際の、人種差別的、性差別的な検索数を調べることができる。地域の警察活動と人種差別主義が、あるいは新しい反セクハラ法と性差別主義が、どのように呼応しているかも調べられる。

意識下の偏見について学ぶことも有意義だ。たとえば、少女を励まし、あまり容姿を気にしなくてすむよう、誰もがもっと努力できるかもしれない。グーグル検索データやネット上の真実の泉は、人間の心の闇をかつてないほど明らかにする。これは時として認めにくい事実だ。だがそれが私たちを強くもする。データを持って心の闇と戦うことができるのだ。世界の問題に対するデータを豊富に集めることは、問題解決への第一歩なのだ。

第5章 絞り込みという強力な手法

人を特定のチームのファンに変えるものは？

私には4歳年下の弟ノアがいる。初めて会う人はたいてい、私たち兄弟を薄気味悪いほど瓜二つという。いずれも声が大きく、同じような禿げ方で、整理整頓ができない。だが違いもある。私は金銭に細かい。ノアは金に糸目をつけない。私はレナード・コーエンとボブ・ディランが好きだ。ノアはケイクとベックを好む。

だがおそらく最大の違いは野球に対する態度だ。私は野球マニアで、とりわけニューヨーク・メッツ愛はアイデンティティの一部になっている。ノアは野球をあり得ないほど退屈に感じ、野球嫌いは彼のアイデンティティの一部になっている。*

これほど遺伝子が似通っており、同じ両親に同じ街で育てられた2人の男が野球についてこれほど対極的な感情を持てるのか？　何が私たちをそれぞれこんな成人にしたのか？　さらに根本

セス（自分）
野球マニア

ノア（弟）
野球嫌い

的なこととして、ノアはどこがおかしいのか？　発達心理学の成長分野に、成人のデータベースをマイニングして少年期の重要な出来事と関連づけるというものがある。私たち兄弟にとっても、趣味の違いやその関連問題に取り組む役に立つかもしれない。ビッグデータを心理学的問題に応用するこの動向は、言うなればビッグ心理学だ。

　その働きを見るうえで、少年期の経験が贔屓の野球チームに、あるいはそもそも贔屓チームを持つかどうかにどう影響するのかについて私がまとめた研究に触れたい[1]。この研究のため、私はフェイスブックの野球チームへの「いいね！」データを用いた（前章ではフェイスブックのデータはデリケートな話題についてはまったく信用できないと記した。だがこの研究においては、フェイスブック上で贔屓の野球チームを挙げることには誰も、たとえフィラデルフィア・フィリーズ［低迷期や黒人選手冷遇が長かったことで知られる］のファンでさえ、ためらわないだろうと考えた）。

メッツが好きなニューヨーク在住の野球ファンのパーセンテージ(生年別)

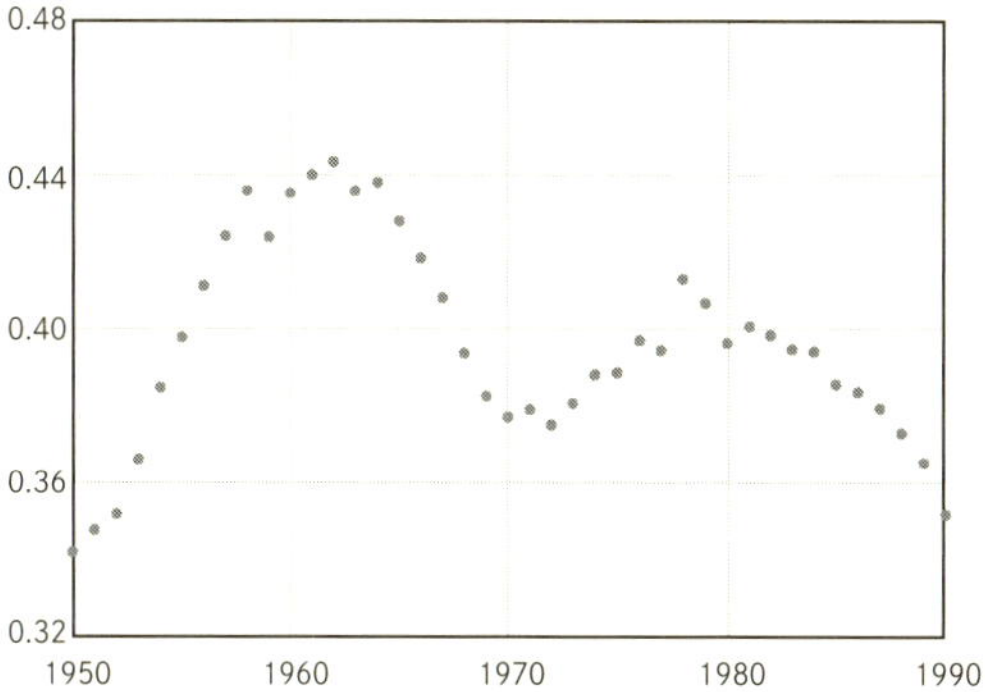

まず、ニューヨークの2つの野球チーム（メッツとヤンキース）を「いいね！」登録している大勢の男性のデータをダウンロードした。上のグラフは生年別のメッツファンの百分率だ。

グラフではポイントが上がるほどメッツファンが多いことを示している。チームの人気は2度の浮沈を繰り返している。メッツは1962年から1978年生まれの男性の間でとても人気が高い。野球ファンなら見当がついたのではないだろうか。メッツは1969年と1986年にワールドシリーズで優勝した。メッツが優勝したとき、彼らはおよそ7～8歳だった。すなわちメッツのファン層にとっては、7～8歳当時にメッツがワールドシリーズに勝った

＊　本書内容の事実確認をしたところ、ノアは「米国の娯楽」こと野球を嫌っていることがアイデンティティの一部になっていることを否定した。野球嫌いであることは認めたが、自らのやさしさ、子供好きであること、そして知性がアイデンティティの一部になっているのであり、野球嫌いはそのトップ10にさえ入っていないというのだった。だが、自分のアイデンティティを客観視することはえてして困難で、客観的な観察者として私は、野球嫌いであることは実際、本人が認めようと認めまいと、彼の根底をなしていると考える。だからこのままにしておく。

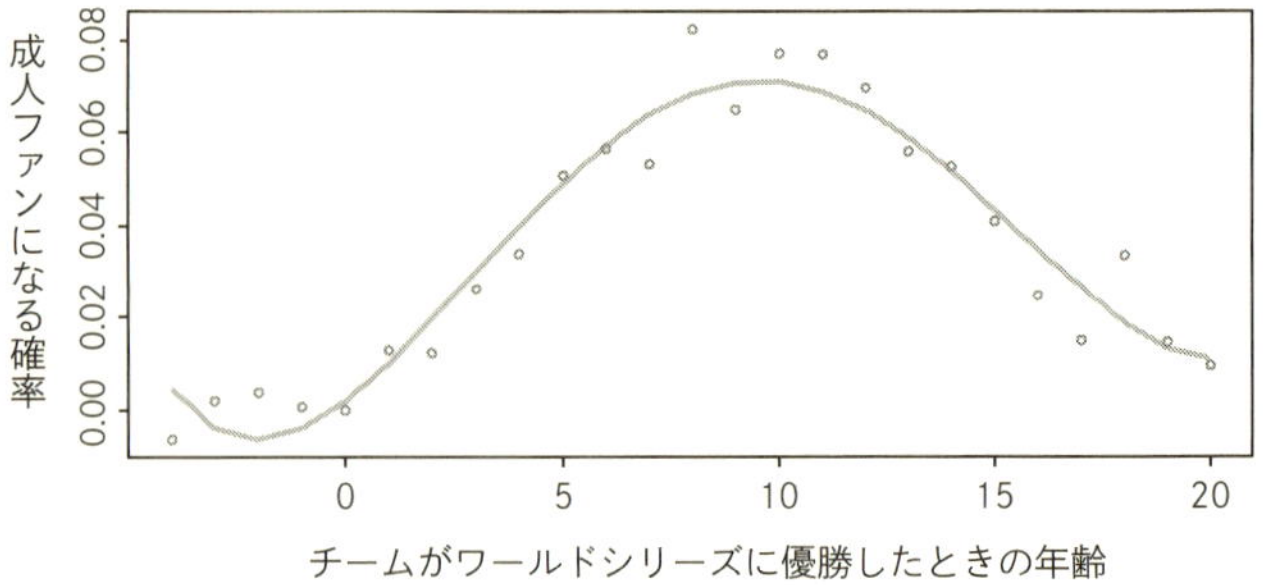

かどうかが、大きな予測変数になるといえる。

実際、この分析は応用が利く。私はどのチームに対してどんな年齢の人がフェイスブックで「いいね！」をつけているかを調べた。すると１９６２年生まれの男性にボルティモア・オリオールズ、１９６３年生まれの男性にピッツバーグ・パイレーツのファンが飛び抜けて多いこともわかった。彼らはそれぞれの贔屓チームが優勝したときに８歳だった。実際、全チームのファン層が最も厚い年齢を調べ、それらのチームが優勝したときに彼らが何歳だったかを調べると、上のグラフが得られた。

成人男性がどのチームの贔屓になるかについて、またしても８歳前後の頃の出来事が重要であることが確認された。総論として５歳から15歳までの時期が、少年を形作るうえでカギを握る。贔屓を根づかせるうえでは、19歳や20歳当時の経験は８歳時に比べて８分の１しか重要ではない。その頃には、生涯の贔屓チームが心に根づいているか、あるいは野球に興味を持たない人間になっているかだ。

女性の野球ファンについてはどうかって？　パターンは男性に比べてはるかに不鮮明だが、ピーク年齢は22歳であるように思われる。

これは私が最も気に入っている研究だ。野球と成人後もメッツファンという興味深い2つのことに関わっているからだ。私は1986年にメッツにほれ込み、以来その業病が抜けない。賢明にも4年後に生まれたノアは、そんな宿痾を免れた。

私の博士課程の指導教授は、いまどき野球など誰も気にしないと言うばかりだったが、この研究方法は類似の問題にも応用できる。人々が政治姿勢、性癖、音楽の好み、金遣いの習慣をどのようにして身につけるのか、などだ（私は特に弟が最後の2つについて突飛な好みを持っていることに興味を持った）。私の仮説は、成人後の行動や興味は、自分ではそれが自己の根幹をなすものと思っていたとしても、いつ生まれ幼少時の重要期に何があったのかという外的要因によって予測し得るというものだ。

人は何歳でリベラルや保守になる？

実際、政治姿勢については、すでにいくつかの研究がなされている。データ分析会社カタリストの科学者ヤイル・ギツァとコロンビア大学の政治学者で統計学者アンドルー・ゲルマンは、大半の人はリベラルに生まれ、加齢とともにどんどん保守的になっていくという通念の検証に取り組んだ。この通念は、ウィンストン・チャーチルの有名な言葉に表されている――「30歳未満でリベラルではない人物は冷血だ。そして30歳を過ぎて保守ではない者にはおツムがない」

ギツァとゲルマンは60年以上にわたるサーベイ・データを洗い直し、被験者の政治的支持を調べた。その結果、チャーチルの言葉に反して、ティーンエイジャーは時にはリベラルに、時には保守に傾いていた。その点では中年や高齢者も同じだった。

彼ら研究者らが発見したのは、政治的意見もスポーツ・チームの贔屓も、それが決まる過程はさほど変わらないことだった。人間には生涯の刷り込みになる重要な時期があるのだ。多くの米国人は14歳から24歳という重要な時期に、そのときの大統領の人気に従って意見を形成する。その頃に人気のある共和党大統領あるいは不人気な民主党大統領を戴くと、感受性の強い彼らは共和党員になる。その逆も同じ。

そしてこうした重要期に育まれた見解は、総じて生涯続く。

この作用を、1941年生まれと1951年生まれの米国人を例に見てみよう。前者は人気のあった共和党大統領ドワイト・D・アイゼンハワー政権時に敏感年齢期に入った。1960年代初頭、まだ30歳未満であったにもかかわらず、この世代は共和党に強く傾倒した。そして彼らは、年を積み重ねても共和党贔屓であり続けた。

その10年後に生まれたベビーブーマー世代の米国人は、人気抜群だった民主党大統領ジョン・F・ケネディと、当初人気のあった民主党大統領リンドン・B・ジョンソン、汚名を負って退陣した共和党のリチャード・M・ニクソン政権下で重要期を過ごした。彼らは終生、民主党に傾倒し続けた。

これらのデータをもとに、共同研究者は政治的意見形成の重要期の中でもある最も重要な年齢を割り出すことができた。[2] 18歳である。

　こうした刷り込み効果の影響が甚大であることもわかった。彼らのモデルによると、アイゼンハワーを戴いたことは、1941年生まれの終身共和党支持者を10%増やした。同様にケネディ、ジョンソン、ニクソンを経験したことは1952年生まれの終身民主党支持者を7%増やした。

　サーベイ・データには懐疑的であると前述したが、この調査の対象になったデータの規模には感心した。実際、この研究は、小規模な特定のサーベイを資料にしていては成り立たなかっただろう。人が年を重ねるにつれてどう姿勢を変えていくのかを見るうえで、共同研究者らは数多くのサーベイから得た膨大な数のデータを必要とした。

　データサイズは、私の野球チーム贔屓研究にとっても必要不可欠だった。私は各チームのファンのみならず各年齢にも絞り込まなければならなかった。そのためにはフェイスブック他からの膨大なデータ量が必要だった。

　ビッグデータの規模がものをいうのはここだ。写真の一部を引き伸ばしてなお鮮明な画像を得るには、もともとその写真の画素数が膨大でなければならない。同様に、データセットの一部に絞り込んで——たとえば、1978年生まれの男性の間でメッツがどれだけ人気か——なお鮮明な結果を得るには、データセット内に膨大な記録が含まれていなければならない。わずか数千人程度を対象にしたサーベイの結果では、そうした絞り込みをすると十分なデータ量が残らない。

　これがビッグデータの3番目の力だ。ビッグデータなら有意義な下位集団に絞り込んで人の性質について新たな洞察が得られる。しかも年齢以外の重要な側面、たとえば特定の居住地などに絞り込むこともできるし、1時間ごとや分刻みの行動を分析することもできる。

アメリカは機会の国か？

いま思えばそれは驚異的だった。当時ハーバードの教授だったラジ・チェッティと彼の小所帯の研究チームは、初めて比較的大きなデータセット――全米国民の1996年以降の納税記録――を手に入れたとき、何が飛び出すか見当もつかなかった。内国歳入庁（IRS）がこのデータの提供に同意したのは、税制の影響を明らかにする一助と期待したためだった。

だが実際このビッグデータに取り組むや否や、すぐに行き詰まった。州や連邦による税制の影響を調べてみても、先行するサーベイ研究の結論と大同小異で、せいぜいデータ規模が大きい分いくらか精度が高そうだというだけのことだった。わずかな精度の差の他は余人と同じ結論では、社会科学上の一大業績とは言えなかった。一流学術誌から引っ張りだこになる仕事とは言えない。

さらにIRSのデータをそっくり整理・分析することには非常に手間がかかった。チェッティらは他の人々よりも長い時間をかけて従前の結論に達したのだった。

税制を理解するために数億件ものデータは必要ない、1万人を対象としたサーベイで十分だ……ビッグデータ懐疑派の主張が正しく見え始めた。チェッティらが落ち込んだことは言うまでもない。

そして彼らはとうとう失敗に気づいた。「ビッグデータは、データ量が多いだけで従前のサーベイと同じことをするためのものであってはならない」とチェッティは説明する。[3] 彼らは手にした膨大なデータに対し、それに含まれる部分データをほとんど分析していなかった。「ビッグデータはサーベイとはまったく違う分析設計ができるものであるべきです」とチェッティは言う。「たとえば地域に絞り込むなどです」

言い換えると、数億規模のデータを手にしたことで、彼らは大小の自治体ごとのパターンを調べられるようになったのだ。

ハーバードの大学院生だった私は、チェッティの研究結果の初期報告を聴講していた。社会科学者はデータ数を報告するのが習わしだ。８００人対象のサーベイであるとか、70人を被験者とした実験であるというように。

チェッティは大まじめに「12億件のデータポイントを手にしました」と言った。聴き手は戸惑いがちに苦笑した。

そしてチェッティらはまずその講義室で、次に一連の論文で、米国の現況について重要な洞察の数々を発表し始めた。

こんな問いを考えてみてほしい。米国は機会の国か？　両親が金持ちではない人に金持ちになるチャンスはあるか？

こうした問いに答えるための伝統的な方法は、米国人の典型的な標本を調べて、他国のそれと比較することだった。
左記は各国の機会の平等性のデータだ。所得分布で下位20％に属する両親のもとに生まれた子供が上位20％入りする可能性を整理したものである。

貧しい家庭に生まれ育った人が豊かになる可能性

米国	7・5％
英国	9・0％
デンマーク	1・7％
カナダ	13・5％

見ての通り、米国のスコアは振るわない。
だがこの単純な分析は実相を歪めている。チェッティらは地域を絞り込んだ。米国のどこで生まれたかによって、社会階層を上昇できる見込みが大きく異なることを明らかにしたのである。

貧しい家庭に生まれ育った人が豊かになる可能性

カリフォルニア州サンノゼ	12・9％
ワシントンDC	10・5％

全米平均	7・5%
イリノイ州シカゴ	6・5%
ノースカロライナ州シャーロット	4・4%

米国でも地域によっては、貧しい子供が成功できる見込みは他のどんな先進国にも引けを取らない。だがやはり地域によっては、他の先進国に遠く及ばないのだ。

こうしたパターンは、小規模なサーベイでは決してわからなかっただろう。シャーロットやサンノゼ在住者など数人ずつしか含まれないから、絞り込み分析などやりようがないのだ。

実際、全米国人の納税記録という膨大なデータを手に、チェッティらはさらに絞り込むことができた。転居した小集団を対象に、それが彼らの所得増大の見込みにどう影響するかも調べられたのだ。たとえばニューヨークからロサンゼルスに、ミルウォーキーからアトランタに、そしてサンノゼからシャーロットにである。こうすることで、居住地と所得の関係について、単なる相関性にとどまらず因果関係を検証することができたのだ（これらの定義については次章で詳述）。そして人格形成期に正しい都市で成長することは、将来の経済力に大きな違いをもたらすことが明らかになった。

さて米国は「機会の国」なのだろうか？

答えは、イエスでもノーでもない。地域によってイエスでありノーでもある、だ。

チェッティらは記している。「米国はさまざまな社会の集合体と表現するほうが正確である。一部の社会は『機会の地』であり、世代間の社会的流動性が高い。だが別の社会では貧困を脱出できる子供たちはないに等しい」

では所得流動性が高い米国都市は何が違うのか？　何が平等な競争の地ならしになり、貧しい子供が良い暮らしを送れるようにするのか？　まず教育投資の多い地域は貧しい子供たちに可能性を与えている。宗教心が篤い人々が多く、犯罪率が低い地域も同じ。黒人が多い地域はその逆だ。興味深いことに、そうした地域では黒人の子供たちだけではなく白人の子供たちでさえ社会的流動性が低くなるのだ。シングルマザーが多い地域も同様だ。そしてこの効果は、その地域のシングルマザー世帯の子供たちだけではなく、そこに住む両親揃った家庭の子供たちにも及ぶ。こうした結果は、貧しい子供たちにとって仲間が重要だということを示唆している。難しい家庭環境にある、機会に恵まれていない友人を持っていると、貧困から抜け出すことがいっそう難しくなるのだ。

データは米国の一部の地域は子供たちに貧困から抜け出すより高い可能性を与えていることを示している。

長生きできる地域はどんなところ？

では死神の手を免れやすい地域とはどんなところか[4]？

人は死は平等と考えたがる。何しろ誰もそれを逃れることはできない。王様も物乞いも同じ。ホームレスの男もマーク・ザッカーバーグも同じだ。誰もがいつか死ぬ。

だが富裕層でも死は免れないにしても、データはいまや、彼らならそれを遅らせられることを示している。今日の所得上位1％の米国人女性は所得下位1％の米国人女性よりも平均して10年寿命が長い。そして男性の場合、このギャップは15年である。

こうしたパターンは米国の各地域によってどう異なるのか？　どこに住むかによって期待余命が変わるのか？　貧富によってこの変動率が異なるのか？　またしてもラジ・チェッティらは地域への絞り込み分析によってこれらの疑問を解き明かしている。

興味深いことに、最も豊かな米国人にとっては、居住地は期待余命にほとんど影響していない。十分な金を持っていれば、女性でざっと89年、男性なら87年間は生きられる見込みがある。豊かな人はどこに住んでいても健康的な習慣を身につけやすい。総じてより運動をし、良質な食事をし、喫煙率が低く、肥満を患う率が低い。健康器具や運動器具を買うこともできるし、有機食品を食べ、ヨガ教室に通うこともできる。そしてこれらは、全米どこでも金さえあれば手に入る。

貧しい人にとっては話は別だ。最底辺の米国人にとって、期待余命は居住地によって大きく違う。実際、貧困層にとっては正しい地域に住むことは寿命を5年延ばす効果があるのだ。

ではなぜ特定の地域では、貧しい人々がより長く生きられるようであるのか？　貧困層が最も長い寿命を謳歌できる地域には、どんな特徴があるのか？

それらの都市には4つの特徴があり、そのうち3つは貧困層の期待余命には相関していないが、残り1つは関わっている。どれが長寿に関わるのか次の4択から推測してほしい。

どれが貧困層が長生きできる都市？

- 宗教性の高い都市
- 汚染度が最も少ない都市
- 健康保険の被保険率が最も高い都市
- 多くの富裕層が住んでいる都市

最初の3つ――宗教、環境、健康保険――は貧困層の長寿命に相関していない。チェッティらの研究によると、重要な変数は、その街にどれだけ多くの富裕層が暮らしているか、である。金持ちが大勢暮らしている街では、貧乏人の寿命も延びるのだ。たとえばニューヨークの貧困者はデトロイトの貧困者よりもずっと長く生きる。

どうして富裕層の存在が貧困層の長寿命のこんなに強い予想因子になるのか？　一つの仮説は――推論的ではあるが――チェッティの研究に加わり私の指導教官だったデイビッド・カトラーによるものだ。推進力になっているのは行動伝染だという説である。[5]

習慣には伝染性があることを示す研究は山ほどある。豊かな人々のそばに住む貧しい人々も、富裕層の行動を身につけるのかもしれない。こうした習慣の中には、たとえばもったいぶった言葉遣いのように健康に影響しそうにないものもある。だが運動習慣のように、明らかに良い影響があるものもある。実際、豊かな人の周囲で暮らす貧しい人々は、より運動をし、喫煙率が低く、肥満率も低い。

脱税しやすいのはどんな人？

ＩＲＳの膨大な納税データを活用したラジ・チェッティらの研究で私が最も好きなものは、どうして脱税をする人としない人がいるのか、というものだ。[6] この研究の説明は、もう少し込み入っている。

注目すべきは子供が１人いる自営業者にとって、公的扶助を最大化する簡単な方法があることだ。年間に課税対象所得が９０００ドルぴったりだったと申告すると、政府は１３７７ドルの小切手を送ってくれる。勤労所得税額控除と呼ばれる制度による支給である。低所得勤労世帯の所得扶助から支払い給与税を引いたものだ。これ以上の所得を申告すると、支払い給与税が増える（から支給額が減る）。所得が９０００ドルを下回ると、今度は勤労所得税額控除が減る。課税対象所得９０００ドルがスイートスポットなのだ。

そして子供１人の自営業者の最頻申告所得がまさに９０００ドルなのである。

彼らは総手取り額を最大化するために仕事を調整しているのか？　違う。こうした申告者を無作為抽出で調査すると——それ自体非常に稀なことだが——必ずと言っていいほど彼らの所得は9000ドルからかけ離れている。それよりもはるかに多いか、それとも少ないかなのだ。

要するに、政府から最も多額の小切手を受け取るために所得を偽っているのである。

ではこの種の脱税はどのくらい一般的で、子供1人の自営業者のうちそれを最もやりそうな人間はどんな人物か？　チェッティらの研究の結果、この種の脱税がはびこる程度は地域によってばらつきが非常に大きいことがわかった。マイアミでは、この属性（子供1人の自営業者）に当てはまる人のなんと30%が課税対象年収9000ドルと申告しているが、フィラデルフィアではわずか2%に過ぎない。

こうした脱税行為をするものの予測変数は何か？　脱税者が多い地域、少ない地域にはどんな特徴があるのか？　こうした脱税率と他の自治体レベルでの統計を照合すると、強い予測変数が2つ浮かび上がった。勤労所得税額控除の対象者が多い地域であること、そしてその地域に税専門家が多いことである。

チェッティらは、この種の脱税の主たる動因は情報であると説明する。

大半の子供1人の自営業者は、政府扶助額が最大になる魔法の数字が9000ドルであることを知らない。だがそれを知っている人——税理士であれ隣人であれ——のそばに住んでいると、この秘密を知る確率が大きく高まるのだ。

実際、チェッティらは知識が脱税の動因になることのさらなる証拠も集めている。脱税率の低い地域から高い地域へと転居すると、朱に交わって赤くなるのだ。やがて騙しのテクニックは地域を超えて全米へと伝播していく。ウイルス感染よろしく、脱税にも伝染性があるのだ。

この研究の意義についてちょっと考えてみたい。この研究はどんな人間が脱税しやすいかを見分ける鍵は、誠実さの問題ではないことを示唆している。脱税のテクニックを知りやすいかどうかなのだ。

脱税なんかしたことがないという人がいたら、彼らが嘘をついている可能性は高い。チェッティらの研究では、人はやり方さえ知っていればズルをするものであることが示されている。もし脱税をしたいのなら（そそのかすわけではないが）、税専門家か脱税をしていてやり方を教えてくれる人間のそばに住めばいい。

子供を有名人にする方法

では親として子供たちの立身出世を願うなら何をすればいい？　ビッグデータの絞り込みで、この問いにも答えられるはずだ。

私は功成り名を遂げた米国人の出身地に興味を持った。そこである日、ウィキペディアをダウンロードしてみた[7]（いまやそんなこともできるのだ）。

ちょっとしたコードを書いて検索してみると、ウィキペディアの編集者たちが掲載するに値すると認めた米国人15万人のリストができた。このデータセットには出身国、生年月日、そして性別などのデータ項目が含まれている。このデータセットを、全国健康統計センター（ＮＣＨＳ）の郡レベルでの出生データと照合してみた。全米のすべての郡ごとに、そこで生まれた場合に将来ウィキペディアに採録される確率を計算してみたのだ。

ウィキペディアに採録されることが特筆すべき功績の指標になるのかって？　確かに限界はある。ウィキペディアの編集者は若い男性に偏っており、それが標本に偏りをもたらしかねない。そしてある種の有名人は必ずしも成功者とは言い難い。たとえばテッド・バンディは数十人もの若い女性を殺害したことでウィキペディア入りした。そこで犯罪者は標本から除外した。

分析対象はベビーブーマー（１９４６年から１９６４年生まれまで）に限った。名声を得るまでに全人生をかけられた世代だからだ。すると米国のベビーブーマーのうち出世してウィキペディアに採録された人はざっと２０５８人に１人だった。そのうち30％が芸術か娯楽分野、29％がスポーツ、９％が政界、そして３％が学界や科学界で名を成していた。

真っ先に気づいた驚愕の事実は、立身出世（とウィキに認められる）の可能性が地域ごとに大きく異なることだった。出世の見込みは出生地次第なのだ。

カリフォルニア生まれのベビーブーマーの場合、ざっと１２０９人に１人がウィキペディア入りしている。だがウエストバージニア生まれだと、４４９６人に１人に限られる。郡ごとに絞り込んでみると、結果はさらに印象的である。ボストンのあるマサチューセッツ州サフォーク郡生まれのベビーブーマーの場合、７４８人に１人がウィキペディア入りする。他の郡ではその確率は20分の1以下だ。

どうして一部の地域は、米国の重要人物を並外れて輩出しているのか？　私はトップ輩出郡を綿密に調べてみた。するとそのほぼすべてが、次の2つのカテゴリーのいずれかに属することがわかった。

第1に、これは私にとって意外だったのだが、その多くは大きな大学町を擁していた。たとえばミシガン州ウォシュテナウ郡のように、聞き覚えのない郡名をトップリストに見る都度、それは有名な大学町（この場合はアナーバー。ミシガン大学アナーバー校で有名）を擁する郡だった。他にもウィスコンシン州マディソン（ウィスコンシン大学マディソン校など）、ジョージア州アセンズ（ジョージア大など）、ミズーリ州コロンビア（ミズーリ大学コロンビア校など）、カリフォルニア州バークリー（UCバークリーなど）、ノースカロライナ州チャペルヒル（ノースカロライナ大学チャペルヒル校など）、フロリダ州ゲインズビル（フロリダ大学など）、ケンタッキー州レキシントン（ケンタッキー大など）、ニューヨーク州イサカ（コーネル大学など）などの大学町を擁する郡はすべてトップ3％以内だ。

なぜか？　やはり良質な遺伝子が集まるからかもしれない。教授や大学院生の子弟はえてして優秀だ（大きな成功をつかむうえで重要な特質だ）。そして大卒者が地域に多いことは、そこに生まれた人々の成功の予測変数である。

だがおそらく、それ以上の理由もあるのだろう。早期にイノベーションに接するためだ。大学町が優秀な人物を輩出することの多い分野は音楽だ。大学町の子供たちは珍しいコンサート、個性的なラジオ局、独立系レコード店などに接する可能性が高い。そしてこれは芸術に限ったことではない。実業人を輩出するという点でも、大学町は率が高い。またもやアイデアや芸術の最先端に早くから接することが効くのかもしれない。

ウィキペディア入りする人物を輩出しやすいという大学町の性質は、人種の壁をも越えている。アフリカ系アメリカ人は非スポーツ分野、とりわけ実業と科学の分野においてはウィキペディア入りする率が明らかに低い。もちろんそこに差別が深く関わっていることは疑問の余地がない。だが1950年当時、人口の84％が黒人だったある小さな郡は、著名人の輩出率でトップ級だ。アラバマ州メイコン郡生まれのベビーブーマーは1万3000人に満たないが、うち15人がウィキペディア入りしている。実に852人に1人の高確率だ。そしてその全員が黒人である。さらに14人は奴隷出身の教育者ブッカー・T・ワシントンが設立した歴史的に黒人大学だったタスキーギ大のあるタスキーギ出身である。ウィキペディア入りした人々は判事、作家、科学者など。実際、タスキーギ生まれの黒人の子供がスポーツ以外の分野で出世する率は、白人が多数派である大学町出身の白人の子供がそうなる率に匹敵する。

出身者を成功させやすくする2番目の理由と推測されるのは、大都市を含む郡であるということだ。サンフランシスコ郡、ロサンゼルス郡、ニューヨーク市生まれだと、いずれもウィキペディア入りする率が最高水準になる（ニューヨーク市は郡ではなく5つの区に分かれているが、ウィキペディアの記述の多くはそこまで細かく触れていないので、この研究ではそれらを合計した)。

都市部は成功モデルを提示しやすい。若いうちに何かの世界の成功者に接する価値を考えるうえで、ニューヨーク市、ボストン、ロサンゼルスを比較してみよう[8]。これらの中では、ニューヨーク市出身者はジャーナリストとして成功する率が最も高く、同じくボストンの場合は科学者、ロサンゼルスの場合は著名俳優になる率が最も高い。これはそこで生まれた人の話であり、そこに引っ越した人の話ではないことに留意してほしい。そしてこの傾向は、それぞれの分野の著名人の子弟を除いても、なお変わらないのである。

郊外郡は、有名な大学町でも含まない限り、都市部に比べてはるかに有名人の輩出率が低い。私の両親は、ベビーブーマーの多分にもれず、3人の子供を育てるために都市部から郊外へ、すなわちマンハッタンからニュージャージーのバーゲン郡へと移った。これは、少なくとも子供たちの立身出世という点では誤りだったかもしれない。ニューヨーク市生まれの子供がウィキペディア入りする確率は、バーゲン郡出身の子供よりも80%高い。これは単なる相関性に過ぎないが、広い裏庭のある家で育つより大きなアイデアのそばで育つほうが良いと示唆するものではある。

ここで識別された明確な影響は、子供時代の転居のありようを示すデータがあれば、さらに強かったかもしれない。多くの人は、誕生した郡とは違う郡で育つからだ。

大学町と大都市の成功ぶりは、データを一瞥しただけで明らかだ。だがより洗練された実験的分析のために、もう少し深く掘り下げてみた。

その結果、ウィキペディア入りする確率を示すもう一つの強力な予測変数が浮かび上がった。生誕地の移民人口比率である。地域の外国生まれの人口比率が高い場所ほど、著名人になる確率が高まるのだ（見たか、ドナルド・トランプ！）。都市化の程度や大学所在地という点で似通った2つの街なら、移民が多いほうが著名人を生みやすい。なぜか？

何よりも、移民の子であることと直接的に関係していそうだ。やはりウィキペディアをデータとするマサチューセッツ工科大のパンセオン・プロジェクトによる「最も有名な白人ベビーブーマー100人」の出自を、私は詳細に研究したことがある。彼らの大半はエンターテイナーだった。100人のうち少なくとも13人が外国生まれの母親を持ち（それには映画監督オリバー・ストーン、女優のサンドラ・ブロックやジュリアン・ムーアなどが含まれている）、この比率は、同世代の全米平均の3倍以上も高いものだった（多くの人はスティーブ・ジョブズや俳優ジョン・ベルーシのように移民の父親を持っていたが、このデータは全米平均と比較することが難しかった。父親の出自は出生証明書に含まれないためである）。

では成功に影響しない変数とは何か？　私が発見した中で少なからず意外だったのは、州がどれだけ教育費を支出しているかだった。都市住民比率が同程度の州の間で比較すると、教育支出は著名な作家、芸術家、実業家を輩出する率に影響していなかった。

私のウィキペディア研究と前述のチェッティらの共同研究を比較してみると面白い。チェッティらの研究では、中の上《アッパーミドル》まで出世できる子供たちを生みやすい地域を探った。私の研究では名声をつかんだ人々を生んだ地域を調べた。そしてその研究結果は、驚くほど異なっていた。

教育費をたっぷりかけることは、子供たちを中の上の社会階層に至らせるためには効果的である。だが著名な作家、芸術家、実業人にすることにはほとんど役に立たない。大きな成功をつかんだ人々の多くは学校嫌いで、中退者さえいる。

チェッティらの研究によると、ニューヨーク市は子供に中の上の暮らしを送れるようにしてやりたいと願う親にとって、特に良い子育ての場所ではない。だが私の研究によると、著名人にしてやりたいなら格好の場所である。

成功を促す要因に目を向けると、郡ごとの大きな違いは腑に落ちる。成功の主成分をすべて持っている郡はたくさんある。ボストンに立ち戻ってみよう。山ほど大学を擁するこの街は、革新的な考えに満ちている。若者の手本になる成功者も多い都会でもある。そして大勢の移民を引きつけ、その子弟はこれらの恩恵を受けようとする。

だがボストンにこうした特質がなかったとしたら？　もっと少ないスーパースターしか生み出せない運命だったか？　そうとも限らない。他にも特質があるからだ。それは高度な専門化である。ミネソタ州ロゾー郡は小さな農村部で外国人もほとんどおらず有名大学もないが、この好例である。この郡に生まれた人のざっと740人に1人がウィキペディア入りしているのだ。その秘密はって？　ウィキペディア入りした9人全員がプロのアイスホッケー選手としてであり、それがこの郡のユースや高校生を対象にした第一級のホッケー教育のおかげであることには疑問の余地がない。

ホッケーの名選手にしてやりたいかどうかは別にして、子供の将来を考えるならボストンやタスキーギに引っ越せば見込みが増すのか？　そうかもしれない。だがここにはもっと大きな教訓がある。通常、エコノミストや社会学者は、貧困や犯罪など悪い結果を避ける方法に注目する。だが偉大な社会の目標は落ちこぼれを減らすことだけではなく、できるだけ多くの人を大きく伸ばすことでもある。立身出世した米国人の出生地を調べるこの研究はおそらく、いくつかの初期戦略を与えるものだろう。移民を促進する、大学に助成する、中でも特に芸術活動を助成する、などだ。

妊婦の悩みは万国共通？

私は通常、米国を研究対象にする。だから地域の絞り込みを考えた際、市や町たとえばアラバマ州メイコン郡やミネソタ州ロゾー郡のような場所を見るつもりだった。だがインターネットには別の、しかもますます拡大する強みがある。世界中から簡単にデータが得られ、国々の違いを見ることができるのだ。そしてデータサイエンティストが文化人類学者の真似事もできる。

私が最近、ふと首を突っ込んだトピックの一つは、妊娠ということに関する国ごとの違いだった。そこで妊婦によるグーグルの検索データを調べた。真っ先に明らかになったのは、彼女たちがこぼす肉体的徴候が驚くほど似ていることだった。

まずどんな単語が「妊娠」と複合検索されているのかを調べてみた。たとえば「吐き気」、「腰痛」、「便秘」などが複合検索される頻度を調べたのである。カナダの妊婦の場合は、米国と非常に似ていた。英国、オーストラリア、インドなどの場合も、おおむね似通っていた。

そして妊婦は世界中で、およそ似たようなものを食べたがるようだった。このカテゴリーについて米国で最も検索されているのは「妊娠中にアイスクリームが食べたい」で、それに次いで塩、スイーツ、果物、そしてスパイシーな食べ物だった。オーストラリアでもあまり変わらず、塩、スイーツ、チョコレート、アイスクリーム、そして果物だった。インドも大同小異で、スパイシーな食べ物、スイーツ、チョコレート、塩、そしてアイスクリームだった。実際、私が調べた国々でトップ5は非常に似ていた。

予備的証拠からは、世界中どこでも妊娠時の肉体的経験や食べ物の好みに劇的な違いはなさそうだった。

だが妊娠をとりまく思考は、国によって大違いだった。

まず妊婦が安心してできることは何かという問いから見てみよう。米国の妊婦が最も頻繁に検索しているのは、「エビを食べてもよいか」、「ワインを飲んでもよいか」、「コーヒーを飲んでもよいか」、「タイレノール（頭痛薬）を服用してもよいか」である。

こうした懸念は国によって大きく異なる。妊婦がワインを飲んでよいかどうかは、カナダ、オーストラリア、英国ではトップ10にも入らない。オーストラリアの妊婦が最も気にしているのは妊娠中に乳製品とりわけクリームチーズを食べてよいかだった。ナイジェリアでは人口の30%がインターネットを利用しているが、妊婦がしてもよいかどうかの検索トップは冷水を飲むことだ。

こうした懸念には正当性のあるものもあればそうでないものもある。妊婦にとって低温殺菌されていないチーズによるリステリア菌のリスクが増すことには強い証拠がある。過度の飲酒と新生児への悪影響との関係も確立している。国によっては、冷水を飲むと胎児が肺炎になると信じられているが、これを支持する医学的証拠があるのかどうか筆者は知らない。

世界中で妊婦が気にすることに大きな違いがあるのはおそらく、国ごとに主要な情報源が異なるためだろう。まっとうな科学的研究成果、そこそこまっとうなそれ、迷信じみた話、そして近所の噂話などだ。妊婦たちはどれに頼ればよいのか、あるいは何をググればよいのかに戸惑っている。

また妊娠中に「どうやって……をすればいいか?」という検索にも国ごとに明確な違いが表れた。米国、オーストラリア、カナダでは、検索トップは「妊娠線はどうやって防げばよいか」だった。だがガーナ、インド、ナイジェリアでは妊娠線などトップ5にも入らない。これらの国々ではどうやってセックスするか、あるいはどうやって寝ればよいのかに質問が集中している。

世界各地の健康や文化については、絞り込みによる研究の余地が間違いなく残されている。だがビッグデータを使った私の予備研究からは、地域の差は、こと人間の身体の反応に関しては私

「妊婦は……をしてもよいか」検索トップ5

	1位	2位	3位	4位	5位
米国	小エビを食べてもよいか	ワインを飲んでもよいか	コーヒーを飲んでもよいか	タイレノール(鎮痛剤)を服用してもよいか	スシを食べてもよいか
英国	エビを食べてもよいか	スモークサーモンを食べてもよいか	チーズケーキを食べてもよいか	モッツァレラチーズを食べてもよいか	マヨネーズを食べてよいか
オーストラリア	クリームチーズを食べてもよいか	エビを食べてもよいか	ベーコンを食べてもよいか	サワークリームを食べてもよいか	フェタチーズを食べてもよいか
ナイジェリア	冷水を飲んでもよいか	ワインを飲んでもよいか	コーヒーを飲んでもよいか	セックスしてもよいか	モリンガ（食用植物）を食べてもよいか
シンガポール	緑茶を飲んでもよいか	アイスクリームを食べてもよいか	ドリアンを食べてもよいか	コーヒーを飲んでもよいか	パイナップルを食べてもよいか
スペイン	パテを食べてもよいか	生ハムを食べてもよいか	鎮痛剤を服用してもよいか	ツナを食べてもよいか	日光浴してもよいか
ドイツ	飛行機に乗ってよいか	サラミを食べてもよいか	サウナに入ってよいか	はちみつを食べてもよいか	モッツァレラチーズを食べてもよいか
ブラジル	髪を染めてもよいか	ディピロナ(鎮痛剤)を服用してもよいか	パロセタモール(鎮痛剤)を服用してよいか	自転車に乗ってよいか	飛行機に乗ってよいか

妊娠中に「どうやって……をすればいいか？」の検索トップ5
(How to ______ during pregnancy)

	1位	2位	3位	4位	5位
米国	妊娠線を防ぐか prevent stretch marks	体重を落とすか lose weight	セックスをするか have sex	妊娠線を防ぐか avoid stretch marks	すっきり体型を保つか stay fit
インド	寝るか sleep	セックスをするか do sex	セックスをするか have sex	セックスをするか sex	用心すればよいか take care
オーストラリア	妊娠線を防ぐか prevent stretch marks	体重を落とすか lose weight	妊娠線を防ぐか avoid stretch marks	寝るか sleep	セックスをするか have sex
英国	体重を落とすか lose weight	妊娠線を防ぐか prevent stretch marks	妊娠線を防ぐか avoid stretch marks	寝るか sleep	セックスをするか have sex
ナイジェリア	セックスをするか have sex	体重を落とすか lose weight	セックスをするか make love	健康を保つか stay healthy	吐き気を止めるか stop vomiting
南アフリカ	セックスをするか have sex	体重を落とすか lose weight	妊娠線を防ぐか prevent stretch marks	寝るか sleep	吐き気を止めるか stop vomiting

たちが思っているほど大きいわけではないことがわかる。その一方で、私たちは、それが意味するところについて驚くほど多様に解釈してしまっているのだ。

暴力的映画は犯罪を誘発するのか？

「レイプと超暴力とベートーベンだけが生きがいの若者のアドベンチャー」これはスタンリー・キューブリックの問題作『時計じかけのオレンジ』の宣伝コピーだ。映画では、若き主人公アレックス・デラージが空恐ろしいほど淡々とひどい暴力行為をやってのける。最も悪評高いシーンは、『雨に唄えば』を口ずさみながらレイプする女性を殴りつけるものだ。

映画が公開されるやいなや、模倣犯による事件が報じられた。実際、この曲を歌いながら17歳の少女を輪姦した男たちもいた。欧州の多くの国で映画は上映禁止となり、米国では公開するためにいくつかの衝撃的なシーンが削られた。

実際、まるで銀幕で見た内容に催眠術をかけられたように模倣したと思われる事件は枚挙にいとまがない。[9]ギャング映画『カラーズ』の公開後には暴力的な乱射事件が起きた。やはりギャング映画『ニュー・ジャック・シティ』公開後には暴動が起きた。

おそらく最も不穏な例は、『マネー・トレイン』公開の4日後に、まさにその一場面どおりにライター用の補充燃料で地下鉄の改札ブースを焼く事件が起きたことだった。映画と現実の違いは、映画では駅員は逃げおおせたが現実の事件では焼死したことだけだった。

心理学の実験でも、暴力的な映画を見せられた被験者が、必ずしもそのシーンを模倣しないまでも怒りや敵愾心を強めるという証拠も得られている。[10]

要するに、逸話からも実験結果からも、暴力的な映画は暴力的な行動を扇動する可能性が示唆されている。だがその影響は実際、どれほど大きいのか？　10年に1度の殺人か、それとも毎年数十人がそのために殺されているのか？　逸話や実験からではわからない。

エコノミストのゴードン・ダールとステファノ・デラビグナはこの謎に挑むため、1995年から2004年までの3つのビッグデータセットを用いた。FBIの毎時間別犯罪データ、興行収入データ、そしてキッズ・イン・マインド・コム上の全映画内の暴力の度合いである。

彼らが使った情報は完璧だった。米国の全都市の分ごとの全犯罪と、公開されたすべての映画のデータを揃えたのだ。この重要性は後に明らかになった。

研究の鍵となったのは、暴力的な映画（『ハンニバル』や『ドーン・オブ・ザ・デッド』など）がヒットした週末と、非暴力的な映画（『プリティ・ブライド』や『トイ・ストーリー』など）が当たった週末があることだった。

このため彼らは、暴力的なヒット作が公開された週末に起きた殺人、レイプ、傷害事件の数を、平和的なヒット作が公開された週末のそれらと比較することができた。

では結果はどうだったか？　暴力的な映画が公開されると、いくつかの実験が示唆したように、暴力犯罪は増えるのか？　それとも影響はないのか？

人気のある暴力映画が公開された週末には、実際には犯罪は減っていた。[11]

そう、人気のある暴力映画が公開され、無数の米国人が残虐な犯罪シーンを目にしている週末には、犯罪は大きく減っていたのだ。

この意外かつ不可思議な結果に接した第一印象は、研究に不備があったのではというものだろう。だが分析過程を見直しても何の問題もなかった。次に思い浮かぶ理由は、別の変数がこうした結果をもたらしたのではというものだろう。そこで彼らは、季節との関係を検証してみた。無関係だった。天気が怪しいとも思ったが、これも関係なし。

「あらゆる仮説を検証し、分析過程を振り返りました」とダールは私に語った。「でも何もおかしなことは見つかりませんでした」

逸話や実験室での研究とは裏腹に、そして奇妙に思えるにもかかわらず、暴力的な映画を見ることは犯罪を大幅に減らしていたのだ。一体どうしてこんなことが起き得るのか？

その謎を解くカギは、ビッグデータを使って絞り込んでみることだった。一般的なサーベイ・データは伝統的に年次ベースであり、細かくてせいぜい月次ベースだ。週末ごとのデータが得られれば僥倖というもの。だが小規模なサーベイ・データの代わりに包括的なデータセットの使用が増えるにつれて、時間ごとや分ごとの絞り込みさえ可能になっている。そのためいまや人間行動をさらに詳しく研究できるのだ。

EPCOR 2010年バンクーバー・オリンピック、アイスホッケー決勝戦中継中のエドモントンの水使用量（2月28日）

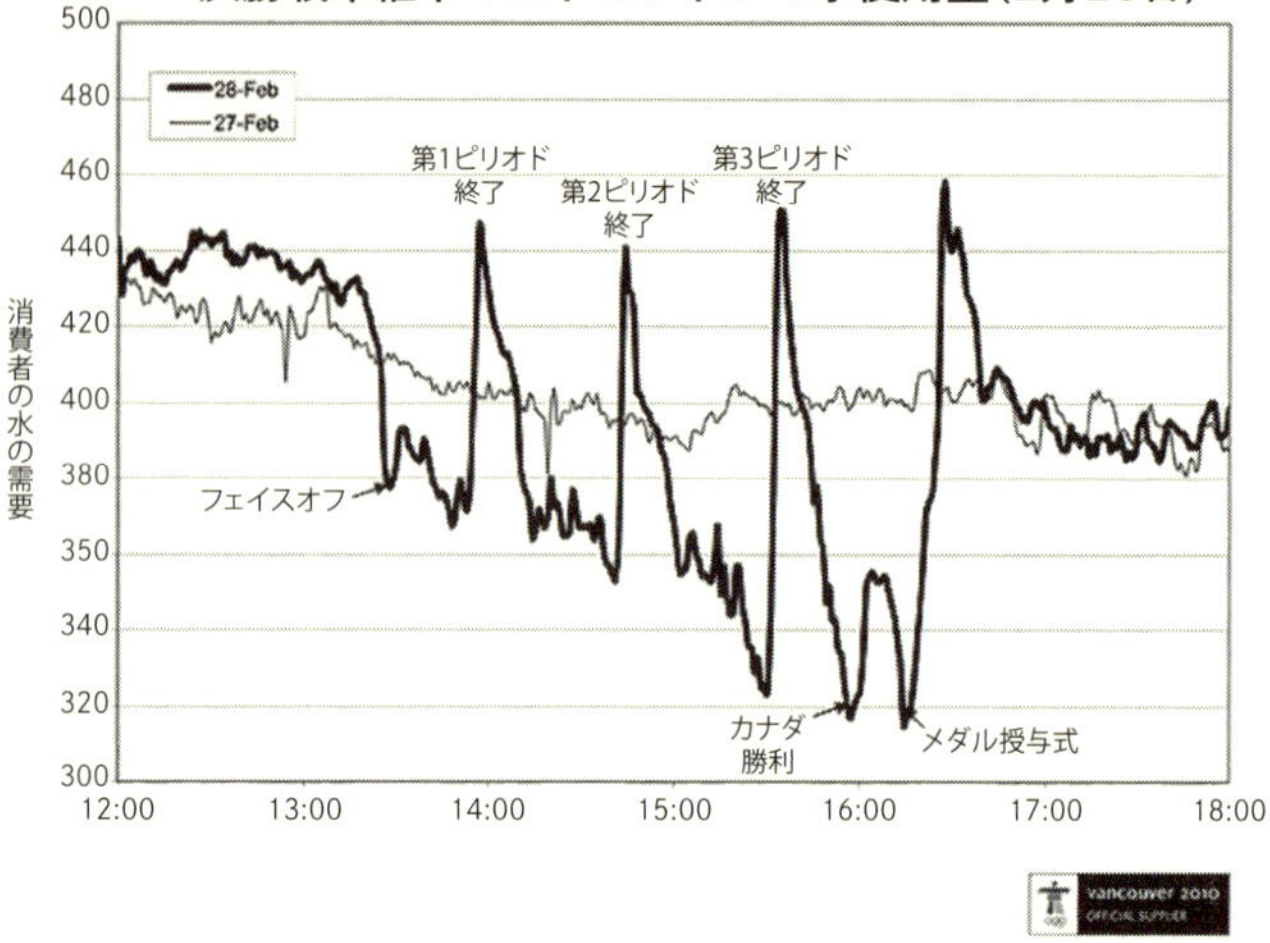

分刻み分析の驚くべき結果

時にはくすりとさせられるデータもある。カナダのエドモントンの公共企業エプコアは、２０１０年冬季オリンピックの米国対カナダのアイスホッケー決勝戦――カナダ人の80％が見たとされる人気カード――の分ごとの水使用量データを発表している。そこでは各ピリオド（20分の試合単位）後まもなく水の使用量は跳ね上がっている。明らかにエドモントン中のトイレが流されたのだ。

グーグルの検索データも分ごとに絞り込めるので、面白いパターンが浮かび上がることがある[12]。たとえば平日の朝8時になると「ブロックされていないゲーム」の検索が急増し、そのまま午後3時まで続く。携帯電話は持ち込めるがゲームは許さない校則への対策であることは疑いの余地がない。

他にも「天気」、「祈りの文句」、「ニュース」などの検索は午前5時半前にピークに達するが、多くの人が私よりもずっと早く起きていることの証拠である。「自殺」の検索は午前0時36分にピークに達し午前9時ごろには最低に達することは、たいていの人が私ほどみじめな午前を過ごしていない証拠だ。

さらに午前2時から4時の間は、ビッグ・クエスチョンの最盛期であることもわかる。意識の意味とは何か、自由は続くのか、他の惑星に生命はいるのか——こうした検索がこの時間帯に最も多いのは、マリファナを吸っているためでもあるかもしれない。「ジョイントの巻き方」の検索は午前1時から2時までの間が最も多い。

で、なぜ暴力映画公開時に犯罪が減るのか

そしてダールとデラビグナも、映画が公開された週末の時間ごとの犯罪発生の推移を調べることができた。その結果、暴力的なヒット映画の公開中に犯罪が他の週末よりも減り始めるのは夕方からであることがわかった。要するに、犯罪は暴力シーンが始まる前、映画ファンが映画館に足を踏み入れたときから減っていたのだ。

なぜだろう? まずはどんな人が暴力的な映画を見たがるのかを考えてみよう。若い男性、とりわけ攻撃的な若い男性だ。

次に犯罪が行われがちな場所を考えてみよう。犯罪現場が映画館であることはめったにない。もちろん例外もあり、最も有名なのは２０１２年に起きたコロラド州オーロラで起きた計画的な映画館銃撃事件だ。だが総じて男たちは、映画館には丸腰でおとなしく映画を見に行くものだ。若く攻撃的な男たちは『ハンニバル』が公開されると足を運ぶ。一方、彼らは『プリティ・ブライド』が公開された週末には映画館ではなくバーやクラブやビリヤード場など暴力犯罪の発生率が高い場所に行く。

暴力的な映画は、潜在的に暴力的な人々を、路上から遠ざけるのだ。

これにて一件落着……でもない。データにはもう一つ不思議な点があった。犯罪率低下は上映時間と共に始まるが、上映が終了して映画館が閉館した後にも続くのだ。暴力的な映画の公開中、犯罪はとっぷり夜が更けるまで、それどころか真夜中から朝方の6時頃まで減ったままなのだ。

若い男どもが映画館の座席に縛りつけられている間に犯罪率が減るのはともかく、それなら終映後には犯罪率が上がりそうなものではないか？　従前の研究では、暴力的な映画を見た被験者はより怒りをたぎらせ攻撃的になるのではなかったか。

映画が終わった後も犯罪率が低下したままである理由は何か？　犯罪学専門家である共同研究者らはじっくりと考えたあげく、またもや閃いた。彼らはアルコールが犯罪の主な誘因であることを知っていた[13]。そして米国では、ほぼどこの映画館でもアルコールを提供していないことも知っていた。実際、アルコール絡みの犯罪が暴力映画公開週末の深夜に激減することも確認された。

もちろん彼らの研究結果には限界もある。たとえばより長期的な影響の継続効果を調べることはできない。その影響がいつまで残るのかは、わからないのだ。そして継続的に暴力映画を見ていれば、いつかは暴力増加につながる可能性もある。だが彼らの共同研究は、暴力映画の直接的影響（それを探ることが調査の目的だった）の全体像を示している。おそらく暴力的な映画は一部の人に影響を及ぼし彼らの怒りを強く掻き立てて攻撃的にするのだろう。しかし、人を確実に暴力的な方向へと推し進めるものは、暴力的な人間とつるみ、飲むことである。*

＊一見、悪いと思われることも、もしそれがさらに悪いことを防ぐ理由になるのならましという考えを示す逸話がある。スタンフォード卒のワイドレシーバーだったエド・マキャフリーが4人の息子にこぞってアメフトをやらせている[14]〔訳注／米国ではフットボールのような激しいコンタクト・スポーツを学生にやらせることの健康被害を懸念する議論がある〕ことを正当化するために用いたたとえである。「あの子たちは力を持て余している。だからもしフットボールをやっていなければスケートボードに乗り、木登りをし、庭で鬼ごっこをし、ペイントボールでもやるだろう。要するに、じっとおとなしくしているわけはないということだよ。だから私はこう考えているんだ。少なくともフットボールにはルールがあるじゃないかってね。ウチの子は屋根や木から落ちたことも自転車事故やスケートボードで緊急医療室に運び込まれたこともある。きりがないさ……。確かにフットボールは暴力的な激突スポーツだ。だが息子たちはやりたいようにするものだし、別にムササビみたいな恰好をして山頂から飛び降りたり、そんなクレイジーなことをする子たちじゃない。アメフトっていうのは、攻撃性が体系化されたものなんだと思うよ」テレビ番組でこう語ったマカフィーの言い分は、私にとって初めて聞く論理だった。だがダールとデラビグナの共同研究を読んでから、この種の言い分に真剣に耳を傾けるようになった。研究室の実験になくて現実世界の巨大データベースにはある一つのメリットは、こうした効果を探り当てられることだ。

今なら腑に落ちる話だが、ダールとデラビグナが膨大なデータと格闘し始める前はそうではなかった。[15]

絞り込みが明らかにする大切な点がもう一つある。世の中は複雑だということだ。いま何かをすれば、遠い将来に影響が及ぶかもしれない。そしてその大半は意図しなかったものだ。アイデアというものは、時にゆっくりと、またある時には急速に、ウイルス感染のように広がっていく。何かのインセンティブに対しても、人は予想外の反応を示すものだ。

こうした関連性や関係性、流行や熱狂は、小規模なサーベイや伝統的なデータ分析では追跡できない。ごく単純化して言うなら、世の中は複雑で豊かすぎて小さなデータでは手に負えないのだ。

ベテラン選手の盛りは過ぎたのか――分身を探せ

２００９年６月、デビッド・〝ビッグ・パピ〟・オルティーズは、盛りが過ぎたようだった。それまでの５年間、ボストンは、このドミニカ生まれで親しみやすい笑顔を持つすきっ歯の強打者にのぼせ上がっていた。

彼は５年連続でオールスターに出場し、ＭＶＰを獲得し、２００４年にボストン・レッドソックスに86年ぶりの優勝をもたらす一助となった。だが２００８年、32歳にして彼の戦績は下向き始めた。打率は３割３分２厘から２割６分４厘へ、出塁率は４割４分５厘から３割６分９厘へ、長打率は6割2分1厘から5割7厘へと落ちていた。2009年のシーズンが始まってみると、凋落傾向はさらに著しくなった。

スポーツ記者でレッドソックス・ファンのビル・シモンズは、同年の開幕後のありさまをこう書き残している。[16]「デビッド・オルティーズがもはや野球の達人ではないことは明らかだ。……体格のいい強打者もいまやポルノ男優、レスラー、NBAのセンター、そしてトロフィー・ワイフ（成功した男がもらう若くてきれいなだけの妻）のようだ。盛りが過ぎたらおさらばさ」スポーツ好きは自分の目を信じるし、シモンズの目にはオルティーズはもう終わった選手だった。実際シモンズは、オルティーズは控え選手になるか、早晩、放出されるだろうと予告した。

オルティーズは本当に終わった選手だったか？　あなたが2009年のレッドソックスのゼネラルマネジャーだったら彼を放出するか？　ひいては、野球選手の今後の活躍をどう予測すればいいのか？[17]　果ては、人の今後を予測するには、ビッグデータをどう使えばいいのか？

ここがデータサイエンスに深入りするかどうかの分かれ道だ。セイバーメトリシアン（野球の分析にデータを用いる人々）を参考に、他の分野へと応用を試みるのだ。野球は早くからあらゆるデータが揃っている分野の一つだった。しかも大勢の優秀な人々がそのデータを読み解くことを生業にしている。データ分析は野球に始まり、他へと広がっていく。セイバーメトリクスは世の中を先導している。いまやほぼあらゆる分野がそれに倣うか、そうなりつつある。

野球選手の将来を占う最も単純な方法は、現状が続くと仮定することだ。たとえば過去1年半のあいだ不振なら、これから1年半も低迷が続くとみなす。

これによれば、レッドソックスはオルティーズを切るべきだった。

だがもっと有意義な情報もあった。１９８０年代に、セイバーメトリクスの父と広く認められるビル・ジェイムズは、年齢の重要性に重きを置いた。野球選手のピークは早く、27歳前後だというのがジェイムズの持論だった。チームは選手が加齢とともにどれだけ衰えていくかから目を背けがちで、あげく盛りを過ぎた選手に金を払い過ぎる。

より先進的なこの理論によれば、レッドソックスは絶対にオルティーズを切るべきだった。

しかしこの年齢補正には、見落としがありそうだ。すべての選手が一様な選手人生を送るわけではない。23歳でピークに達する選手もいるし、32歳でそうなる選手もいる。背が高いか低いか、太っているか痩せているかで違うのかもしれない。野球統計学者たちは選手に類型があり、加齢に伴いそれぞれ別の成績パターンをたどることを発見した。だがそれはオルティーズにとってさらに不利な理論だった。彼のような体格の良い選手は実際、総じてピークが早く、30歳を過ぎると早々に成績が急落するのだ[18]。

もしレッドソックスが彼の近過去の成績、年齢、体格を考慮したら、彼らはきっぱりとオルティーズを切っていただろう。

だが２００３年に、統計学者ネイト・シルバーがペコタ（ＰＥＣＯＴＡ）という選手の能力予測の新モデルを提唱した。そしてこのモデルは最高の、さらには最もイカしたモデルであることを証明した。シルバーは各選手の分身《ドッペルゲンガー》を探した。やり方はこうだ。

まずこれまでに登録されたメジャー選手1万8000人をデータベース化する。そしてそこに、それぞれの選手についてわかっているあらゆるデータを注ぎ込む。身長、年齢、守備位置、ホームラン本数、打率、四球率、三振率などを現役時代の全年度にわたって記録するのだ。そして、その時点までのオルティーズに最もよく似た戦績の選手を20人選び出す。彼の24歳から33歳までの各年に最も似た成績を残した選手たちに絞り込む、つまり彼の分身を見つけるのである[19]。そしてそれら分身の、その後を調べる。

この分身探しは、絞り込みのさらなる例だ。任意の人物に最もよく似た小集団に絞り込むからである。そして、絞り込みの常ながら、基になるデータが大きければ大きいほど良い。分析の結果、オルティーズの分身たちは、彼の将来について、非常に独特の予測をもたらした。オルティーズの分身にはホルヘ・ポサダやジム・トーミなどがいた。こうした選手らはプロ入りが割合に遅く、20代後半に爆発的に伸びて第一級の力を発揮し、30代初めに低迷した。

そして彼らのその後の成り行きをもとに、シルバーはオルティーズの今後を予想した。分身たちは復調していた。トロフィー・ワイフならシモンズの言う通り、盛りが過ぎたらおさらばだ。だがオルティーズの分身たちは、盛りが過ぎてから復活していた。

野球選手の能力予想における最高の手法である分身探し法は、オルティーズを長い目で見守るべきと教えていた。そしてレッドソックスは実際、このベテラン選手を長い目で見た。2010

年、オルティーズの打率は2割7分に回復した。ホームランを32本打ち、オールスターにも選ばれた。それが連続4度のオールスター出場の皮切りとなった。２０１３年には本来の打順だった3番打者として、37歳にしてセントルイス・カージナルスとのワールドシリーズを4勝2敗で制する原動力となった。ワールドシリーズ中の打率は6割8分8厘で、彼はシリーズのMVPにも選ばれた。*

私自身の分身を探す

私はネイト・シルバーの野球選手の将来予想の方法について読むや否や、自分にも分身がいるのではないかと思った。

分身検索法は、スポーツのみならず多くの分野で有望である。私も興味の大半を共有する分身を見つけられないだろうか？　自分のような人が見つかれば、楽しく付き合えるのではないか。私が気に入るようなレストランを、彼が知っているかもしれない。想像もしなかったことを紹介してくれて、それに惚れ込むなんてこともあるかもしれない。

分身検索は個人に絞り込むばかりか、その特質にも絞り込む。そして絞り込みの常として、元データが多いほど明確になる。たとえば10人かそこらのデータセットから分身を探すとしたら読書傾向が似ている人が見つかるかもしれない。だが１０００人のデータセットなら？　物理学のポピュラー・サイエンスものが好きな人が見つかるかもしれない。数億人単位のデータセットから分身を探せば、まさに瓜二つの人が見つかるかもしれないのだ。

ある日、私はツイッターの全プロフィールを対象に、自分と最も興味が共通している分身を全世界から探し始めた。

私がツイッター上でフォローしている人々をみれば、私の興味についてあらかた見当がつくだろう。私はざっと250人をフォローしており、彼らは私のスポーツ、政治、コメディ、科学、そしてレナード・コーエンへの情熱を露わにしている。

では、私がフォローしている250人全員をフォローしている人が世界のどこかにいないだろうか？　もちろんいない。分身は似ているにすぎず、同一人物ではない。250人中200人もいなかったし、150人でさえいなかった。

やがて判明したのは、私がフォローしているアカウントのうち100をフォローしているあるアカウントがあることだった。カントリー・ラジオ・ミュージック・トゥデイである。いったいどういうことか？　わかったのは、カントリー・ラジオ・ミュージック・トゥデイはすでに削除

＊　ここまで読み進めてもらえば、筆者が良い話に冷笑的になりがちであることに気づいているだろう。ここには良い話を一つ盛り込みたかったのだ。そこで自分の冷笑主義をこの脚注に収めることにした。私はPECOTAが発見したのは、かつてステロイドを使っていた選手が使用をやめた（そして低迷した）が、その後また再開した結果だと疑っている。予想という観点からは、もしPECOTAがそのことまで発見できれば実にクールなのだが、感動は薄れるだろう。

されたボット（ネット上で何かの作業を自動的に行うソフトウェア）を使い、相手がフォローし返してくれることを期待してツイッター・アカウントを75万件もフォローしているということだった。

私の元カノならこの結果を知って喜ぶだろうなと思った。彼女はかつて、私が人間というよりむしろロボットに近いと言ったことがあるのだ。

冗談はさておき、この結果は分身検索の重要な注意点を教えてくれる。本当に正確な分身を求めるのなら、単なる同好の士を探しても意味がないということだ。自分が嫌いなことも嫌っている人を探すべきだ。

私の興味は、私がフォローしているアカウントからだけではなく、フォローしないと判断したアカウントからもわかる。私はスポーツ、政治、コメディ、そして科学に興味があるが、フード、ファッション、演劇には興味がない。私のフォロー傾向は、バーニー・サンダースが好きだがエリザベス・ウォーレン（いずれも民主党上院議員）は好きではないこと、サラ・シルバーマンは好きだがエイミー・シューマー（いずれも女性コメディアン）は好きではないこと、『ニューヨーカー』は好きだが『アトランティック』は好きではないこと、友人のノア・ポップ、エミリー・サンズ、ジョシュ・ゴットリーブは好きだが友人のサム・アッシャーのアカウントは好きではないこと（サム、ごめん。でも君のツイッターのフィードは退屈だよ）など。

ツイッター上の全2億人のうち、私に最も似ているプロフィールを持つのは誰だろう？　調べた結果、『Ｖｏｘ』誌に寄稿しているディラン・マシューズとわかった。これは新たに接するべきメディアを探すという点では肩すかしだった。私はすでに彼をツイッターとフェイスブックでフォローしているし、彼が『Ｖｏｘ』に寄稿した作品はむさぼり読んでいるからだ。だから彼が私の分身と知っても、私の生活はさして変わらない。だがそれでも自分に最も似ている人物を知ること、とりわけそれが素晴らしいと思う相手であることは、とても良いものだ。本書の執筆を終えて修道士のような暮らしが終われば、たぶん彼とジェームズ・スロウィッキー（『群衆の智慧』の著者）の著作について語り合えるだろう。

医療にもっと大きなデータを

オルティーズの分身探しは、野球ファンにとっては素晴らしいものだった。そして私の分身探しは、少なくとも私にとっては面白かった。だがこうした検索は、他に何を教えてくれるのか？第1に、分身探しはさまざまな巨大インターネット企業によってすでに実施されており、サービスやユーザー体験を劇的に改善しているということだ。アマゾンは分身探しに似た技術で、気に入りそうな本を推薦してくれる。あなたに似た人が選んでいる本を基に推薦するのだ。

パンドラも同じことを音楽で行っている。ネットフリックスが、気に入りそうな映画をユーザーに提示するのもこのやり方だ。この技術による推薦内容の改善ぶりに感心したアマゾンの創業者ジェフ・ベゾスは、これをもたらした技術者グレッグ・リンデンにひざまずいて「ご一緒するのもおそれ多い！」と叫んでみせた。

だが分身検索の力を考えると、何より興味深いのはいま広く応用されていることではない。それがまだ使われずにいる分野だ。この技術によって劇的な改善が見込まれる大きな分野はまだまだある。たとえば健康について考えてみよう。

ハーバードのコンピュータ・サイエンティストで医学研究者のアイザック・コハネは、これを医学に応用しようと試みた。あらゆる健康情報を収集して整理すれば、画一的でお仕着せの治療ではなく、患者一人一人に似た患者を見つけられると思ったのだ。そうすればより個別に絞り込んだ診断と治療ができる。

コハネはこのことを医療における自然な進歩でありことさらに革新的なものでさえないと考えている。「診断って何でしょう？」と彼は問う。[20]「診断とはまさに、患者が過去に研究された患者群と同じ症状を示していると告げることです。あなたが心臓発作を起こしていると診断することとは、私が他の患者から学んだ心臓発作の病理生理学的症状を示しているから、あなたも心臓発作を起こしていると告げることとです」

要するに診断とは、分身効果の草分けである。問題は、医師がそれに用いるデータ規模が小さいということだ。診断とは今日でさえ、医師がそれまでに診察した少人数の患者に対する経験を、せいぜい少人数の患者を相手にした別の医師の論文で補足したものに過ぎない。だがこれまでに見たように、良い分身効果を得るためには、元データはずっと大きなものでなければならない。

ここにビッグデータが大きく役に立てる余地がある。ではなぜこんなに時間がかかっているのか？　なぜすでに一般的になっていないのか？　問題はデータ収集にある。たいていの医学的症例報告は紙に記録されてファイルに綴じ込まれている。コンピュータ化されているものでさえ、えてして互換性のないフォーマットで記録されている。コハネは、医療よりも野球のほうが良質なデータが揃っている場合が多いという。だが単純なことでも報いは大きいかもしれない。コハネは繰り返し「果実は目の前にたわわに実っている」と言う。たとえば子供の身長と体重をデータベース化して、そこに彼らの持病を加味するだけで小児科分野での一大飛躍だというのだ。こうすれば子供の成長過程を、他の子の成長過程と比較できるようになる。コンピュータ分析によって、似たような成長軌道を示す子供同士を見つけ出し、自動的に警戒信号を発することもできる。身長の伸びが早期に止まってしまうこと――甲状腺機能低下症や脳腫瘍が疑われる――も発見できる。いずれも早期に診断ができれば恩恵は大きい。「子供はおおむね健康なものなので、これらは非常に珍しい症例で、1万人に1人というレベルです。データベース化されていれば、診断を少なくとも1年は早められると思います。請け合いですよ」とコハネは言う。

　ジェイムズ・ヘイウッドも医療データを相互に結びつける困難に別の方法で取り組む起業家だ。[21]彼はPatientsLikeMe.com（私のような患者、の意）というサイトを立ち上げ、個人が自分の情報――症状、治療、副作用など――を入力できるようにしている。すでに諸疾患がたどるさまざまな経緯をチャート化しており、一般的な容態の経過や予後と見比べることができる。

彼の目標はできるだけ多くの症例を集めて健康面での分身探しができるようにすることだ。年齢や性別、病歴、症状が似た人に有効だった治療法を調べられるようにしたいという。それはこれまでとはまったく違う医療になるだろう。

データがもたらす物語

絞り込みは私にとって、多くの点で特定の研究の特定の成果よりも重要だ。新たな生命観をもたらしてくれるからだ。

私がデータサイエンティストで物書きと知ると、何らかの事実やサーベイを紹介してくれる人がいる。だがそれはたいてい死んだ静的な退屈なデータだ。何の物語もない。

同様に、友人から小説や評伝を勧められることもある。だがこれも、ほとんど私の興味を引くことがない。私はいつも自問している。「別の状況ならどうなる？　最も普遍的な原則とは何か？」彼らの物語は小さく感じられ、普遍性がない。

私が本書で提示したいのは、私にとって独自のことだ。それはデータと数字を基盤とし、実証的で広範なものだ。そして、データは巨大でも、その背後にいる人間を思い描かせるようなものにしたい。エドモントン市の水使用量のデータを見ると、アイスホッケーのピリオド後にソファから立ち上がる人々の姿が目に浮かぶ。フィラデルフィアからマイアミに引っ越して確定申告を偽る人のデータを見ると、彼らがアパートの隣人から脱税の裏ワザを耳打ちされている様子が思い浮かぶ。野球ファンの年齢ごとのデータに絞り込むと、自分と弟の子供時代、そして8歳当時に憧れた野球チームにいまだにこだわっている無数の野球ファンを見る思いがする。

またもや大風呂敷をと言われそうだが、本書で紹介したエコノミストやデータサイエンティストは、新たなジャンルを作り出していると思う。本章で、そして本書の多くで提示したかったことは、非常にビッグでリッチなデータがあれば十分な絞り込みが可能になり、普遍性を欠く個別の例に拘泥せずに複雑でわくわくする物語ができる、ということである。

第6章　世界中が実験室

２０００年２月27日、マウンテンビューにあるグーグル本社はいつものように新たな日を迎えていた。[1]太陽は燦々と降り注ぎ、自転車乗りは自転車を漕ぎ、マッサージ師が社員のコリをほぐし、社員はキュウリ水でのどを潤していた。そしてこのありふれた日、数人の技術者が今日のインターネットを動かしている秘密の方法、ユーザーにクリックさせ、サイトを再訪させ、そこにとどまらせる最高の方法に気づいたのだ。

彼らがしたことについて述べる前に、相関関係と因果関係について述べる必要がある。データ分析では大きな問題で、これまではしっかりと述べていない。

マスコミでは毎日のように相関関係に基づいた研究を報じている。たとえば適量のアルコールを摂取する人は健康状態が良い傾向があるという類だ。これは相関関係だ。

だがこの関係は、適量のアルコールを摂取すれば健康状態が改善することを意味しているのか？　おそらく違う。健康状態が良いから適量のアルコールを飲めるのかもしれないからだ。社会科学者はこれを因果の逆転と呼んでいる。あるいは、適量の飲酒と良い健康状態の両方に作用する独立した要因が存在しているのかもしれない。たとえば友人との社交が盛んなら、アルコール摂取と良い健康状態の両方に寄与するだろう。社会科学者はこれを欠落変数バイアスと呼ぶ。

ではどうすればより正確な因果関係がわかるのだろう？　好ましい標準と言えるのは、無作為抽出された比較対照実験である。次のようなものだ。まず集団を無作為に2つのグループに分ける。その内一つは「実験群」として、何かをしてもらう。もう一つは「統制群（対照群）」として、それをさせない。そして両群の反応を観察するのである。結果の差が、その行為の因果関係だ。

たとえば適量飲酒の健康効果を試験するなら、無作為抽出した人々に1年間、1日あたりグラス1杯のワインを飲んでもらい、無作為に抽出したほかのグループには1年間、断酒してもらう。被験者は無作為に抽出されているので、いずれの群も当初から良い健康状態だったとか、社交が盛んだと考える理由はない。だからワイン飲用の効果は因果関係と考えてよい。無作為抽出による比較対照試験は、どんな分野でも最も信頼性が高いエビデンス（証拠）である。この方法による治験に合格した薬は一般に発売される。合格しなければ、認可も得られない。

無作為抽出試験は、社会科学にもどんどん導入されている。MＩＴのフランス人エコノミストであるエスター・デュフロは、貧国の経済開発を後押しする方法を研究する開発経済学分野にこの実験をもっと導入するよう提唱している。彼女はある共同研究で、インドの農村地域で教育水準を向上する方法を研究した。研究地域では、中学生の半分以上が単純な文章をろくに読むことができなかった。教育効果が上がらない理由の一つは、教師が安定的に授業に現れないからと疑われた。インド農村部のいくつかの学校では、どんな日でも教師の40％以上が欠勤していたのだ。

そこでデュフロらは、学校を無作為に2つのグループに分けた。実験群では、教師らに基本給に加えて少額（50ルピー。1・15ドル程度）の出勤手当を与えた。統制群には出勤手当はなし。結果は目覚ましかった。出勤手当を支給すると、教師らの常習欠勤は半減した。[2] 生徒たちの成績も大きく上向き、特に若い女生徒の成績改善が著しかった。実験の終わりごろには、実験群校の女子学生の識字率は7％上がっていた。

『ニューヨーカー』の記事によると、デュフロの仕事を聞きつけたビル・ゲイツはいたく感心し、彼女に「助成金を提供しよう」と申し出たという。[3]

A／Bテストの基本

無作為対照試験が因果関係を確認する金科玉条として社会科学分野で広く普及しているとして、何が2000年2月27日のグーグルに関係しているのか？　グーグルはその日、インターネットに革命を起こす何をしたというのか？

その日、数人の技術者がグーグルのサイト上である実験を始めた。まずユーザーを無作為に2グループに分けた。実験群には、20件の検索結果を表示した。統制群に対しては、通常通り10件を表示した。そしてその後、両群のユーザーがどれだけ頻繁にグーグルを再訪するかを測定して彼らの満足度を測った。

これが革命かって？　そうは見えないかもしれない。既述の通り、無作為対照試験は製薬会社や社会学者が盛んに用いている。それに倣うことがどうしてそんなに有意義なのか。

鍵は、グーグルの技術者がすぐに気づいたように、デジタル世界での実験は現実社会での実験に比べて非常に有益であることだった。現実社会での無作為対照試験は強力だが非常にリソースを食う。インドでのデュフロの実験では、各学校に接触し、資金を調達し、一部の教員に手当を支給し、全生徒に試験を実施しなければならない。要するに現実社会では、こうした実験には膨大な資金や時間や手間がかかるのだ。

だがデジタル世界では、それは安価にすぐさま行える。被験者をリクルートして報酬を支払う必要もない。彼らを無作為にグループ分けするためのコードを書けばよいだけだ。ユーザーにサーベイをする必要もない。彼らの行動とクリックをモニターすればよい。それを自動的に行うプログラムも開発できる。誰に接触する必要も、ユーザーに実験に参加していることを告げる必要もないのだ。

これがビッグデータの４つ目の力だ。因果関係を明らかにできる無作為抽出対照試験をいつでも、ネットにつながってさえいればほとんどどこでも、格段に容易に実施できるのだ。ビッグデータの時代には、世界中が実験室なのだ。

この考えはあっという間にグーグル社内に、ひいてはシリコンバレー中へと広がっていき、無作為抽出比較対照試験は「A／Bテスト」と改名された。２０１１年、グーグル社員は７０００件のA／Bテストを実施した。[4]そしてそれも、始まりに過ぎなかった。

もしグーグルが自社サイト上の広告にもっとクリックさせたいと思えば、たとえば濃淡2色の青のデザインを用意し、グループAにはそのどちらかを、グループBには他方を表示できる。後はクリック率を測定すればよいだけ。こうして簡単に試験ができると、もちろん濫用につながりやすい。グーグル社内にも、簡単だからといってやり過ぎだと考える人たちがいる。２００９年には、あるデザイナーがわずかずつしか違わない41種類の濃淡のブルーを実験させられ、うんざりして退社してしまった。[5]だが実験への妄念より芸術性を優先したこのデザイナーの態度が、このやり方の拡大に歯止めをかけることはほとんどなかった。

今日のフェイスブックでは、１日当たり１０００件のA／Bテストを行っている。[6]フェイスブックの少人数の技術者が毎日、製薬業界が１年に行うより多くの無作為抽出比較対照試験を手掛けていることになる。

オバマのウェブサイトを微妙に「チェンジ」

A／Bテストは、大手IT企業の枠を超えて広がっている。グーグル出身のダン・シロカーはこの方法をバラク・オバマの最初の大統領選に導入し、ウェブサイトのデザイン、eメールでの

呼びかけ、寄付申込フォームのデザインなどをA／Bテストで決めた。その後シロカーはオプティマイザリーという会社を興し、企業にA／Bテストを迅速に行うサービスを提供している。[7] ２０１２年、オプティマイザリーは大統領選に際して現職バラク・オバマと共和党候補ミット・ロムニーの両方に雇われ、後援会へのサインアップ、ボランティア、寄付などのページを最適化した。同社はさらに、ネットフリックス、タスクラビット、『ニューヨーク』誌などのさまざまな企業を顧客にしている。

この試験の効果を知るために、オバマが選挙戦の後援者を募ったやり方を振り返ってみよう。オバマのホームページは当初、候補者である彼の写真とその下の「サインアップ」のボタンだけを表示していた（上図）。

これが人々を迎える最高の方法だろうか？

テストした画像

テストしたボタン

選ばれた組み合わせ

オバマ陣営はシロカーの手を借りて、別の写真やボタンならもっとサインアップを増やせないか検証した。もっと厳めしい表情の写真を用いたほうが良いのでは？　ボタンを「サインアップ」から「ジョイン・ナウ」に変えてはどうか？　陣営は、さまざまな写真やクリック・ボタンの組み合わせを試験し、クリック率を測定した。

最も反響が良かったのはオバマ一家の写真と「もっと知りたい（LEARN MORE）」ボタンの組み合わせだった。

報いは大きかった。このコンビネーションを採用したことで、陣営は後援者を40％、寄付金をざっと6000万ドル上乗せできたと推計している。[8]

この最高の試験法が速やかかつ安価に行えることには、もう一つのメリットがある。直感頼りからさらに解き放ってくれることだ。そして直感には、第1章で扱ったように、限界がある。A／Bテストが重要であることの根本的な理由は、人の行動は予測不能であるということだ。私たちの直感は、往々にして人々の反応を読み違える。

あなたの直感はオバマのキャンペーンサイトの正しい組み合わせを当てられただろうか？

興味を引くニュースの見出しとはどんなものか

もう少し直感を試してみよう。ボストンの地元紙『ボストン・グローブ』は、複数の見出しをA／Bテストして閲読率の違いを探った。次の組み合わせのうち、より読まれたのはどちらの見出しか当ててみてほしい。[9]

いずれか一方の見出しが圧勝

	見出しA	見出しB
1	スノットボット・ドローンはクジラを救う？	このドローンはクジラを救う？
2	マサチューセッツで最も検索された言葉は「空気を抜いたボール」	地元で最もググられた検索語は「まったくの恥」
3	セントポール中心部のレイプ裁判	寄宿学校のセックススキャンダルで無罪判決
4	珍しい野球カードで女性が大金を得る	珍しい野球カードで女性が17万9000ドルを得る
5	マサチューセッツ湾交通局営業赤字2020年までに倍増の見込み	要注意：マサチューセッツ湾交通局赤字が倍増寸前
6	マサチューセッツ州はいかに産児制限へのアクセスを手助けしたか	ボストン大学はいかに「純潔への犯罪」を終わらせる支援をしたか
7	ボストンで地下鉄が開業した日	ボストンの地下鉄開業当時の漫画
8	寄宿学校のレイプ裁判被害者とその家族が有害なカルチャーを非難	寄宿学校のレイプ裁判被害者とその家族が声明を発表
9	「ブレイディは無罪」の帽子をかぶった男だけがマイリー・サイラスを騙った写真流出詐欺を見抜く	ペイトリオッツのファンがマイリー・サイラスの流出騒動の真贋を見抜く

訳注　2と9は、いずれもNFLの地元人気チーム、ニューイングランド・ペイトリオッツが、パスの名手のスターQBトム・ブレイディに有利なようにボールの空気を抜いて投げやすくしていたのではないかという疑惑にちなむ。9は歌手・女優マイリー・サイラスのヌード写真が流出と騒がれたが、タトゥーがないのでそれが本人のものではないと見抜いた人が同チームのファンだったという話。

答えは次の通り。

	見出しA	見出しB	正解
1	スノットボット・ドローンはクジラを救う？	このドローンはクジラを救う？	Aのほうが53％クリック率が高かった
2	マサチューセッツで最も検索された言葉は「空気を抜いたボール」	地元で最もググられた検索語は「まったくの恥」	Bのほうが986％クリック率が高かった
3	セントポール中心部のレイプ裁判	寄宿学校のセックススキャンダルで無罪判決	Bのほうが108％クリック率が高かった
4	珍しい野球カードで女性が大金を得る	珍しい野球カードで女性が17万9000ドルを得る	Aのほうが38％クリック率が高かった
5	マサチューセッツ湾交通局営業赤字2020年までに倍増の見込み	要注意：マサチューセッツ湾交通局赤字が倍増寸前	Bのほうが62％クリック率が高かった
6	マサチューセッツ州はいかに産児制限へのアクセスを手助けしたか	ボストン大学はいかに「純潔への犯罪」を終わらせる支援をしたか	Bのほうが188％クリック率が高かった
7	ボストンで地下鉄が開業した日	ボストンの地下鉄開業当時の漫画	Aのほうが33％クリック率が高かった
8	寄宿学校のレイプ裁判被害者とその家族が有害なカルチャーを非難	寄宿学校のレイプ裁判被害者とその家族が声明を発表	Bのほうが76％クリック率が高かった
9	「ブレイディは無罪」の帽子をかぶった男だけがマイリー・サイラスを騙った写真流出詐欺を見抜く	ペイトリオッツのファンがマイリー・サイラスの流出騒動の真贋を見抜く	Bのほうが67％クリック率が高かった

おそらく自分ならどちらをクリックするかという判断基準で、半数以上を正解されたことと思う。だが全問正解ではなかっただろう。

なぜか？　何が足りないのか、人間行動のどんなところが欠けているのか、失敗からどんな教訓が得られるのか——私たちは予想を外すと、たいていこんな疑問を抱く。

だがこの見出し当てクイズからだけでも、勝因の一般論を引き出すのがどれほど難しいかを知ってほしい。実際、1では違いは「スノットボット・ドローン」と「このドローン」だけで、大きな閲読率の違いを生んでいる。それなら、ディテールを盛り込んだほうが良いのか？　だが2ではより具体的な「空気を抜いたボール」が敗れている。4でも「大金」が「17万9000ドルを得る」という細かい記述を破っている。それなら俗語がよさそうだが、3では強姦裁判を意味する俗語（hookup contest）が敗れている。

A／Bテストの教訓は、通説を警戒せよということである。ニュース／娯楽サイトのランカー・コムは、見出しやサイトのデザインを決めるうえでA／Bテストに頼っている。同社のCEOクラーク・ベンソンは言う。「つまるところ、何一つ推測などできません。文字通り、すべてを試すのです」[10]

試験は、人間の未知の性質を教えてくれる。そしてそんな未知の性質は無限である。もしそれが人生経験でわかるのなら試験などいらない。だがそうではない以上、試験は必要だ。

A／Bテストのもう一つの重要性は、えてして小さな違いが大きな効果を生むことにある。べンソンの言葉を借りれば、「ごく小さなテストから巨大な価値が生まれることに、いつも驚かされています」

２０１２年12月、グーグルは広告を変更した。[11] □の中に右向きの矢印を配したアイコンをつけたのだ（下図）。

この右向き矢印は、奇妙なことに何も指していない。実際、これを導入した当時、多くの顧客は批判的だった。[12] どうして無意味な矢印なんか付けたんだ？

グーグルは事業機密にうるさく、この矢印に実際どんな価値があるのかを公表していない。だがA／Bテストに勝ち残ったものであることは公表している。これを付加した理由は、クリック率を高めるためだ。そしてこの小さな無意味にも思える変更が、グーグルとその広告主にがっぽりと儲けさせているのだ。

では、こうした大きな結果に結びつく小さな工夫をどうやって見つければよいのか？　とにかくたくさん試験してみるに尽きる。その大半は些細なことであってもだ。実際、グーグルのユーザーが、広告がわずかに変更されたかと思ったらまた元通りになったと気づくことは少なくない。彼らは知らず知らずのうちにA／Bテストの実験群にさせられていたのだ。だがその「被害」は、ごくわずかな変更を施したサイトを見せられただけである。

下図はいずれも全般的には採用されなかった負け組である。だが勝ち組を選ぶ過程の一部ではある。矢印のクリック・アイコンへの道は、見にくい星や文字列の位置、こけおどしのフォントで埋めつくされているのだ。

A／Bテストがネットの依存性を高める

どんな工夫がクリック率を高めるのかを推測するのは楽しい。そして民主党員にとっては、サイトをどうすればオバマ候補がより多くの寄付金を得られるのかがわかればそれに越したことはない。しかしA／Bテストには暗い側面もある。

アダム・オルターは好著『イレジスティブル』で現代社会の嗜癖的行動について述べている。[13]ネット依存症が増えているというのだ。

私のお気に入りデータセットであるグーグル

中央揃え実験（効果なし）

Best Selling iPad 2 Case
The ZAGGmate™ - Tough Aluminum Case
with build in Bluetooth Keyboard
www.zagg.com

緑色の星実験（効果なし）

Foster's Hollywood Restaurant **Reviews**, Madrid, Spain ...
www.tripadvisor.co.uk > ... > Madrid > Madrid Restaurants ▾ TripAdvisor ▾
★★★★★ Rating: 3 - 118 reviews
Foster's Hollywood, Madrid: See 118 unbiased **reviews** of **Foster's Hollywood**, rated 3 of 5 on TripAdvisor and ranked #3647 of 6489 restaurants in Madrid

新フォント実験（効果なし）

Live Stock Market News
Free Charts, News and Tips from UTVi Experts. Visit us Today!
UTVi.com/Stocks

検索データは、人がどんなことに最も依存しているのかについて手がかりを与えてくれる。それによると、依存の対象は過去数十年と変わっておらず、たとえばセックス、ドラッグ、アルコールなどだ。だがネットはランキング上で存在感を増しており、「ポルノ（・サイト）」や「フェイスブック」はいまや依存が報告されているトップリストに入っている。

グーグルに報告される依存症トップリスト[14]

ドラッグ　セックス　ポルノ　アルコール
砂糖　愛　ギャンブル　フェイスブック

A／Bテストも、インターネットをひどく依存性のあるものにするうえで、一役買っているかもしれない。

『イレジスティブル』に発言が採録されている「デザイン倫理学者」トリスタン・ハリスは、ネット上のいくつかのサイトがひどく抗しがたい理由を、「ディスプレイの向こうに、あなたの抵抗感を払拭する人が無数にいるためです」と説明している。

そしてこうした人々はA／Bテストを用いている。

こうした試験を通じて、フェイスブックは任意の色の任意のボタンがユーザーの回帰率を高めることを発見したのかもしれない。そこでボタンをそのように変更する。それから彼らは、任意のフォントがユーザーの回帰率を高めることを発見したのかもしれない。そこでテキストのフォントをそのように変更する。さらに彼らは、任意の時間に送るeメールがユーザーの回帰率を高めることを発見したのかもしれない。そこでその時間にメールを送る。

ほどなくするうちに、フェイスブックは人々が最も長時間利用するサイトへと最適化される。つまりA／Bテストを通じて改良を重ねていけば、依存性のあるサイトができるのだ。これはたばこ会社でさえ決して手に入れられなかったタイプのフィードバックだ。

A／Bテストはどんどんゲーム産業に取り入れられている。オルターが議論しているように、「ワールド・オブ・ウォークラフト」は自社のゲームのさまざまなバージョンをA／Bテストしている。殺人ミッションも救出ミッションもあるかもしれない。ゲーム・デザイナーはさまざまなミッションのサンプルを提示してどれが最もプレーヤーを長く引き留められるかを測定している。そして、たとえば救出ミッションならプレーヤーは30％長くプレーするとわかったとする。こうしてテストする作戦が増えれば増えるほど、ユーザーの興味を引きつけるミッションが増えていく。こうして30％多くプレーヤーを呼ぶミッションが積み上がっていき、やがては多くの大人が実家の地下室にこもって熱中するようなゲームができる。

うんざりする読者もいるかもしれないが、私も同感だ。そしてこのことの倫理的な面をはじめとするビッグデータのその他の面については、本書の最後であらためて扱う。だが良くも悪くも、A／Bテストはいまやデータサイエンティストのツールボックスに常備されている。そしてそこには、別のテストも入っている。その実験はさまざまな謎を解くために用いられており、それにはテレビ広告が本当に効くのかも含まれている。

テレビCMに効果はある？――自然実験とデータサイエンス

２０１２年１月22日、ニューイングランド・ペイトリオッツはＡＦＣ優勝決定戦でボルティモア・レイブンスと対戦していた。

残り時間は１分。レイブンスがダウン（攻撃側）でボールをキープしていた。残り60秒でスーパーボウルへの出場チームが決まる瀬戸際で、選手の名声もその60秒にかかっていた。そしてその最後の１分は、エコノミストにとってさらに深淵な意味を持っていた。広告は効くのか――その謎がついに解き明かされたのだ。

広告が売り上げを伸ばすという概念は、どうやら私たちの経済に不可欠のようだ。だが非常に証明が難しい。実際、相関関係と因果関係を峻別する難しさの教科書的問題である。20世紀フォックスは映画『アバター』の広告に１億５０００万ドルをかけ、史上最大の興行成績を叩き出した。だがアバターが稼いだ27億ドルは集中広告の賜物だったのか？　同社がそんな大金を広告に投じた理由の一端は、映画に自信があったからではないか？

企業は自社の広告の有効性をわかっているつもりでいる。だがエコノミストは、彼らが本当にわかっているかどうか懐疑的だ。シカゴ大学のエコノミスト、スティーヴン・レヴィットはある電機メーカーと仕事をした。自社の広告がどれだけ有効かをわかっていると言い張る同社の人々に、彼は鼻白んだ。どうしてそれほど自信が持てるのかと思ったのだ。

同社は毎年父の日（6月の第3日曜日）前に広告費を集中投下していた。確かに同社の売り上げは、その時期に最大になっていた。だがそれは、広告とは関係なく、父の日の贈り物に家電製品を買う人が多いからかもしれない。

「この企業は因果を完全に逆にとらえていました」とレヴィットは講義で述べた[15]。少なくともその可能性はあるが確かなことはわからない。「実に難しい問題です」と彼はつけ加えた。

広告効果は重要な問題だが、企業は厳密に実験してみようとはしない。レヴィットは件の電機メーカーに、テレビ広告の効果を知るための無作為抽出による比較対照実験を勧めた。テレビではまだA／Bテストはできないので、実験するには一部地域で広告を打たずに様子を見ることになる。

同社の反応は、「冗談じゃない。20地域で広告ができないことになる。CEOに殺されてしまう」だった。レヴィットはお払い箱になった。

ここでペイトリオッツとレイブンスの試合に立ち戻る。フットボールの試合の結果が広告の因果関係の解明にどう役立つのか？　実際には、特定の企業の特定の広告キャンペーンの有効性検証には役立たない。だが多くの大企業による広告の平均的な効果についての証拠は得られる。

こうした試合は、いわば隠れた広告効果測定の実験場になった。仕組みはこうだ。こうした優勝決定戦の段になると、企業はスーパーボウル用のテレビCMを準備する。だがその内容を絞り込む段では、まだ出場チームが決まっていない（ひいてはCMの内容が特定の出場チームのファンに及ぼす影響は考慮する必要はない）。

一方、プレーオフの結果は、誰がスーパーボウルを見るのかに大きな影響を及ぼす。勝ち進んだチームの地元ではスーパーボウルのテレビ視聴が大幅に増えるからだ。ボストン近辺を本拠とするペイトリオッツが勝てばボストンでの視聴者が急増するし、レイブンスが勝てばボルティモアの視聴者が増える。

企業にとっては、プレーオフはいわば広告枠を買った後にボストンとボルティモアのどちらで大幅に視聴者が増えるのかをコイントスで無作為に決めるようなものだ。

さてスタジアムでは、CBSのジム・ナンツがこの実験の最終結果を放送していた。

レイブンスのビリー・カンディフが同点をかけたキックに挑みます。成功すれば延長は必至。過去2年に16回のフィールドゴールをすべて決めている男。32ヤードのキックを決めれば同点。このキックにかかっています。蹴った、どうだ？　外しました……ペイトリオッツが勝利を宣言、インディアナポリスへの切符を手にしました。第46回スーパーボウル出場です。

	2012年スーパーボウル視聴率（ペイトリオッツ出場）	2013年スーパーボウル視聴率（レイブンス出場）
ボストン地区	56.7％	48.0％
ボルティモア地区	47.9％	59.6％

その2週間後、第46回スーパーボウルの視聴者シェアはボストンで60・3％、ボルティモアで50・2％だった。ボストンでは広告をテレビで見たファンが6万人増えたことになる。

その翌年、同じくペイトリオッツとレイブンスがAFCチャンピオンシップで対戦し、このときはレイブンスが勝った。2013年のスーパーボウルでテレビ観戦者が増えたのはボルティモア地区のほうだった。

グーグルのチーフ・エコノミストのハル・バリアン、カーネギーメロン大学のエコノミストのマイケル・D・スミス、そして私は、この2つの試合を含め2004年から2013年までのスーパーボウルの結果に基づき、スーパーボウルでの広告は効果があるのかどうか、もしあるのならどの程度かを分析した。特に注目したのは、映画の広告が放映されたときに、視聴者が増えた地域で興行成績が大きく伸びたかどうかだった。

結果はまさにその通りだった。地元チームがスーパーボウルに出場した地域では、試合で広告を放送した映画の観客がプレーオフで出場を逃した地域より大幅に増えていた。出場チームの地元では広告を見た人が増え、映画を見に出かけた人もより多かったのだ。

だがこの結果には、スーパーボウルにチームを送り込んだ地域では映画鑑賞が増えるからではないのかという仮説も成り立つ。そこで予算や公開時期が同じだがスーパーボウルで広告が放映されなかった映画の観客数も調べてみた。出場をすんでのところで逃した地域に比べて、出場チームの地元で観客が伸びていることはなかった。

ここであなたは、じゃあテレビ広告はやっぱり効くんだなと思っているかもしれない。今更な結論だ。

しかし効果の程度となれば話は別。分析結果を見た私たちは、何度も何度も確認を繰り返した。違いがあまりにも著しかったからだ。分析対象になった映画は平均してスーパーボウルの広告枠に300万ドルを投じていた。その投資は、830万ドルの売り上げ増加になって返ってきた。投資収益率280％である。

この分析結果は、我々と別個に似たようなアイデアをいち早くひらめいた2人のエコノミスト、ウェズリー・R・ハートマンとダニエル・クラッパーによっても裏付けられている。彼らの研究では、出場チームの地元でスーパーボウルでCMが放送されたビールやソフトドリンクの売り上げが伸びたかどうかを、視聴者の増大に基づいて測定した。[16] 結果は250％の投資収益率だった。スーパーボウルの広告枠は非常に高価だが、私たちと彼らの研究結果は、効果も絶大なあまり広告主はむしろ非常に安い買い物をしていることを示唆している。

ではこれらはレヴィットが関わっていた電機メーカーの人々にとって何を意味するのか？スーパーボウルが飛び抜けて費用対効果の高い広告媒体である可能性はある。だが少なくとも私たちの研究は、父の日に向けたテレビ広告はおそらく良いアイデアだということを示唆している。

スーパーボウル広告の実験の秀逸な点は、意識的に実験群と統制群を分けたのではないことだ。両グループは、楕円のボールが気まぐれに転がったあげくに分けられた。要するに、自然に決まったグループ分けだ。それがなぜ美点なのかというと、自然ではない無作為対照試験は、非常に有効でデジタル時代には実行しやすくなったとはいえ、今日でさえ必ずしもできるわけではないからだ。

時にはタイミングよく実施できないこともある。時には、広告をめぐる実験を嫌がったシカゴの電機会社のように、負担にしり込みして実施できないこともある。

指導者が暗殺された国で何が起こるか？

時には実験そのものが不可能であることもある。たとえば指導者を失ったとき、国はどう反応するだろうか？　戦争に突入するのか、その国の経済は麻痺するのか、さして何も変わらないのか？　もちろんそれを知るために、多くの大統領や首相を殺して回るわけにはいかない。そんな実験は不可能なばかりか非倫理的でもある。大学が学内倫理委員会（ＩＲＢ）を設立して研究計画の倫理審査をするようになってから久しい。〔訳注／米国の多くの高等教育機関では、人的標本を含む研究はＩＲＢの認可を得ないと行えない〕

世の中には、良くも悪くも（いや、明らかに悪くも、だが）膨大な無作為的要素がある。宇宙を統べているのは何（あるいは誰）か、確かなことは誰にもわからない。だが一つはっきりしていることがある。世の中の悲喜劇を推進する彼、彼女、連中が誰であれ（量子力学であれ神であれ下着姿でコンピュータに向き合っているやせっぽちのガキであれ）[17]、彼らはＩＲＢのくびきなど受けないことだ。

自然はいつも私たちを試験している。２人の人が銃撃されたとする。１人は重要な臓器の手前で弾が止まった。もう１人の場合は止まらなかった。人生にはこうした不公平がある。だがそこに小さな慰めを見出すとすれば、そうした不公平はエコノミストの研究をやりやすくしている。こうした偶然を使って世の中の因果関係を研究できるからだ。

43人の米国大統領のうち、深刻な暗殺計画の標的になったのは16人、うち４人が殺害された[18]。一部の大統領が生きながらえたのは、事実上、偶然の幸いのおかげだ。

ジョン・Ｆ・ケネディとロナルド・レーガンを比較してみよう[19]。いずれも身体の最も脆弱な部分に被弾した。ＪＦＫは頭部を吹き飛ばされ、ほどなくして死んだ。レーガンを襲った弾丸は心臓の数センチ前で止まり、救命の余地を残した。レーガンが生きのびＪＦＫが死んだのには、別に何の理由もない。ただの運の差である。

指導者の命を狙う試みや、その成否を分けた偶然は世の常だ。チェチェン共和国のアフマド・カディロフとアドルフ・ヒトラーを比べてみよう。両者とも、至近距離に爆弾を仕掛けられた。

カディロフは死に、[20] ヒトラーは直前の予定変更のため数分の差で難を逃れて列車に乗った。[21]

そして私たちは、ケネディを殺害しレーガンを生かした自然のランダム性を用いて、一国の指導者が殺されたとき、平均的に何が起きるかを知ることができる。ベンジャミン・F・ジョーンズとベンジャミン・A・オルケンのエコノミストコンビは、それをやった。彼らの研究では、統制群は暗殺未遂後の数年間の国、たとえば1980年代半ばの米国、実験群は暗殺完遂後の数年間の国、たとえば1960年代半ばの米国だ。

では指導者を殺された直後の影響とはどんなものか？　ジョーンズとオルケンは、暗殺が起こると、世界の歴史が大きく変わることを発見した。[22] そうした国は、劇的なほど異なる道を歩むようになるのだ。後継指導者はそれまで平和的だった国を戦争に導いたり、それまで戦争していた国に和平をもたらしたりしていた。また経済が活況だった国を破綻させたり、経済的破綻国家に繁栄をもたらしたりもしていた。

実際、暗殺をきっかけとしたこの自然実験は、国政をめぐる数十年来の一般通念を転覆した。それまで多くのエコノミストは、政治指導者などおおむね政局に翻弄される無能なお飾りという見方に傾倒していた。

この世界の指導者に対する暗殺の試みの検証をビッグデータの例と思う人は少ないだろう。確かに研究の対象になった暗殺計画も、その結果としての戦争の有無も、事例は数少ない。経済の推移を検証するデータは大規模だったが、たいていデジタル化以前のものだ。

それにもかかわらず、こうした自然実験は――現在ではもっぱらエコノミストに用いられているが――強力であり、より良い、より大きなデータセットが手に入る時代に重要性をいや増している。データサイエンティストは早晩、このツールなしで済ませられなくなるだろう。

そしていまや明らかであるべきだが、エコノミストはデータサイエンスの発展に大役を担っている。少なくとも私はそう考えたい。それが私の受けてきた教育なのだから。

宝くじに当たると近所の人が破産する

他にどんな自然実験、つまり人々が偶発的に統制群と実験群に分かれる例が考えられるか？宝くじは明らかな例だ。だからエコノミストはこれに飛びつく。と言っても、宝くじを買うのではなく――それは非合理的なことと私たちは考える――研究対象として人気なのだ。数字の3が書かれたピンポン玉がトップに来たらジョーンズ氏に賞金、6なら賞金はジョンソン氏のものだ。

棚ぼたの収入が与える影響を探るため、エコノミストは宝くじに当たった人と外れた人を比較する。この種の研究の結論は総じて、宝くじに当たると短期的には幸福にならないが長期的には幸せになるというものだ。[23*]

さらにエコノミストは宝くじの偶発性を利用して、急にリッチになった人々のご近所さんの暮らしがどうなったかも観察している。データは、ご近所さんが宝くじに当たるとあなたの暮らしも変わることを示している。[24] あなたもＢＭＷのような高価な自動車を買うようになりがちなのだ。

エコノミストはそれを、成金のご近所さんが高価な車を買ったことへの嫉妬心のためと考える。ジョーンズさんがBMWの新車を乗り回しているのを見ると、ジョンソンさんもそれを欲しがるようになる。それが人情なのだ。

残念ながら、ジョンソンさんにBMWを乗り回す経済力があることは少なく、だから宝くじに当たった人のご近所さんは破産率が大幅に高まる。[25] この場合はジョーンズさんと張り合いきれなくなるのだ。

だが自然実験は、必ずしも宝くじのように完全に偶発的でなければならないわけではない。ランダム性など探す気になればいくらでも見つかる。そしてそれを使って、世の中の仕組みを知ることができる。

医師も自然実験の一部だ。政府は時おり、主に勝手な理由で、メディケア患者を診る際の保険報酬体系を変える。ある郡である種の措置に対する報酬が上がる反面、別の郡では別種の診療報酬が下げられたりもする。

ジェフリー・クレメンスと私の級友だったジョシュア・ゴットリーブのエコノミスト・コンビは、この一方的な変更の影響を調べた。医師らは本当に患者に対して、必要と思った措置を平等に施しているのかを調べたのだ。それとも彼らは、金銭的インセンティブに従って措置を変えて

＊ 宝くじに当たっても幸福にはならないと結論した1978年の有名な論文はその後、おおむね誤りとみなされている。

いるのか？

データは明らかに、医師らが金銭的インセンティブに動機づけられていることを示していた。[26]ある種の措置への払い戻しが増えた郡の医師は、そうした措置――白内障手術、結腸ファイバースコープ検査、MRIなど――を施す回数が激増していた。

となると大きな問題が持ち上がる。こうして余分な治療を受けた患者の予後は改善したのか？両研究者の結論は、それが「健康に及ぼした影響はわずか」というものだった。死亡率には統計学的に有意な影響は見られず、金銭的な動機付けのため医師は儲かる措置をより多く施すようになるが、そのために患者の健康状態や寿命が上向くわけではないという結論だった。

自然実験はこのように、生死のかかった重要問題への答えを探る役にも立つ。一方、一部の若者にとって人生がかかっているかに思える問題の答え探しにも役立つ。

有名校に合格した人と落ちた人の差

ロウワー・マンハッタンのスタイ校ことスタイベサント高校は、ワールド・トレード・センターから数ブロック離れたところに、ハドソン川を見下ろす10階建ての黄褐色のレンガ造りの1億5000万ドルをかけた校舎を持つ。[27]あっぱれな学校と言うほかはない。大学科目事前認定制度（AP級＝高校で履修して大学入学後にも単位認定される）の対象科目は55もあり、ユダヤ史、サイエンス・フィクション、アジア系アメリカ文学などのクラスも選択できる。[28]卒業生のざっと

4分の1が名門アイビーリーグもしくはそれと同等の一流大学に入る。[29] ハーバードの物理学教授リサ・ランドール、オバマ前大統領の政策参謀デイビッド・アクセルロッド、アカデミー賞受賞俳優ティム・ロビンス、小説家ゲイリー・シュタインガートなどを輩出。[30] 卒業式の講演者にはこれまで、ビル・クリントン、元国連事務総長コフィ・アナン、タレントのコナン・オブライエンなどを迎えてきた。[31]

この学校について教育内容や卒業生以上の驚異があるとするなら、学費が無料であることだ。公立校だからである（おそらく全米で最高の公立校だ）。実際、近年のある調査では、2700万人のレビューと30万人の生徒および保護者からの意見を募って米国の公立校のランク付けをした。スタイ校は首位だった。[32] 野心的なニューヨークの中流の親と、それに劣らず野心的な子供たちがスタイ・ブランドに執心するのも無理はない。

クイーンズの保険代理店主の息子アフメド・イルマズ[*]にとってスタイは、「ザ・ハイスクール」だ。

「労働者階級や移民家族はスタイ校を、いまの境遇からの脱出手段とみなしています」とイルマズは言う。「スタイに入った子供は、トップ20の一流大学に行けます。家族も安泰です」

ではどうすればスタイ校に入れるのか？　ニューヨーク市の5つの区のいずれかに住み、入試

＊　仮名。他にもいくつかの属性を変えてある。

で一定以上を得点することだ。それだけ。推薦状なし、小論文なし、レガシー・アドミッション〔訳注／コネ入学。米国では正式な制度として存在することがある〕なし、アファーマティブ・アクション〔訳注／差別是正策。端的には被差別層とみなされる黒人などの入試合格ラインを低く設定すること〕なし。試験当日の一発勝負。そこで一定以上の点を取れば合格だ。

毎年11月、およそ2万7000人のニューヨークの若者がスタイの試験に挑む。競争は激烈だ。合格率は5％に満たない。

イルマズの母は「爪に火を灯して貯めた」金を受験勉強に注ぎ込んでくれたという。数カ月間、平日の夜と週末の終日を受験勉強に費やし、イルマズはスタイ校合格の手ごたえを感じていた。彼は今も合否通知の封筒を受け取った日を覚えている。合格はあと2問で逃げていった。

どんな気持ちだった、と私が訊ねると、「中学生の頃に世界が崩壊したらどう思いますか？」が答えだった。

彼の残念賞は、決して粗末なものではなかった。やはり非常に評判の良い公立校ブロンクス・サイエンス高校の合格である。だがスタイ校ではない。そして彼にとって、ブロンクス・サイエンスは理系学生向けの特殊校に思えた。4年後、彼はプリンストンに落ちた。タフツ大学に入り、いくつかの仕事を経験した。今はそこそこ成功したＩＴ会社勤めのビジネスマンだ。だが彼曰く仕事は「とてつもなく退屈」で、収入も希望額には届かない。

高校入試から10年以上が経った今でも、彼はもしスタイ校に入っていたら人生はどうなっていたかと振り返ることがあると認めている。「何もかも違っていただろうね」と彼は言う。「文字通り、付き合う相手も一変していたはずだ」スタイベサント高校に入っていたらSAT（大学進学適性試験）の点も高く、プリンストンかハーバード（彼は両校ともタフツよりはるかに良い学校と感じている）に合格し、おそらくもっと実入りの良い職に就けただろう……。

こんな「もしも」を弄ぶことは時に面白くもあり、また自責の念に駆られる煉獄にもなりえる。もし、あの人に告白していたら？　あの仕事に就いていたら？　あの学校に行っていたら？　だがこうした「もしも」は答えなき問いに見える。人生はテレビゲームではない。思い通りになるまで何度でもリプレイできるわけではないのだ。

チェコ生まれの作家ミラン・クンデラはこれについて小説『存在の耐えられない軽さ』で含蓄深く述べている。「人生は一度きり。どの判断が正しくどれが間違っているかを知りえないのは、ある状況において一度しか決断できないからだ。二度目、三度目、四度目の人生を与えられ、さまざまな判断をした結果を比べることはできない」

イルマズは、あの日どうにかしてあと2点をもぎ取った後の人生を、決して経験することはできない。

だがおそらく、もしスタイベサント高校に入っていたら人生がどう違っていたか、あるいは違わなかったかについて、洞察を得ることはできる。スタイ校出身者のその後の人生を大規模に追跡調査すればよいのだ。

この調査の大雑把で素人臭いやり方は、スタイ校出身者全員とスタイ校以外の学校の出身者のその後の人生を比較することだ。彼らのAP成績やSATの得点やどの大学に進学したかを分析することはできる。こうすればスタイ校出身者がSATでとびぬけた高得点をマークしてより一流の大学に入っているのかどうかが検証できる。だがすでに本章で見た通り、この種のエビデンスは、それだけではあまり説得力がない。スタイ校の出身者がはるかに良い大学に進学していたとしても、もともと優秀な学生を集めているからというだけかもしれないからだ。つまり相関関係が見出せても、因果関係は証明されない。

スタイベサント高校出身者の高進学ぶりの因果関係を検証するには、ほぼ同一の2つの集団が必要だ。ただし1つはスタイ校で教育を受け、他方は受けていない集団を比較しなければならない。そのためには自然実験が必要だ。どこでそれを見つけられるか？

イルマズのような合否ラインぎりぎりで同校を落ちた受験者を探せばよい。[*] ぎりぎりで落ちた集団が統制群、ぎりぎりで受かった集団が実験群だ。

合否ラインの上下ぎりぎりに属する人々が才能や熱意において大きく違うと考える理由はないに等しい。試験であと1、2点取るかどうかに何の違いがあるだろう？　失敗組は睡眠時間が10分短かったり、栄養がいくらか足りなかったりしたのかもしれない。合格組は、3年前に祖母と話したときに覚えたとりわけ難しい単語を覚えていたのかもしれない。

実際、こうした自然実験のカテゴリー――合否ラインのような明確な数値によって決まる分岐点を利用するもの――は非常に強力であるあまり、回帰不連続という名前までつけられている。人々を2つの集団に分ける（不連続）明確な数値があれば、分断線ぎりぎりで分けられた両集団は必ず比較（「回帰」）できる。

M・キース・チェンとジャセ・シャピロという2人のエコノミストは、連邦刑務所が用いる明確な分断線を利用して、状態の悪い刑務所が再犯率に及ぼす影響を調べた。米国では連邦刑務所の収監者は罪状と犯罪歴に基づいて点数を与えられ、この点数によって収監体験が決まる。高得点者は高度警備矯正施設に送られ、ひいては他者との触れ合いや移動の自由を限られ、刑務官や他の収監者からの暴力を受ける可能性も高まるのだ。

ここでも高警備度の施設に送られる収監者全体と低警備度の施設に送られる収監者全体を比較するわけにはいかない。高警備度施設の収監者は殺人者やレイプ犯が多く、低警備度ではドラッグ関連や軽度窃盗犯が多いからだ。

だがそれら施設を分ける分断線ぎりぎりの収監者は、罪の重さや犯罪歴の点でほぼ同一と言える。しかしごくわずかな点の違いが、非常に異なる収監体験に続くのである。

＊　イルマズのような学生を探す過程で、私は10代半ばで試験を受けたあげくぎりぎりで落ちた経験を劇的な表現で語る、いまは20代から50代までに及ぶ人々の多さに仰天した。そこには元連邦議員でニューヨーク市長候補でもあったアンソニー・ウェイナーも含まれている。彼はスタイ校の合格ラインをあと1点で逃した。「彼らは私を望まなかったのさ」と彼は、著者の電話取材で述べた。

研究の結果、より過酷な環境に置かれた収監者は、出所後の再犯率が高かった。[33] 過酷な環境は、犯罪を抑止するのではなく、むしろ収監者の態度を硬化させ、シャバに出た後に、より暴力的にしていたのである。

では、スタイベサント高校の回帰不連続分析の結果はどうだったか？　この研究を担ったのはMITとデューク大学の研究者ら――アティラ・アブドゥルカディログル、ジョシュア・アングリスト、パラグ・パサック――である。彼らは合否線ぎりぎりの学生たちのその後を調べた。イルマズのようにあと1問か2問で合格を逃した学生たちと、合否線を1、2問で上回って首尾よく合格した人々のその後を大規模に比較したのである。成功の基準はAP成績、SAT得点、そしてやがて進学した大学のランキングとした。

その結果の衝撃は、彼らの論文の題名――『エリート幻想』――が雄弁に物語っている。スタイ高入りした影響[34]？　まったくのゼロだった。合否線のわずかな上下に位置した人々は、同等のAP成績やSAT得点を上げて同等の大学に進学していた。

スタイ校出身者が他の高校の出身者よりも栄達する理由はただ一つ、もともと優秀な人間を採っているから、というのが研究の結論だった。同校の学生がAPやSATの成績が良いにしても、果てはより良い大学に進学しても、それはスタイ校での教育を原因とする結果ではない。「激烈な入試は、生徒層全般の高い学習効果の説明にはならない」と論文は記している。

どの学校に進学するかが重要でなかったのはどうしてか？　この問いには、さらなる物語がヒントになる。サラ・カウフマンとジェシカ・エングという2人のニューヨーク在住の若者がいた。2人とも幼い頃からスタイ校への進学を夢見ていた。カウフマンの入試結果は合格点ぴったりだった。あと1問落としていたら不合格になるところだった。「あんなにエキサイティングなこと、後にも先にもありませんでした」と彼女は合格時を振り返る。エングはあと1問で合格を逃した。カウフマンは夢にまで見たスタイ校に進学し、エングはすんでに涙を飲んだ。

で、結局、2人のその後はどうなったのか？　2人とも、トップ5％のニューヨークの受験生の大半と同じように報いある良き職業生活を歩んだ。だが皮肉なことに、高校生活をより謳歌したのはエングのほうだった。彼女が進学したブロンクス・サイエンス高校は、ホロコースト博物館を併設する唯一の高校だった。そこで彼女はキュレーション（情報収集・整理・公開術）の面白さに目覚め、コーネル大学で人類学を学んだ。

カウフマンはスタイにもう一つなじめなかった。学生は成績ばかり気にしており、学校も教育より試験に重点を置きすぎていると感じたのだ。彼女は高校生活を「良し悪しだった」と述懐する。だがそれに教訓を得て、大学は教育に力点を置くリベラルアーツ系の学校だけに出願し、志望校ウェズリアン大学に合格した。そこで彼女は人助けの情熱に目覚め、今は公共的法領域（集団訴訟など）を専門とする弁護士になっている。

人は経験に順応するし、成功する人はどんな状況にも強みを発見する。成功の要因は才能とやる気だ。卒業記念講演者でもないし、有名校ならではのその他の特典でもない。

これは一つの研究成果に過ぎないし、おそらくその意義も、合否ラインぎりぎりで落ちた受験生も別の一流校に進学している事実によって弱められるのだろう。だが、良い学校に進むことは重要とはいえ、最大限に背伸びをすることにはほとんど得るものはないと示す証拠は増えている。

大学ランキングと収入の関係

大学を考えてみよう。ハーバードのような世界最高の大学に進むことと、ペンシルベニア州立大学のような手堅い一流校に進むことの差は重要なのだろうか？

出身校のランキングと将来の収入には、またもや明確な相関関係がある。職業生活に入った10年後、ハーバード卒業生の平均年収は12万3000ドル、ペンシルベニア州立大学では8万7800ドルである。[35]

だがこの相関関係は、因果関係を意味しているわけではない。

ステイシー・デールとアラン・B・クルーガーのエコノミストコンビは、一流大学の卒業生の将来の収入の因果関係を調べる妙手を考案した。使ったのは、高校生のその後について記録した膨大なデータセットだ。そこにはどこの大学に出願し、どこに合格し、どこに進学したかや、出身家庭、成人後の収入などのデータが含まれていた。

標本を実験群と統制群に分けるため、彼らは同等の家庭の出身者で、同じ大学に合格しながら、別の大学に進学した学生たちに注目した。ハーバードに合格しながらペンシルベニア州立大学に進学した学生たちもいるのである。恋人の近くにいたかったのかもしれないし、習いたい教授がいたからかもしれない。こうした学生たちは、大学の合否裁定委員会に言わせればハーバードへの進学者と同等の才能を持ちながら、彼らとは別の教育体験をした学生たちである。

ではこの2つの集団――いずれもハーバードに合格したが片やペンシルベニア州立大学を選んだ――のその後はどうなったか？　結論はスタイベサント高校の研究に負けず劣らず衝撃的だった。両集団とも、職業生活を通じておおむね同じ収入を得ていたのだ。将来の収入を基準とするなら、同様な一流大学に合格しながら別の学校に入学した学生たちは、結局同じ職場に行きついていたのである。[36]

マスコミにはアイビーリーグ校出身で大成功した人々の報道がいっぱいだ。マイクロソフトの創業者ビル・ゲイツ、フェイスブックの共同創業者マーク・ザッカーバーグとダスティン・モスコヴィッツは、いずれもハーバードに入った（そして、そう、彼らは全員中退しており、アイビーリーグ教育を受ける価値にますます疑念を生じせしめている）。

さらにアイビーリーグに合格しながら、それよりやや格の劣る学校で勉強し、しかし大きな成功をつかんだ人々もいる。たとえばウォーレン・バフェットは、ペンシルベニア大学のウォートン・ビジネススクールに入学したが、ネブラスカ大学リンカーン校に転学した。[37]同校のほうが学費が安かったし、フィラデルフィアになじめなかったし、ウォートンの授業は退屈だったからだ。データの示唆するところ、少なくとも収入の見込みという点では、バフェット他の人々にとって、やや格落ちの大学に進むことは素晴らしい判断のようだ。

ビッグデータから読み解く因果関係

誰もが見栄を張って、友人、サーベイ、自分自身に嘘をついている。だが世界の側も、偽りの、誤解を招くデータによって、私たちを欺こうとしている。世界は膨大な数のハーバード出身の成功者をアピールするが、ペンシルベニア州立大学出身の成功者はあまり紹介しない。そして私たちは、ハーバードに進学することはとても有利なのだと思い込む。

だが自然実験を賢く読み解けば、世の中が生み出すデータを賢く理解でき、本当に大切なことと、そうではないことがわかるのだ。

自然実験は、前章の内容にも関わる。それはえてして、実験群と統制群への絞り込みを要求するのだ。スーパーボウルの実験では出場チームの地元都市、メディケア実験では医師の報酬体系が変更された郡、スタイベサント高校の合否ラインぎりぎりの受験者などだ。そして絞り込みには、前章で議論した通り、膨大で包括的なデータセットが必要だ。そしてそれはデジタル化の進行につれて、ますます手に入りやすくなっている。自然がいつ実験をするのかは予測できないから、小さなサーベイでは結果を知ることはできない。すでに存在している膨大なデータ、すなわちビッグデータが必要なのだ。

本章で述べた実験については、自然がなしたものであれ人為的なものであれ、もう一つ要点を述べておかなければならない。本書では紙幅の多くを世の中を理解するために割いている。オバマが人種差別にどれだけ足を引っ張られたか、本物のゲイはどれくらいいるのか、男女ともに自分たちの身体にどれだけ自信がないかなどだ。だがこうした人為的、あるいは自然な実験には、しばしばもう一つの実利がある。よりよい意思決定のために役立てられるのだ。何をすべきで何が無駄なのかを知る助けになる。

企業なら顧客を増やす方法がわかる。政府なら医師を正しく動機づける保険制度の設計法がわかる。学生なら学校の真価がわかる。こうした実験は、推測、通説、そして見せかけの相関関係を、ビッグデータが本物の因果関係に置き換えていく可能性を示しているのだ。

パート III

ビッグデータ、取扱注意

第7章　できること、できないこと

証券市場の動きを予想できるか？

「セス、ローレンス・サマーズが会いたいとさ」博士課程の指導教授の一人、ローレンス・カッツからのメールは、どこか秘密めいていた。なぜサマーズが私の研究に興味を持ったのかは何も述べていなかった（カッツが当初からそれを知っていたことは後でわかったが）。

私はサマーズのオフィスの外で面会を待った。予定時間を少し遅れて、元米国財務長官で、元ハーバード学長で、経済学の権威ある賞をいくつも受けている彼のオフィスに招き入れられた。

面談はまず、人種差別がオバマの選挙にどう影響したかについての私の論文を読むこと（彼の秘書がプリントアウトを渡していた）から始まった。彼は速読だった。読みながら時おり舌を突き出して右に曲げる。だが眼球は左から右へとめまぐるしく動きながら、ページを下っていった。社会科学の論文を読むサマーズは、偉大なピアニストがソナタを演奏するさまを思わせた。ものすごい集中力で、他のことは何も眼中にないようだった。彼は5分もかけずに、私の30ページ建ての論文を読み終わった。

「君は『ニガー』というグーグル検索ワードが人種差別を示唆するとしている」とサマーズは言った。「ありそうな話だな。それによってオバマがケリーに後れを取った地域が予測できる、と。面白い。だが2人を同等に扱ってよいのかな？」

「政治学者は2人を、イデオロギー的に同等と評価しています」と私は言った。「さらに、人種差別と下院選の投票結果には相関性がありません。人口統計データ、教会出席率、銃所有率などのデータで補正してもなお、差別主義との関係を示す結果は強力です」これが我々エコノミストの話し方で、私もエンジンが暖まってきた。

サマーズは少し考え、私を見た。彼は束の間、ＣＮＢＣを映していたテレビに視線を向け、また私を見て、さらにまたＴＶに視線を戻してから、また私に目を向けた。「なるほど。面白い論文だ」と彼は言った。「君は他に何をやっているんだ？」

それからの60分間は、私の人生で最も知的に酔わせるものだった。サマーズと私は利率とインフレ、警察と犯罪、事業と慈善などについて語り合った。彼と会った人の多くが魅了されるというのももっともだった。私は非常にスマートな人々と話す機会に恵まれてきたがサマーズは群を抜いていた。彼は何よりも自分のアイデアに夢中で、それでしばしば苦労しているようだった。ハーバード学長の座を追われたのは、科学界に女性が少ない理由の可能性として、男性のほうが

ＩＱの伸びしろが大きいからかもしれないと示唆したあげくのことだった。アイデアを面白いと思うと、サマーズはえてしてそれを口にする。たとえそれが一部の人にとって耳障りであっても。

私たちの面談はすでに終了予定時間を30分過ぎていた。会話は面白かったが、私はいまだになぜ自分がここにいるのか、そしていつ面談が終わるのか、いつ面談が終わるといつわかるのかが、わからなかった。そしてこの時点で、サマーズ自身もこの面談の目的を忘れているのではないか、と感じていた。

やがて彼は１００万ドルの、いやもっと価値のある質問を放った。「このデータで証券市況を予測できると思うかい？」

そういうことか。なぜここに呼ばれたのか、ようやく腑に落ちた。

この質問をしたのは、サマーズが初めてではなかった。私の父は総じて、私の非因習的な研究への関心を黙認してくれたが、あるとき、こんな口出しをした。「人種差別、児童虐待、中絶……これらについての専門知識を生かして金は稼げないのかい？」それは友人や他の家族からも寄せられていた疑問だった。同僚やネット上の赤の他人からもだ。誰もがグーグル検索データ他のビッグデータを使って、儲かる株の銘柄がわからないかを知りたがっていた。そしていまや元財務長官もだ。もはや捨ててはおけない。

さて、新たなビッグデータ・ソースは、株価の行方を予言できるのか？　単刀直入に答えればノーだ。

これまで各章で、ビッグデータの4つの力を議論した。本章ではビッグデータの限界について述べる。それを使ってもできないことは何か、そして時には何をすべきではないのか、についてだ。その皮切りが、株式市場を出し抜けないことについてのサマーズとの面談だ。

第3章では、既存の研究の成果が乏しい分野では新たなデータが一大飛躍をもたらしやすいと述べた。だが、人種差別主義、児童虐待、そして中絶についての洞察を得ることに比べて、企業業績をいち早く察知して儲けることは、残念ながらはるかに難しい。なぜなら企業業績のかすかな変動を探るために既に膨大な資源が投入されているからだ。金融分野における競争は激烈である。それだけでも逆風だ。

サマーズは他人の知性をみだりに持ち上げたりしないが、ヘッジファンドの先進性は熟知している。彼と話していると、ヘッジファンドの連中をどれだけ買っているか、また彼らには勝てないという私の話にあらためて得心しているかがわかった。私は、グーグル・トレンドからより多くのデータを引き出すために考案したアルゴリズムを誇らしげに説明し、彼はそれは賢いアイデアだと感心してくれた。そしてクオンツ系ヘッジファンドの代表格ルネサンスならこんなアルゴリズムを考えていますかねと聞いたところ、彼は「ああ、もちろん彼らなりに気づいているだろうさ」と答えた。

だがヘッジファンド連中に伍してやっていくのが難しいことは、私とサマーズが新たなビッグデータをもってしても市場に勝てないことの唯一の理由ではない。

次元の呪い

証券市場を予想する戦術を、ラッキーコイン探しだと考えてみよう。ただしそれを見つけるためには、次のような厳密な試験が必要だとする。まず1000枚のコインに1から1000まで番号をつける。あなたは2年間毎朝、それをすべてトスして表が出たか裏が出たかを記録し、合わせてその日のスタンダード＆プアーズ（S＆P）平均が上げたか下げたかも記録する。そしてその全データをじっくりと研究する。そしてついに気がつく。コイン391番が表だと、S＆P平均が上げる確率は70・3％だ！　この関係は統計学的には完全に有効だ。ラッキーコインを見つけたのだ！　毎朝、コイン391をトスして表になるたびに株を買えば、もう安物のTシャツを着てインスタント・ラーメンをすする暮らしともおさらばだ！

……などと結論づけるなら、あなたも悪魔のような「次元の呪い」の犠牲者の1人となる。この呪いは、多くの変数（次元）――この場合は1000枚のコイン――を、それより少ない観察――この場合は2年間で延べ504日の場の引け値――で調べようとすると必ず降りかかる。変数の1つ――この場合はコイン391番――が上げ相場を予告できると解釈しやすくなるのだ。だが変数を減らすと、たとえばコインの枚数を100枚に減らすと――ある1枚のコインの裏表が上げ市況に一致する確率は大幅に下がる。観察の回数を増やすと――たとえばS＆P平均の結果を20年にわたって記録するなら――コインの予測力はついていけなくなる。

次元の呪いはビッグデータにとって大問題だ。なぜなら、新たなデータセットはえてして旧来のデータ源に比べて、全検索語やツイートの全カテゴリーなど、指数関数的に多くの変数を伴うからだ。何らかのビッグデータによって市場予測ができると言っている人々は、この呪いにかかっているだけである。彼らがやっていることは、391番のコイン探しに過ぎない。

こんな例がある。インディアナ大学とマンチェスター大学のコンピュータ・サイエンティストらは、市況の上げ下げを人々のツイート内容から予測しようとした。[1] そこで彼らは、ツイートの内容に基づいてその日の世間の感情動向を分析するアルゴリズムを書いた。第3章で扱った感情分析に似た手法を用いたわけである。だが彼らが抽出したのは1つの感情ではなく、幸福、怒り、親切など数多くの感情だった。その結果、冷静さを示唆するツイート、たとえば「今日は冷静な気分」というツイートが優勢である場合、その6日後にダウ平均が上がりやすいと見出した。そしてあるヘッジファンドがこの研究結果に賭けた。

どこが問題なのか?

根本的な問題は、彼らがあまりにも多くのことを調べていることだ。そして一定量以上のことを試験すると、まったくの偶発性によって、そのうち1つが統計学的に有意性があるとされるのだ。彼らはさまざまな感情を試験した。さらに証券市況の変化に先立つこと1日前、2日前、3日前……と7日前まで調べた。そしてこれらの変数すべてを、わずか数カ月分のダウ平均の上げ下げに適用して分析した。

場立ち6日前の冷静さは、証券市場を予言しない。先の例のコイン391番のビッグデータ版である。ツイートに基づいたヘッジファンドは、運用成績の不振のため開設後1カ月で閉鎖された。[2]

天才の遺伝子を探す試み

次元の呪いの犠牲となったのは、市況をツイートに基づいて予言しようとするヘッジファンドだけではなかった。我々を我々足らしめている遺伝的鍵を見つけようとする無数の科学者もまたそうだ。

ヒューマン・ゲノム・プロジェクトのおかげで、いまやヒトの完全なDNAを分析することができるようになった。このプロジェクトの可能性は膨大に思われた。

統合失調症の原因となる遺伝子も見つかるのではないか、アルツハイマーやパーキンソン病やALS（筋萎縮性側索硬化症）を発症させる遺伝子も解明できるだろう、ひょっとすると知性の元になる遺伝子だって見つけられるかもしれない……。IQを大幅に改善できる遺伝子があるのだろうか？　天才を生む唯一の遺伝子が？

1998年、著名な行動遺伝学者ロバート・プローミンが、その答えを見つけたと発表した。彼は数百人規模の学生のIQとDNAのデータを手に入れ、IQ160以上の「天才」学生のDNAと平均的なIQの学生のそれを対照した。

すると2つの集団のDNAには顕著な違いがあった。場所は染色体番号6の片隅、謎めいているが強力な遺伝子で、脳の代謝に関わっている。この遺伝子の変異体の一つIGF2rは、「天才」集団のほうが2倍もよく見られた。

『ニューヨーク・タイムズ』は「高い知性に関わる遺伝子の初報告」と見出しを掲げた。

プローミンの発見はさまざまな倫理的問題を巻き起こすのではないかと思った読者もおられるかもしれない。親は子供のIGF2r検査を許されるべきか？　もし胎児が低IQを示唆する遺伝的特徴を示したら堕胎が許されるべきか？　高いIQを与えるために、人に遺伝子改良を施すことは許されるべきか？　IGF2rは人種によって保有率が違うのか？　それを本当に調べるべきか？　IQ関連の遺伝子研究は続けられるべきか？

生命倫理学がこれらの厄介な問題のいずれに取り組むよりも先に、プローミン自身も含めて、遺伝学にとってより基本的な問題があった。この研究報告は確かなのか、である。本当にIGF2rは高IQを予言できるのか？　天才は本当にこの遺伝子の変異体を持つことが常人の倍も多いのか？

答えはノーである。当初の研究の数年後、プローミンは別の標本集団のIQとDNAデータを手に入れて追試をした。このたびはIGF2rと知性の間に相関性は見られなかった。プローミンは、善良な科学者の範を示して、先の自説を撤回した。

実際この経緯は、遺伝学とIQをめぐる研究の一般的なパターンである。まずIQに関わる遺伝子変異を見つけたと言い出す研究者が現れる。そして新たなデータを手に入れると、先の主張は誤りだったと悟るのだ。

クリストファー・チャブリス率いる研究者チームによる最近の研究では、IQに関わる遺伝子変異についての12の有名な科学的発表を、1万人ものデータをもとに検証した。その結果、12の先行研究が報告した相関性のどれ一つとして再現できなかった。[3]

これらの主張はどこがいけないのか？　次元の呪いである。いまや科学界でははっきりしていることだが、人間のゲノムには数百万通りもの違いがある。ごく単純に言えば、数が多すぎて試験しきれないのだ。

山ほど多くのツイートを調べて証券市場の上げ下げとの関連を調べたら、やがてある種のツイートがそれを解く鍵だという結論に達する。だがそれは、まったくの偶然の産物だ。山ほど多くの遺伝子変異を調べてIQとの関連を調べたら、やがてある種の変異体がそれを解く鍵だという結論に達する。だがそれも、やはりまったくの偶然の産物なのだ。

ではどうすれば次元の呪いを解けるのか？　まず自分の研究に謙虚になり、その結果に入れ込まないことだ。初期結果が出たら追試しなければならない。虎の子の運用をコイン391番に託す前に、今後数年間にそれがどれくらい正確に証券市況を予言できるのかを試してみるのだ。社会科学者はこれを「アウト・オブ・サンプル」テストと呼ぶ。そして試験する変数が多いほど、より謙虚になる必要がある。変数が多いほど、「アウト・オブ・サンプル」テストは困難になるはずだ。さらに、すべての試験の結果をきっちり記録し続けることも必要だ。そうすれば、いかに次元の呪いにかかりやすいか、実験結果にいかに懐疑的であるべきかが、身に沁みてわかるはずだ。さて、ここでラリー・サマーズと私の面談に話を戻す。私たちが市場を出し抜くためにどんな試みをしたかについてだ。

サマーズがまず考えたのは、検索データを使って、新製品の成功を占うというものだった。たとえば新型ｉＰｈｏｎｅの売れ行きが予想できれば、アップル株の今後が読めるのではないか、というアイデアだ。実際、「ｉＰｈｏｎｅ」の検索とｉＰｈｏｎｅの売り上げは相関していた。人々がたくさん「ｉＰｈｏｎｅ」とググっていれば、ｉＰｈｏｎｅがたくさん売れると見込める。だがこの情報は、すでにアップルの株価に織り込まれている。人々が山ほど「ｉＰｈｏｎｅ」とググっているときには、ヘッジファンドも確実にそれが大ヒット商品になると見越している。その判断の根拠が検索データであれ、他の情報源であれだ。

サマーズの次のアイデアは、途上国への将来の投資についてだった。もし多くの投資家がブラジルやメキシコのような国に近い将来金をつぎ込むのなら、それらの国の証券市場は確実に上がる。それなら鍵になるような検索語——たとえば「メキシコへの投資」とか「ブラジルの投資機会」など——で投資熱の高まりを予想できそうなものだ。だがこれはすぐに行き詰まった。問題は、そんな検索はほとんどされていないことだった。検索データは有意義な結果をもたらすどころか、お門違いであることを証明しただけだった。

そこで個別銘柄についての検索を探った。もし人々がグーグルの銘柄コード「ＧＯＯＧ」を検索していたら、グーグル株の出来高が増えそうなものだ。だがそれは、株価が上がるか下がるかを示すものではない。こうした検索の一つの問題は、検索者が売りと買いのどちらのためにその銘柄を調べているのかが判別できないことだった。

ある日、私は息せき切ってサマーズにあるアイデアを披露した。過去に「金を買う」と検索されることが多ければ、将来の金価格の上昇と関係しているように思えたのだ。サマーズは、それが正確な予測因子かどうか観察を続けてみろと言った。だが相関関係は長続きしなかった。きっとどこかのヘッジファンドが同じ関係に気づいたのだろう。

結局、数カ月ほど試したあげく、私たちは何一つ有意義な結果を見出せなかった。もし数十億件単位のグーグル検索と証券市況の関係を探したら、間違いなく何らかのかすかな相関関係が見つかっただろう。だがそれはおそらく、私たちなりの３９１番コインに過ぎない。

測れるから測る？　数字にとりつかれるな

２０１２年3月、イェール大学のマーケティング教授ゾーイ・チャンスは、コネチカット州ニューヘイブンにある自分のオフィスで白い小さな万歩計を郵送で受け取った。[4] １日に何歩歩いたかを教えてくれるこの道具が、運動に対するやる気をどう掻き立てるのかを調べることが目的だった。

だがそれから起きたことは、後に彼女がTEDxで講演したように、「ビッグデータの悪夢」だった。チャンスは万歩計の数字を増やすことにすっかり夢中になり、自宅でも職場でも、むやみやたらに歩き回り始めた。早朝から深夜まで、のべつ幕なしに歩き回るようになり、歩数は日に2万歩にも達した。日に数百回も万歩計を見ずにはいられず、人との関わりはオンラインで他の万歩計ユーザーとどうすればもっと歩数を伸ばせるかについて議論することだけになった。彼女は、三歳の娘が散歩するときにも万歩計を装着し、何とか歩数を稼ごうとした。

彼女は歩数を伸ばすことにとりつかれ、大局を見失ってしまった。そもそも歩数を伸ばす理由は運動であり、娘を歩かせるためではないことも、わからなくなっていたのだ。さらに万歩計についての学術論文も完成できなかった。そしてある日の夜中、なんとかあと数歩を稼ごうとして倒れたことをきっかけに、ついに万歩計をお払い箱にした。もともと職業的にデータを重視する研究者の彼女だが、この経験は深い影響を及ぼした。「あと少しでもとデータを積み重ねることに懐疑的になりました」とチャンスは言う。

これは極端な例かもしれない。だがデータに基づいて意思決定しようとする人々の潜在的問題を示してはいる。数字は魅惑的であることがある。[5] それに入れ込んでしまうあまり、大局を見失うことがあるのだ。ゾーイ・チャンスは、歩数稼ぎ以外の暮らしをあらかた見失っていたと言える。

これよりも軽い入れ込みさえ問題になることがある。現在の米国の学校には試験重視主義、そして教師を生徒の試験得点によって査定する風潮がある。教育成果に客観的な測定基準を求めるのはまっとうな考えだが、教育現場にはそう簡単に数値で捉えられないことがたくさんある。それ以上に、試験の重圧のために、多くの教師は試験指導や、それよりさらに悪いことを強いられている。ブライアン・ジェイコブとスティーヴン・レヴィットの共同研究で証明されたように、試験結果を改竄するまでになっているのだ。[6]

問題は、測定の対象に意味があるとは限らないことだ。マークシート試験で生徒がどれだけ得点したかを測定することはできる。だが批判的思考力や好奇心、人格修養などは容易に測定できない。測定しやすい1つの指標——試験の結果や1日に歩いた歩数など——をやみくもに伸ばそうとしても本当の目的の役に立つとは限らないのだ。

フェイスブックもサイトの改良に際してこれに直面した。同社は人々がサイトをどう使っているかについて、膨大なデータを持っている。特定のニュースフィードが「いいね！」されたか、クリックされたか、コメントをつけられたか、シェアされたかは、簡単にわかる。だが、こうした問題について私と論文を共著したフェイスブックのデータサイエンティストのアレックス・ペイサホーヴィチは、いずれももっと重要な問題の指標にはならないと言う。すなわちこうしたSNSサイトの使用体験だ。その記事はユーザーを友人と結びつけたか？　見聞が広がったか？　笑えたか？

1990年代の野球界のデータ革命を振り返ってみよう。多くのチームは選手人事をめぐって、昔ながらのスカウトにではなく、ますます詳細なデータに頼るようになっていた。攻撃や投球についてはデータも集めやすいが、守備についてはその限りではない。そのため一部のチームは、守備の重要性を軽視し始めた。実際、ネイト・シルバーは著書『シグナル&ノイズ』で、マイケル・ルイスの『マネー・ボール』でもデータ重視とされているオークランド・アスレチックスは、1990年代中ごろには拙い守備のため年間8試合から10試合は落としていたと記している。

解決法は必ずしもビッグデータではないのだ。ビッグデータを最大限に活用するには、えてして隠し味が必要である。すなわち人間的な判断力と、いわばスモールデータとも言うべき小規模なサーベイだ。シルバーの取材に対して、当時アスレチックスのゼネラルマネジャーだったビリー・ビーン（『マネー・ボール』の主役でもある）は、実際にスカウト関連の予算を増額したと答えている。

フェイスブックも、巨大なデータプールの間隙を埋めるために昔ながらのやり方に頼らざるを得なかった。ユーザーにサイトの感想を聞いたのだ。毎日数百人の人を対象に、ニュースフィードの際に送信ニュースについての質問票を送った。自動的に収集している巨大なデータプール（クリックやコメント数など）を、はるかに少ないデータ（「この投稿をニュースフィードで受け取りたいですか？」「それはなぜですか？」）で補完したのだ。フェイスブックのような大成功したビッグデータ企業でも、本書の随所で軽んじられている小さな情報源である小規模なサーベイを利用することがあるのだ。

実際、この主要情報源であるビッグデータをスモールデータで補完する必要のために、フェイスブックのデータ・チームの顔ぶれは意外なものとなっている。まさしくデータからこぼれ落ちているものをすくい上げるために、心理学者、人類学者、社会学者らを雇っているのだ。

一部の教育者らも、ビッグデータの弱点を警戒し始めている。大規模試験をスモールデータで補完しようとする試みは全国レベルで起きている。学生向けサーベイ、保護者向けサーベイや、経験豊かな教育者が教師の授業を観察する教師観察は大流行だ。「教育委員会も試験結果だけを見るべきではないとわかり始めています」とハーバードの教育学者トマス・ケーンは言う。[7] ビル&メリンダ・ゲイツ財団による3年越しの研究は、ビッグとスモール両方のデータの価値を裏付けている。彼らは、試験結果重視モデル、学生向けサーベイ、教師観察のうち、どの教師が最も生徒の学習成果を伸ばしているかを測定するために最善の方法はどれかを分析したが、結論は、これら三種の測定方法を総合した評価が最も良い結果につながるというものだった。「いずれの測定方法にも、何かしらの価値がある」と報告書は結んでいる。[8]

実際、私がフロリダ州オカラでジェフ・セダーに会ったのは、折しも多くのビッグデータ・オペレーションがスモールデータによる補正をしていると知り始めた時期だった。彼は前述の通りハーバード卒の競走馬の権威で、膨大なデータを駆使してアメリカンファラオの成功を予言した人物だ。

彼はすべてのコンピュータ・ファイルと計算式を披露してから、もう一つ武器があるのだと漏らした。パティ・マリーだ。

マリーはセダーと同じく、高い知性とエリートの権威を持つ人物だ。名門ブリンマー・カレッジの出身で、やはりニューヨーク市を離れて田舎暮らしを選んだ。「人間より馬のほうが好きなの」とマリーは認める。だが馬の見立てにおいて、彼女のやり方はより伝統的だ。彼女は、多くの博労のように自分の目で馬を見、歩き方を点検し、傷跡などに目を光らせ、オーナーを質問攻めにする。

それから彼女は、セダーと合議して推薦する馬を絞り込む。マリーは馬の弱点を嗅ぎ分ける。セダーのデータはこれまでに集められた馬についての最も革新的で重要なデータセットだが、それでも見逃される問題を探るのだ。

私はビッグデータがもたらす理解に立脚した革命が起きると予言した。だがそれは、どんな問題についてもデータを集めればよいということではない。そしてビッグデータは人間が長年にわたって編み出してきたさまざまな方法を用済みにするものではない。むしろ補完的なものだ。

第8章 やってはいけないこと

ビッグデータの力はあまりにも大きく、時には空恐ろしくなるほどだ。それは倫理的な問題を引き起こす。

借金を返す人と踏み倒す人の言葉遣い

最近、3人のエコノミスト――コロンビア大学のオデッド・ネッツァーとアラン・ルメール、デラウェア大学のマイケル・ハーゼンスタイン――が、借金を踏み倒しそうな人についての研究をした。[1] 研究に使ったのは、ピア・トゥー・ピア型の融資サイト、プロスパーのデータだった。このサイトでは、借金を申し込む人は融資が必要な理由や返済の見込み等を短い文章で投稿する。そして貸し手はそれを見て金を貸すかどうかを決める。全体として、デフォルト率（債務不履行率）は約13％である。[2]

研究の結果、借金希望者の言葉遣いが、返済率の強力な予言因子になることがわかった。しかもそれは、融資判断の関連情報、たとえば信用レーティングや収入などと比較してもなお重要な因子だった。

次に挙げるのは、融資申し込みの際に用いられていた最も一般的な10単語である。その内5つは返済にポジティブに関係していた（その言葉を使っていた人は実際に債務を履行した）。残り5つはネガティブに相関していた（債務を履行しなかった）。換言すれば、5つは信用できる人の使う言葉であり、5つは信用できない人の使う言葉だ。どれがどちらか見分けがつくだろうか？

神（God）　約束します（promise）　負債なし（debt-free）
最低支払額（minimum payment）　低利率（lower interest rate）
お返しします（will pay）　学卒者（graduate）
ありがとうございます（thank you）　税引き後（after-tax）　病院（hospital）

もしかすると、丁寧でいかにも敬虔な人々がちゃんと借金を返すと思った、あるいは少なくともそうであれと願ったのではないだろうか。だが事実は違う。この手の人物は、データが示すところ、借金の返済率において平均を下回っている。

研究結果は次のとおりである。

借金の返済率が高かった人々がよく使っていた言葉

負債なし（debt-free）　税引き後（after-tax）　学卒者（graduate）

低利率（lower interest rate）　最低支払額（minimum payment）

借金の返済率が低かった人々がよく使っていた言葉

神（God）　お返しします（will pay）　病院（hospital）

約束します（promise）　ありがとうございます（thank you）

この研究の倫理的側面を議論する前に、著者である共同研究者らの力を借りて、この結果が何を明かしているのかを考えてみよう。

まず、借金を返しそうな人間の言葉遣いについてだ。「低利率」とか「税引き後」などは借り手側の一定の金融知識を示しており、従って彼らの返済率が高いことはおそらく驚くにはあたらないだろう。さらに「学卒者」とか「負債なし」のように、何らかの良き実績をアピールする人も借金を返しやすい。

一方、「お金はお返しすると約束します、神よどうかお助け下さい」と書く人は、最も返済可能性が低い人物だ。人の慈悲心に訴えること——親類が「病院」に入っているので金が必要なのだという人――は、借りたカネは返せないと言っているようなものだ。実際、いかなる家族についての言及――夫、妻、息子、娘、母、父――も、踏み倒しの予兆である。他にも「説明します(explain)」がそうだ。どうやって返済するかを「説明」する人は、おそらく返済しない。

この研究者らは、「ありがとうございます」と謝意を表すことがどうして債務不履行になりやすい証拠なのかに言及していない。

この研究によれば、支払計画を詳細に示し、かつて果たしてきた約束を列挙する人々は、総じて借金を返しやすい。金を返すと約束し情に訴えようとする人々は、借金を踏み倒す明らかな徴候を示している。理由はどうあれ、あるいは約束をする人間は実際には約束を破ること必定という人間の本性についてこの研究が何を意味しているのであれ、債務不履行を予見する非常に貴重な知見が得られたと研究者らは考えている。「神」に言及した人は2・2倍も借金を踏み倒しやすいのだ。「神」は債務不履行者を何よりあぶりだす単語の一つだった。

だが共著者らは、彼らの研究が倫理的な問題をも引き起こすことを自覚している。これは学術研究に過ぎないが、いくつかの企業は融資審査にオンラインデータを活用していると表明している。それは許されるのか？　ネット上に書いた文言で企業が融資の可否を判断する世界は望ましいか？　それは控えめに言って薄気味悪く、ほぼ確実に恐ろしい世界だ。

いずれ融資を受けようとする消費者は、信用履歴ばかりかオンラインでの活動歴についても心配しなければならなくなる。そして、「ありがとう」と書いたとか「神」頼みをしたなど、愚かしく思える理由で融資の可否を判断されるのだ。

さらに、もし本当に妹の入院費のためにお金が必要で返済する見込みの高い人の場合はどうなのだろう？　医療費のために助けが必要だと主張する人々がなべて嘘つきだからと言って彼女を罰するなどおぞましい。そんな世の中は、恐ろしいディストピアの始まりのようだ。

これは倫理の問題だ。企業には、抽象的だが統計学的に予測可能な基準（しかも直接にはその企業のサービスに関係のない基準）を用いて客の適正を審査する権利があるのか？

ＮＧワードで就職できない？

金融界はさておき、より大きな含意を採用活動を通じて見てみよう。求職者の選考に際し、企業はますますソーシャルメディアを調べるようになっている。前職での企業秘密を漏らしていないか、かつての雇用者の悪口を書いていないかなどを調べる分には、倫理上の問題もないだろう。フェイスブックやインスタグラムの投稿から過度の飲酒癖がうかがわれる人物の採用を拒むことにも、一定の正当性がありそうだ。だが一見すると無害のようだが、企業側が気にすることに関する内容を見つけた場合はどうか？

ケンブリッジ大学とマイクロソフトの研究者らは、米国のフェイスブックのユーザー５万８０００人を対象に、性格と知性に関する一連の試験を施した。その結果、フェイスブックの「いいね！」はしばしば、ＩＱ、外向性、誠実さなどと関わっていることがわかった。[3]たとえばモーツァルト、雷鳴、丸まったフライドポテトに「いいね！」をつけている人は、ＩＱが高い傾向があった。ハーレーダビッドソンのオートバイ、カントリーバンドのレディ・アンテベラム、「母親である喜び」というページを支持した人々のＩＱは低めだった。こうした相関性の一部は、次元の呪いが生み出したものだろう。実験を数多く重ねていくうちに、偶発的な関係が浮上するものだ。だがある種の興味は、実際にＩＱに関わっているかもしれない。

それでも、有能な人物がハーレー好きを公言して我知らず低ＩＱの徴候を示してしまったがために、能力に見合った職が得られないとしたら釈然としない。

もちろんこうした不条理は、今に始まったことではない。握手が弱々しいとか服装がだらしない等の、職務に直接かかわらない物事で人々が判断されるのは昔からだ。だがデータ革命は、暮らしがより定量化されるにつれて、こうした代理的判断基準がいっそう秘儀的に物事を侵していく危険をもたらしている。その予見力が、より不明確で悪質な差別を生みかねないのだ。

ぎりぎりまで搾り取られる危険

データが充実することは、別種の差別をもたらしかねない。経済学用語で価格差別と呼ばれることだ。ビジネスでは、財やサービスにどんな価格を設定するか考えなくてはならない。できることなら、顧客がいそいそと払ってくれる上限の価格を設定したい。こうすれば利益を最大化できるからだ。

たいていの商売では、結局、すべての客に一律の価格を提示する。だが時には、ある種の人々ならもっと多い額をいそいそと支払うとわかることもある。映画館が収入の多い中年客に学生や高齢者より高い価格を課したり、航空会社が出発ぎりぎりで航空券を買う客に高く請求したりするのはこのためだ。これらが差別価格だ。

ビッグデータを活用すれば、顧客がすんなりと払う金額がはるかにわかりやすくなり、ひいては客から金を搾り取りやすくなる。オプティマル・デシジョンズ・グループは、顧客が保険にいくら支払う気があるかを探るためにデータサイエンスを利用した草分け企業だ。彼らが使う手法は、本書ですでに述べたものだ。保険契約を検討中の顧客に最も似た過去の顧客を探し、彼らがいくらの保険を買ったかを調べるのだ。要するに第5章で述べた分身検索である。分身検索は、衰え始めた野球選手の復活を占うのなら楽しいし、疾病治療に生かすのなら素晴らしい。だが企業ができるだけ多くの金をあなたから搾り取るために利用するなら、ぞっとしない。私の浪費家の弟は、オンライン上でしみったれの兄よりボラれたら文句を言う資格があるはずだ。

ギャンブルも絞り込みが顧客を危険に晒しかねない分野の一つだ。大手カジノ企業は、分身検索に似た技術を用いて顧客への理解を深めようとしている。目標は、顧客からできるだけ多くを搾り取ることだ。彼らのポケットから自分たちの金庫へと、できる限り多くの金を移したいのだ。

仕組みはこうだ。カジノ側は、どんなギャンブラーにも「痛点」があると考えている。それ以上の損をすると懲りて、かなりの期間、カジノから足が遠のく損失金額だ。たとえばヘレンの痛点は3000ドルだったとしよう。つまりもし3000ドル以上の損をさせたら、数週間から数カ月は彼女を顧客として失うことになる。一方、2999ドルの損だとしても、彼女はやはりハッピーではない。誰だって損をするのは1セントでも嫌だ。だが当面は来る気がなくなるほど意気消沈することもない。

カジノの経営者なら、ヘレンがスロットマシンに座ったときにどうしたいか？　できるだけ彼女の「痛点」近くまで、しかしそれを超えない程度に、金を搾り取りたいはずだ。彼女に2999ドルの損をさせ、カジノは十分に稼ぎ、しかしヘレンにとってはギャンブルから足を洗うほどの損失ではないのが理想である。

そのためにはどうすればよいのか。一定額を失ったところでヘレンに賭けをやめさせる方法はいくらでもある。たとえば無料の食事を提供するなどだ。それが魅力的なら、彼女はスロットマシンの前を離れて食事に向かう。

だがこのやり方には大きな課題がある。ヘレンの痛点がいくらかをどうやって知るかである。問題は人によって痛点が違うことだ。ヘレンにとっては3000ドルだが、ジョンにとっては2000ドル、ベンにとっては2600ドルかもしれないのだ。ヘレンに2000ドル損失時点でスロットを辞めさせてしまったら、得られたはずの利益を失ってしまう。だが3000ドル以上の損失を出させてしまったら、しばらくの間彼女は戻ってこなくなる。さらにヘレンは、自分の痛点をあなたに教えたがらないかもしれないし、自分でもわかっていないかもしれない。

ではどうする？　本書をここまで読み進めたあなたなら、見当はついているのではないか。データサイエンスを活用するのだ。顧客についてできるだけ多くのこと（年齢、性別、郵便番号、ギャンブル行動）を知り、そのギャンブル行動（勝ち負け、来店頻度や来店間隔）から、彼らの「痛点」を推定するのだ。

ヘレンについてできるだけ多くの情報を集めれば、彼女に似たギャンブラーすなわち多かれ少なかれ彼女の分身と言えるギャンブラーが見つかる。そのギャンブラーの痛点を振り返れば、おそらくヘレンがいくらの損失なら耐えられそうかがわかる。実際、カジノ会社ハラーズは、ビッグデータ企業テラデータの手を借りてこれをやっている。

テラデータでゼネラルマネジャーを務めるスコット・ナウは、良書『その数学が戦略を決める』（イアン・エアーズ著）で、常連客が痛点に近づきつつあるときにカジノのマネジャーがどうするかを説明している。「顧客に言うのです。『今日はツキがもうひとつのようですね。当店のステーキハウスがお気に入りでしょう。どうです、奥様とご一緒にお食事などは？　招待させていただきますよ』とね」

無料のステーキ・ディナーなど気前がいいにも程があると思うかもしれない。だが実際には利己的な行動だ。カジノはただ、顧客が損をしすぎてしばらく戻ってこなくなるのを防ぎたいだけだ。先進的なデータ分析を活用して、長い目で見てできるだけ多くを顧客から搾り取りたいだけなのである。

オンラインデータの使い方が高度化するほど、カジノ企業、保険会社、金融機関その他の企業を顧客に対してあまりにも有利にしてしまうというのはまっとうな懸念だ。

一方で、ビッグデータは消費者側に、暴利をむさぼっている企業や粗悪な製品を押しつける企業に反撃する力も与えている。

そのための重要な武器の一つが、レストランなどのサービスの評価ができるイェルプのようなサイトだ。ハーバードのエコノミストであるマイケル・ルカが最近行った研究では、事業者がどれほどイェルプのレビューに翻弄されているかを探った。[4] こうしたレビューをワシントン州での売り上げと対照すると、星が１つ減ると売り上げが５％から９％減ることがわかった。

またカヤックやブッキングドットコムなどのショッピングサイト上での比較も、消費者による企業との戦いに助太刀するものだ。『ヤバい経済学』でも述べられている通り、あるサイトがさまざまな保険会社の定期生命保険の価格差を知らせ始めたところ、価格は急激に下がった。保険会社がふっかけるなら、消費者は他に行けばいい。おかげで消費者側が年間に節約できた額は10億ドルに上る。

要するにネット上のデータは、企業にどの顧客は避けるべきでどの顧客なら搾取できるのかを教えている。一方、消費者にもどの企業を避けるべきか、またどの企業が搾取的なのかを教えている。今のところビッグデータは消費者と企業の戦いにおいて、いずれの側にも味方をしている。戦いがフェアなものになるよう見守らなくてはならない。

力をつけた政府という脅威

動物学を学ぶ20歳の学生アンドレア・ドナートは、誕生日のパーティーに22歳の元カレであるジェームズ・ストーンハムが現れたとき、キレかかっているなと察した。彼が鬱を患っていることも知っていた。だがドライブに誘われたとき、アンドレアはあることを知らなかった。ストーンハムがそれまでの3週間を、人の殺し方と殺人関連の法律、そして時おりアンドレアについて検索して過ごしていたことだ。

もし彼女がそれを知っていたら、おそらく彼の車に乗り込むことはなかっただろう。そしてその夜、刺殺されることもなかったはずだ。

映画『マイノリティ・リポート』では、予知能力者が警察と協力して犯罪を未然に防ぐ。では警察がビッグデータを活用して犯罪を抑止できたら？　アンドレアは元カレの剣呑な検索について警告くらいは受けてしかるべきだったか？　警察はストーンハムを尋問すべきだったか？

まず知っておくべきことがある。犯罪行為に関するグーグル検索が犯罪行為に関わっていることを示す証拠はいや増している。[5] クリスティン・マケラム、フローラ・オア、ジ・ヒョン・ベク、イチロー・カワチによる研究では、自殺についてのグーグル検索が州ごとの自殺率に強く相関していることが明かされている。さらにエヴァン・ソルタスと私は、週ごとのイスラム差別検索――「イスラム教徒を憎む」、「イスラム教徒を殺せ」――が、その週の反イスラム・ヘイト犯罪に相関していることを明らかにした。何かをしたいと検索している人が多いほど、その何かをする人は増えるものだ。

ではこの情報にどう対処すればよいのか？　単純でそれほど物議を醸さないアイデアがある。地域ごとの情報を、資源配分に生かすのだ。ある都市で自殺関連の検索が増えていれば、対策を取ることができる。市当局や非営利団体が、自殺予防支援サービスのコマーシャルを放送するなどだ。同様に、「イスラム教徒を殺せ」などの検索が増えている都市では、地元警察はモスクの警備を強化するなど警備態勢を変更したほうが良い。

だが、犯罪が未遂のうちに特定の個人を警戒することは踏みとどまるべきだ。それは何よりプライバシーの侵害だろう。膨大な検索データを政府が保有することと地域警察が個人の検索データを保有することの間には、倫理的な開きがある。地域のモスクを警護することと個人の家を捜索することとは別だ。自殺防止の広告と嫌がる個人を無理やり精神病棟に監禁することも別である。

個人情報の利用に慎重であるべき理由は、倫理以前にデータサイエンスのためでもある。データサイエンスから見ても、ある都市の出来事を予測することと個人の行動を予測することの間には、大きな開きがあるのだ。

自殺の問題に立ち戻ってみよう。米国では毎月、自殺関連の検索がざっと３５０万回行われている。[6] その大半は、「自殺の」とか「自殺する」とか「自殺の方法」など自殺願望を示唆するものだ。換言すると、毎月米国人１００人につき1件以上の自殺関連検索がなされている。そこで思い出したいのが哲学者フリードリヒ・ニーチェの箴言《しんげん》だ。「自殺に思いを致すことは大いなる慰めだ。それによって、どれだけの暗い夜をやり過ごせることか」。グーグル検索データはこの箴言の正しさと、自殺を思いめぐらせることがどれほど一般的かを再認識させる。自殺する人は全米で毎月4000人に満たない。自殺願望はごく一般的だが、自殺はそうではない。だから自分の頭をぶち抜きたいなどとオンラインで物騒な騒ぎを起こした人の家を警官が訪問することには、よほど暇でもない限りあまり意味がない。

猖獗《しょうけつ》を極めるイスラム恐怖症的検索についても考えてみよう。2015年に米国で「イスラム教徒を殺せ」検索はざっと1万2000回行われ、ヘイト犯罪として報告されたイスラム教徒殺人事件は12人分だった。[7] このおどろおどろしい検索をする人の大半は、明らかに実行に移しはしないのだ。

個人についての予測と都市で何が起きるかについての予測の差を数学的に説明することもできる。ちょっとした思考実験をしてみよう。ある都市に100万人の人口と1つのモスクがあるとする。そして「イスラム教徒を殺せ」と検索していない人物がモスクを襲撃する確率は1億分の1であるとする。一方、「イスラム教徒を殺せ」と検索した人物がモスクを襲撃する確率は1万分の1に急上昇するとする。さらにイスラム教徒恐怖症が高じて「イスラム教徒を殺せ」検索が100件から1000件へと急増したとする。

この場合、モスクが襲撃される確率は約2％から10％へと5倍増える。だが「イスラム教徒を殺せ」と検索した個人が実際にモスクを襲撃する確率は1万分の1のままだ。

この場合、「イスラム教徒を殺せ」と検索した人を投獄したり彼らを家宅訪問することは正しい措置ではない。彼らの誰かが実際にモスク襲撃を実行する可能性はごくわずかだ。正しい対応は、襲撃の可能性が10％になったことを受けてモスクの警護を強化することだ。

多くのおぞましい検索は、明らかに、おぞましい行動へはつながらない。

とはいうものの、実際に恐ろしい行動を伴うある種の検索は、少なくとも理論的には存在し得る。たとえば未来のデータサイエンティストが、ストーンハムによるアンドレアについての検索は重大な懸念材料と検知できるモデルを構築する可能性は、少なくとも理論的にはあり得る。

２０１４年、まさしく「彼女を殺す」という検索は６０００回行われ、４００人の彼女殺しが起きた。４００件の殺人犯がこぞって犯行前に「彼女を殺す」と検索をしていたとすると、その検索をした人間15人に１人は実際にそれを実行したことになる。もちろん実際に彼女を殺した犯人の多く、おそらく大半は、この通りの検索はしていないだろう。すなわち「彼女を殺す」という特定の検索をした人間が犯行に及ぶ可能性は低い、おそらくはとても低いことになる。

しかしもしデータサイエンティストが、この脅威につながる検索をした人間が誰かに危害を及ぼす可能性は１００人に１人だというモデルを立てたとしたら、捨て置くのも忍びない。少なくとも、潜在的に脅威に晒されている人物は、ある人に殺される可能性が１％ありますよと知らされる権利があるのかもしれない。

だが総論としては、検索データを個人レベルで犯罪予測に用いることには慎重でなければならない。データが示すところ、おぞましい検索は非常に数多く行われているが、それが実際におぞましい行動につながることはめったにない。そしてこれまでのところ、政府がこうした検索を検査して特定のおぞましい行動を高精度に予測できることを示す証拠はない。だから政府による検索データに基づく個人生活への介入を許容するか否かについては、ごく慎重でなければならない。それは単に倫理や法律上の理由からだけではなく、少なくとも現在のところ、データサイエンス上の理由からも言えることだ。

結びに　ここまで読み通して来た人は何人？

社会科学はビッグデータで真の科学になる

本書の執筆契約を結んだとき、私には本書のしかるべき構成がはっきりと見えていた。第1章の冒頭で、家族で祝った感謝祭でのやりとりを記した。家族は私の正気について議論し、33歳にもなってどうして良い彼女が見つけられないのかを語り合った。

本書の結びは自ずから書けたと思われた。誰かと出会って結婚するのだ。願わくば彼女とはビッグデータを用いて出会う。その一部始終のエピソードなども織り込めるだろう。そして本書の結びは、結婚式の様子の描写と新妻への恋文を兼ねるはずだ……。

残念ながら、世の中はままならない。アパートにこもりっきりで執筆に没頭していたことも、恋愛するためにはマイナスだった。そして、私は今も妻を探す必要に迫られている。何より、本書の結びの構成も考え直さなければならなくなった。

素晴らしい結びの参考にと、私は好きな本をあれこれめくり返した。その結果、最高の結びとは、終始浅く沈潜していた主張の核を浮上させるものだという結論に達した。本書の場合それは、社会科学が本物の科学になりつつあるということだ。そしてこの新たなる実科学は、私たちの暮らしを改善しようとしている。

パートⅡの冒頭で、哲学者カール・ポパーによるジークムント・フロイト批判に触れた。ポパーがフロイトによる奇妙な世界観を非科学的と考えていたことについてである。だがポパーの批判について、第2章では述べなかったことがある。それがフロイト批判にとどまらず、はるかに広範に及んでいたことだ。ポパーはどんな社会科学も、さして科学的とは考えていなかった。これらの自称科学者たちの仕事の厳密さに、あまり感心していなかったのだ。

ポパーを義憤に駆り立てたものは何だったか？[1] 彼は往時の最高の知性――最高の物理学者、最高の歴史家、最高の心理学者――と交わるうちに、明らかな違いに気づいた。物理学者の話には信憑性があった。確かに彼らは間違っていたり意識下の先入観に誤導されたりすることもあった。だが物理学者は、世の中の深遠な真実を見つけようとし、それはアインシュタインの相対性理論で頂点に達していた。だが対照的に、世界第一級の社会学者らの話を聞いていても、箸にも棒にもかからないと思うばかりだったのだ。

こうした違和感を指摘したのは、ポパーだけではない。誰に聞いても物理学者、生物学者、そして化学者こそが本物の科学者だというものだ。彼らは厳密な実験を通じて物理的世界の働きを見出す。対照的に、経済学者、社会学者、心理学者らは空疎な専門用語を振りかざして大学の終身在職権をあさる脆弱な科学者に過ぎないと考える人は多い。

そんなこれまでの真実を、ビッグデータ革命は一変してしまった。もしカール・ポパーが今日なお存命で、ラジ・チェッティ、ジャセ・シャピロ、エスター・ダフロ、そして不肖、私（なんちゃって）などの発表に接する機会があれば、当時と同じ印象は抱かないはずだ。実のところ、ポパーは今日の難解なひも理論などのほうについて、それは真の科学なのか、それとも独りよがりな精神鍛錬ごっこなのかと疑問を巡らせたのではないか。

暴力映画が封切られたら街の犯罪は増えるのか減るのか？　多くの人が広告を見るほど、その製品が売れるのか？　20歳の頃に地元バスケ・チームが優勝する経験をしたら、40歳の頃にそうなる場合に比べて、バスケ好きが定着しやすいのか？　これらはいずれも明確な疑問であり、明確な解答がある。そして正直なデータがたくさんあれば、その解を得ることができる。

これは偽科学ではない正真正銘の科学だ。

だからと言って、社会科学革命が単純で普遍的な法則の形を取るとは限らない。

ＭＩＴの科学者で人工知能研究の草分けの一人である故マーヴィン・ミンスキーは、心理学は物理学の真似をすると手がかりを失うと示唆した。物理学はいつどんな場合にも通用する単純な法則を発見することに成功した。

ミンスキーは、人間の頭脳はそうした法則の影響下にはないかもしれないと考えた。頭脳はむしろ、複雑なハックのシステムのようなもの、すなわちある部分の間違いを別の部分が正すようなものではないのか、と。経済や政治制度も、同じように複雑なのかもしれない。

このため、社会科学革命は、たとえば$E=mc^2$のような整った数式の形にはならないかもしれない。実際、そんな形で社会科学革命を語る人を見たら、眉に唾をつけたほうがいい。革命はむしろ、研究に研究を重ね、発見に発見を継ぐことで、徐々に訪れるだろう。人間の心と社会の複雑なシステムについて、私たちはゆっくりと理解を深めていくだろう。

可能になる「規模の科学」

よき結びは総括であると同時に、行く末を指し示すものでもある。

本書の場合もそれは明快だ。ここで用いたデータセットは革命的だが、ほとんど手つかずだ。学びはまだたくさん残されている。率直なところ、多くの学究らはデジタル革命が生んだ爆発的なデータ蓄積を無視している。世界的な性科学者たちは、有効性が証明された方法にこだわっている。数百人程度の被験者に性願望を聞きはするが、ポーンハブのようなサイトにデータを求めようとはしない。世界有数の言語学者らは個別の文献の分析には取り組むが、数十億冊単位の書籍に現れるパターンはあらかた無視している。心理学、政治学、社会学の大学院生に教える研究方法はおおむね、デジタル革命の洗礼は受けていない。データ爆発が拓いた、ほぼ手つかずの広範な領域は、少人数の先進的な教授、反逆的な大学院生、そして趣味人の手に委ねられている。

だがこれからは違う。

本書で述べたどのアイデアについても、同じほど重要なアイデアが100ずつは取り組みを待っている。本書で議論した研究は氷山の一角のそのまた先っぽであり、表層を軽くひっかいただけに過ぎない。

ではこれから待っているものは何か？

一つには、公衆衛生研究領域で用いられた史上最良の方法が劇的に発展するだろう。19世紀半ば、英国の医師ジョン・スノーはロンドンにコレラの大流行をもたらした原因に興味を持った。彼は天才的な方法を考えた。市内の発症者をこぞってマッピングしたのだ[2]。すると、ある水道ポンプの周辺に大半の患者が集中していることがわかった。この結果は、コレラが細菌に汚染された水を介して流行していることを示唆しており、この考えは、当時一般的だったコレラ空気感染説の誤りを正すものだった。

ビッグデータとそれが可能にした絞り込みは、この種の研究を容易にする。どんな疾病についても、グーグル検索他のデジタル健康関連データを探ることができる。世界のどこかの一角で、何かの疾病の発生率が飛び抜けて高かったり低かったりすることが発見できる。それならそれらの共通点を調べればよい。何かが空気中にいるのか？　いや水の中か、それとも社会的慣習のためか？

偏頭痛についてもこの手法が使える。腎臓結石についてもだ。不安、鬱、アルツハイマー、すい臓がん、高血圧、腰痛、便秘、鼻血などにもだ。スノーが1度しかできなかった分析を、我々は400回はできる（私もこれを執筆中に、あることを始めている）。

こうした手法――単純な方法をビッグデータに用いて短期間に数百回規模の分析を施すこと――を、規模の科学と呼べるかもしれない。社会科学や行動科学は何より規模を追求するようになっている。健康状態に絞り込めることは、こうした科学の規模の手助けになる。またA／Bテストも大規模に行えるようになる。本書ではA／Bテストについて企業がユーザーに広告や見出しをクリックさせやすくするために用いる例を紹介したが、それは先駆的な用例に過ぎない。この方法は、より根本的で有意義な物事の発見にも役立つのだ。

ノースウエスタン大学のエコノミストであるベンジャミン・F・ジョーンズは、子供たちの学習効果を高めるためにA／Bテストを用いている。[3]彼が制作に協力したエデュスター（EDUSTAR）というプラットフォームを使えば、学校はさまざまな教材をランダムに試すことができる。

教育ソフトウェアは数多い。エデュスターを使えば、学生はコンピュータにログインし、さまざまな教材をランダムに利用する。彼らはその後、短い試験を受け、教材の習得度を測定される。こうして学校側は、どの教材が最も高い教育効果を発揮したかを知ることができるのだ。

優れたA／Bテストの常だが、すでにエデュスターは、驚くべき実績を上げている。ある教材は、分数を教えるのにゲームを用いて多くの学生を夢中にした。算数をゲームにしたら学生はより楽しんでより勉強するようになり、成績も上がるだろうって？　違う。このゲーム型教材は、より一般的な教材に比べて教育効果が低かったのだ。

子供の学習支援は、シリコンバレーが広告のクリック率を上げるために先鞭をつけたA／Bテストの応用先として面白く、社会的にも有益だ。そしてA／Bテストはさらに、人々にもっと睡眠を取らせるためにも役立つ。

平均的な米国人は、毎晩6・7時間眠っている。そして大半の米国人は、もっと眠りたいと思っている。だが午後11時頃になると、ESPNの『スポーツセンター』の放送が始まるし、ユーチューブも秋波を送ってくる。休息は後回しだ。数十万人の顧客を抱えるウェアラブル機器会社ジョウボーンは、ユーザーを望み通りもっと早く床に就かせるさまざまな介入を試験した。

そしてある2段階作戦で大きな成果を上げた。第1段階ではユーザーに手ごろな目標に同意させる。「この3日間、あなたはあまりお休みになっていないようです。今夜は11時半までに床に就きませんか？　通常は朝8時に起きているはずです」というようなメッセージを送るのだ。ユーザーはそれに「よし、乗った」と返信できる。

次に、10時半になると、ジョウボーンは2番目のメッセージを送る。「11時半に就寝すると目標を立てましたね。いま10時半です。どうせなら、もう寝ませんか？」

この戦略によって、ジョウボーンはユーザーの睡眠時間を23分間伸ばすことに成功した。ユーザーは実際に10時半に床に就きはしなかったが、予定より早く就寝するようにはなったのだ。

もちろん、この戦略のどの段階も、数多くの実験によって最適化されていなければならない。まずもともとの就寝目標時間を30分早めて午後11時にする。が、乗ってくるユーザーはほとんどいない。では夜中の12時に就寝してはとメッセージを変更するが、得るところがほとんどない。ジョウボーンは、いわばグーグルの検索結果表示の右向き矢印の睡眠版を、A／Bテストで見出した。違いは、広告主のためにいくらかクリック率を高める代わりに、疲れた米国人にいくらか長めの睡眠時間を与えたことだ。

実際、心理学界全体がこのシリコンバレーのツールを用いて劇的に研究を改善している。数人の学部生を被験者にいくつかの実験をした研究論文の代わりに、１０００人を対象に迅速なA／Bテストを施した結果の論文を、私は心待ちにしている。

実験に参加してくれる一握りの学部生をリクルートするために研究者が数カ月をかけていた時代は終わりを告げるだろう。デジタルデータを利用して、数百や数千単位のアイデアをわずか数秒で試せるようになるだろう。ずっと短い時間で、ずっと多くを学べるようになるのだ。

データとしてのテキストも、さらに多くの知見をもたらすだろう。新語や死語はどうやって生まれるのか？　ジョークはどうやってできるのか？　どうして面白い言葉がある一方で、つまらないそれもあるのか？　方言はどうやって発生するのか？　賭けてもいい、いまから20年以内にこれらについての深い知見が得られることだろう。

子供たちのオンラインでの振る舞いを、彼らの学習進度や発達を見るテストの補完材料にする

──もちろん匿名ベースで──ことも考えるべきだろう。綴りは正確か？　失読症の兆しはないか？　年齢相応の知的関心を示しているか？　友人がいるか？　これらの疑問を解く糸口は、毎日子供たちが行っている膨大な数のキー・ストロークに潜んでいる。

さらに、豊富な知見が得られそうな小さからぬ分野がある。ローリング・ストーンズのミック・ジャガーは「シャタード」で、ビッグアップルことニューヨークを蠱惑的にしているものを余さず歌っている。笑い、喜び、孤独、ネズミ、トコジラミ、プライド、強欲、紙袋に身を包む人々などだ。だがジャガーは、この街を真に特別にしていることに最も多くの言葉を割いている──セックスだ。

ビッグアップルについて言えることは、ビッグデータにも言える。デジタル革命のおかげで、健康をめぐるさまざまなことについて知見が得られるようになった。睡眠、学習、心理学、言語、そしてセックス＆セックス＆セックス＆セックスだ。

いま私が取り組んでいる問題の一つは、性的指向は全部でいくつあるのだろうということだ。私たちは通常、人をゲイかストレートかで分類する。だが性的指向は明らかにもっと複雑なものだ。ゲイやストレートの人の間にも、ブロンド好きやブルネット好きなどのように好みがある。こうした好みは、性別に対する好みと同じほど強いのだろうか？　取り組み中の問題は他にもある。性的指向はどこから来るのか？　野球のファン層や政治的傾向に鍵となる年を見出せるように、いまや成人後の性的指向を決定づける年を見出すことができる。これらについてお知りになりたければ、私の次作をお楽しみに。

　ポルノとそれに由来するデータは、人間の性の科学にとって革命的な発展だ。自然科学がペニシリン、人工衛星、コンピュータなどを生み出して私たちの生活を変えるまでには時間がかかった。ビッグデータが社会科学や行動科学の発展に寄与して愛、学習、生き方などへの理解が大きく進むまでにも時間がかかるかもしれない。だが私には、そんな成果の足音が聞こえる。読者のあなたにも、それらの片鱗でも見えているとうれしい。私は実際、一部の読者が、そうした成果の一翼を担って下さることさえ望んでいる。

『ヤバい経済学』の現代強化版

　よき結びのためには、そもそもその本を書こうと思った動機を振り返るべきだ。それによってどんな目標を達成しようとしたのか？

　本書執筆の最大の理由は、私の人生を形作った最大の物事の一つの結果だったと思う。今から10年弱ほど前に『ヤバい経済学』が刊行された。この驚異のベストセラーには、シカゴ大学の教授でさまざまな賞を受けたスティーヴン・レヴィットによる研究がいくつも記されている。「悪ガキ教授」ことレヴィットは、データを駆使してへそ曲がりな発想によるどんな問題にも答えられるようだった。相撲の力士は八百長をしているのか、ゲーム・ショーの競技者は差別をしているのか、不動産屋は自分と客とで同じ扱いをしているのか、などだ。

私は当時、哲学専攻の学部を卒業したばかりで、これからどうしたいのか五里霧中だった。『ヤバい経済学』を読んで、これだと思った。レヴィットと同じことがやりたい！　膨大なデータを操って、世の中を本当に操っていることを知りたいと思ったのだ。彼に続こう、経済学の博士号を取るんだと思った。

それから12年、多くのことが変わった。レヴィットの研究のいくつかは、コーディングのミスを含んでいたと判明した。彼はまた、地球温暖化について政治的に正しくない発言もしている。『ヤバい経済学』も、知識人層からは見限られ始めた。

だが私は、いくつかの誤謬はさておき、レヴィットの論点の大意はこれまでの時の試練に耐えたと考える。レヴィットは好奇心、創造性、そしてデータが合わされば物事がずっとよくわかるようになることを示した。データには語られるのを待っている物語が埋もれており、それは何度も正しいと証明された。

本書も『ヤバい経済学』が及ぼしたような影響を持てますように。行く末を考えあぐねている若者に、今すぐ本書を手に取ってほしい。少しばかりの統計学の技術と山ほどの好奇心を持ち合わせているなら、データ分析の世界に足を踏み入れてほしい。

大風呂敷を広げさせてもらえば、本書は実際、強化版『ヤバい経済学』だ。同書と本書が採録する研究の大きな違いは野心である。レヴィットが名を売った１９９０年代、データはまだあまり手に入らなかった。レヴィットはデータが手に入る奇妙な領域を追求し、データが手に入らない大きな疑問は、ほぼ素通りした。しかしおよそどんな話題についても膨大なデータが手に入るようになった今日、人間存在の核心に迫る大きな、そして深遠な問題を追求する意義がある。データ分析の将来は明るい。次なるキンゼイは、フーコーは、フロイトは、マルクスは、データサイエンティストであろうと私は確信している。そして次なるジョナス・ソーク（小児麻痺のワクチンの開発者）も、間違いなくデータサイエンティストだろう。

何％の人が本書を読み終えるのか？

ともあれ、以上が私なりのよき結びに向けての試みだ。だが偉大な結びのためには、さらなる何かが必要だ。偉大な結びは皮肉でなければならない。感動的で、深遠で、遊び心がなければならない。深く、ユーモラスで、哀感がなければならない。偉大な結びには、それまで述べたことをすべて総括し、今後をそっくり予言する文章の一つや二つはなければならない。そしてそれは独特で小説のようにひねりが効いていなければならない。偉大な本は、スマートで、おかしくて、挑発的に終わらなければならない。

そこで私の著述スタイルについてちょっと語っておこう。私はことさらに冗長な書き手ではない。本書（原書）はわずか7万5000ワードしかなく、話題の豊かさを思えばいささか短い。だが量は質で補っている。私は初めての『ニューヨーク・タイムズ』のセックスについてのコラムを5カ月かけて47回書き直したが、それはわずか2000ワードのものだった。本書のいくつかの章は60回書き直している。脚注の一文に適切な言葉を求めて数時間も悩むことがある。私は過去1年間を、1人でコンピュータに向かい、おおむね修道士のように過ごしてきた。ニューヨーク市の最もイケている一角に住まいながら、ほぼまったく外出しなかった。本書は私なりの最高傑作であり、後にも先にもこれ以上のアイデアはないものだ。そしてそれをものにするためには、どんな犠牲も厭わなかった。携帯電話は未返信のeメールや未開封の招待状やメッセージで溢れた。*

13カ月のハードワークの挙句、私はとうとうほぼ完璧な草稿を仕上げることができた。しかしそれには何かが欠けていた。結びである。

そこで担当編集者のデニースに、まだ数カ月はかかるよ、いや半年くらいかなと告げた。私に

＊　誰もが嘘をつくのだから、このくだりも眉に唾をつけて読まれるべきである。たぶん私は、無我夢中で働くタイプではない。本書に特段の努力をつぎ込むこともなかったかもしれない。おそらく私も、多くの人と同じように、どれだけ努力したかを誇張している。私の13カ月に及ぶ「ハードワーク」には、仕事をしなかった1カ月が丸々含まれている。修道士のように暮らしていたわけでもない。私のフェイスブックを見れば、修道士のように暮らしていたはずの期間に、友人と楽しくやっていた写真が見つかるだろう。あるいは修道士だったのかもしれないが、それは自ら強いたことではなかった。多くの夜を仕事も手につかず孤独に過ごしたかもしれないが、それは誰かが連絡してこないかなと願いながらのことだったのかもしれない。誰も私に電子招待状など送ってくれなかったのかもしれない。誰もアプリ経由でメッセージなど送ってくれなかったのかもしれない。誰もが嘘をつく。どんな著述も、あてにならないものである。

言わせれば、結びは本書で最も大切なパートだ。偉大な結びについて、私はようやく開眼し始めたばかりだった。言うまでもなく、デニースは感心してくれなかった。

そんな折、友人がジョーダン・エレンバーグの論文をメールで送ってくれた。ウィスコンシン大学の数学者であるエレンバーグは、いったい何人が実際に書籍を読み通すのかに興味を持った。そしてビッグデータを活用してそれを調べる妙手を考案した。アマゾンのレビュー欄では、人々は書籍中の文章をさまざまに引用している。エレンバーグは、書籍の前半の記述の引用回数と後半のそれとを比較することを思いついた。こうすれば読者がどれくらいある本を読み通したかを大まかに示す指標にはなる。この方法によれば、ドナ・タートの小説『ゴールドフィンチ』は、90％以上の読者が読了していた。対照的に、ノーベル経済学賞を受けたダニエル・カーネマンの傑作『ファスト＆スロー』は、およそ7％しか読了していなかった。この大雑把な測定方法によると、経済学者トマ・ピケティの『21世紀の資本』に至っては、世評の高さとは裏腹に、3％足らずだった。要するに、人々は経済学者が書いた本は読了しない傾向が強いのだ。[4]

本書の要点の一つは、ビッグデータが示唆するところにはあまねく従わなければならないということだ。多くの読者に本書を精読の上、最終ページの記述にも前述の物事との関連性を見出してほしい。だがどれほど推敲を重ねても、大半の人々は最初の50頁を読んでいくつか要点をつかみ、暮らしの雑事に追われるものだ。

だから本書もデータに従い、人々がどう言っているかではなく、実際にどうしているかに従うという、唯一の適切な方法で結ぶ。私も友人とビールでも飲みに行こう。どうせここまで読む人なんて、ビッグデータの教えに従えば、ほとんどいないはずだし。

謝辞

本書は共同作業の産物だ。

原案は私がまだハーバードの学生だった頃に芽生え、グーグルのデータサイエンティスト、『ニューヨーク・タイムズ』の書き手であるうちに発展していった。

グーグルで同僚だったハル・バリアンは、本書のアイデアに大きな影響を及ぼした。彼は少なくとも、時代に20年は先んじていると言える。彼がカール・シャピロと共著した『ネットワーク経済の法則』は、基本的に未来を予言していた。そして彼がヒュンヤン・チョイと共著した論文「現在を予言する（Predicting the Present）」は、本書で述べた社会科学分野におけるビッグデータ革命の嚆矢《こうし》となった。驚異的で親身なメンター（導師）でもあり、それは彼の元で働いた人々の多くが請け合うところだ。彼は共同研究に際していつも成果の大半を生み出しておきながら、共同研究者を筆頭著者にしようとする。彼のような才能と寛大さを併せ持つ人は稀である。

本書の著述とアイデアは、私の『ニューヨーク・タイムズ』での全仕事の編集を受け持つアーロン・レティカの元で発展した。アーロンは博識家だ。どうしたものか、音楽、歴史、スポーツ、政治、社会学、経済学についての万般に通じており、他にもどんな分野を知るかは神のみぞ知る。私の名を冠したニューヨーク・タイムズのコラムの大半は、彼のおかげである。これらコラムの制作陣には、いつもグラフィックで私を圧倒するビル・マーシュ、ケヴィン・マッカーシー、ジタ・ダネシューがいる。本書にはこれらのコラムの内容を、転載許可を得て採録している。

寛大にも序文を寄せてくれたスティーブン・ピンカーは、私の長らくのヒーローだ。現代の社会科学の著作の水準――人間の本性の根源を探り、学際的に最高の研究を見つけ出して道筋をつけるなど――を定めたのは彼である。それらは私が生涯をかけて挑戦する基準となるだろう。

本書の種となった私の博士論文は、忍耐強く優秀な教授陣の指導の賜物だ。アルベルト・アレッシーナ、デイヴィッド・カトラー、エド・グレイザー、ローレンス・カッツに感謝する。

デニース・オズワルドは驚異の編集者だ。彼女の力量を知りたければ、この最終稿を第一稿と比べればよい（もっとも、あんな恥ずかしいものは見せられないから、そんなことはできないのだが）。ハーパー・コリンズの他の編集陣にも感謝を捧げたい。マイケル・バーズ、リン・グラディ、ローレン・ジャニク、シェルビー・メイズリックそしてアンバー・オリヴァーらだ。

私の出版エージェント、エリック・ルプファーは、当初からこの出版計画の可能性を見抜き、企画書作成を助けてくれ、やり遂げる後押しをしてくれた。

メルヴィス・アコスタにも、素晴らしいファクトチェックを感謝したい。

研究生活、職業生活を通じて多くを学ばせてもらった人々には、次の各位がいる。スーザン・アセイ、シェロモ・ベナーツィ、ジェイソン・ボードフ、ダニエル・バウアーズ、デイヴィッド・ブルックマン、ボー・カウジル、スティーヴン・デルポーム、ジョン・ドナヒュー、ビル・ゲイル、クラウディア・ゴーディン、スーザン・グリーンバーグ、シェーン・グリーンステイン、スティーヴ・グローヴ、マイク・ホイト、デイヴィッド・レイブソン、A・J・マグヌソン、ダナ・マロニー、ジェフリー・オールダム、ピーター・オルザグ、デイヴィッド・ライリー、ジョナサン・ローゼンバーグ、マイケル・シュウォーツ、スティーヴ・スコット、リッチ・シェブルソン、マイケル・D・スミス、ローレンス・サマーズ、ジョン・ヴェイヴァー、マイケル・ウィギンズ、チン・ウーなどだ。

ティム・レクワースとニューライトには、執筆協力を感謝する。

クリストファー・シャブリス、ラジ・チェッティ、マット・ジェンツコウ、ソロモン・メッシングには研究の解釈の手助けを感謝する。

エマ・ピアソンとカティア・ソボルスキには、1章分を対象に助言を乞うたが、どうしたものか丸々1冊を読み、すべてのパラグラフに賢明な助言を与えてくれた。

母エスター・ダヴィドウィッツはさまざまな状況で全篇を読み、劇的に改善する手助けをしてくれた。彼女はまた、好奇心を追求すべきだ、たとえそれでどこに連れて行かれようとも、と教えてもくれた。私がある学術ポストの面接を受けたとき、某教授が圧迫面接をした。「あなたのお母さんは、この研究をみてどう思うかな？」セックスなどの禁忌とされるトピックを研究していたことを母が恥じるだろうという含みだった。だが私はいつも、母は私を誇りに思ってくれると信じている。たとえそれが私をどこに連れて行こうとも。

多くの人々が各セクションを読み、コメントをくれた。エデュアルド・アセベド、コレン・アピチェラ、サム・アッシャー、デイヴィッド・カトラー、スティーヴン・ダブナー、クリストファー・グラゼク、ジェシカ・ゴールドバーグ、ローレン・ゴールドマン、アマンダ・ゴードン、ジェイコブ・レシュノ、アレックス・ペイザホービチ、ノア・ポップ、レイモン・ルーラード、グレッグ・ソボルスキ、エヴァン・ソルタス、ノア・スティーヴンズ＝ダヴィドウィッツ、ローレン・スティーヴンズ＝ダヴィドウィッツそしてジーン・ヤンなどだ。実際ジーンは本書執筆中の私の親友であり、その点でも感謝したい。

データ収集について、マインドギークのブレット・ゴールデンバーグ、ジェイムズ・ロジャース、マイク・ウィリアムズと、ベースボール・プロスペクタスのロブ・マコン、サム・ミラーに感謝したい。

アルフレッド・スローン基金には資金援助を感謝する。

執筆中のある時点で私はすっかり行き詰まり、途方に暮れ、投げ出しそうになった。そこで田舎に出かけ、父ミッチェル・スティーヴンズと会った。その週を通じて、父は私をもとの軌道に戻してくれた。私を散歩に連れ出し、そこで私たちは愛、死、成功、幸福、そして執筆などについて語り合った。それから私を座らせ、一緒に草稿をすっかり見直した。彼がいなかったら、本書はならなかっただろう。

もちろん修正に洩れたミスは、すべて私の責任である。

Improve K-12 Education," Hamilton Project Discussion Paper, 2012.

4 Jordan Ellenberg, "The Summer's Most Unread Book Is…," *Wall Street Journal*, July 3, 2014.

Intelligence Are Probably False Positives," *Psychological Science* (2012).

4 TEDx Talks, "How to Make a Behavior Addictive: Zoë Chance at TEDx Mill River," YouTube video, posted May 14, 2013, https://www.youtube.com/watch?v=AHfiKav9fcQ. 物語の細部、例えば万歩計の色などは、取材による。私はチャンスに2015年4月20日に電話で、2016年7月11日と9月8日にeメールで取材した。

5 Alex Peysakhovich and Seth Stephens-Davidowitz, "How Not to Drown in Numbers," *New York Times*, May 3, 2015, SR6.

6 Brian A. Jacob and Steven D. Levitt, "Rotten Apples: An Investigation of the Prevalence and Predictors of Teacher Cheating," *Quarterly Journal of Economics* 118, no. 3 (2003).

7 私はトマス・ケーンに2015年4月22日に電話で取材した。

8 Bill and Melinda Gates Foundation, "Ensuring Fair and Reliable Measures of Effective Teaching," http://k12education.gatesfoundation.org/wp-content/uploads/2015/05/MET_Ensuring_Fair_and_Reliable_Measures_Practitioner_Brief.pdf.

第8章　やってはいけないこと

1 Oded Netzer, Alain Lemaire, and Michal Herzenstein, "When Words Sweat: Identifying Signals for Loan Default in the Text of Loan Applications," 2016.

2 Peter Renton, "Another Analysis of Default Rates at Lending Club and Prosper," October 25, 2012, http://www.lendacademy.com/lending-club-prosper-default-rates/.

3 Michal Kosinski, David Stillwell, and Thore Graepel, "Private Traits and Attributes Are Predictable from Digital Records of Human Behavior," PNAS 110, no. 15 (2013).

4 Michael Luca, "Reviews, Reputation, and Revenue: The Case of Yelp,"未発表原稿, 2011.

5 Christine Ma-Kellams, Flora Or, Ji Hyun Baek, and Ichiro Kawachi, "Rethinking Suicide Surveillance: Google Search Data and Self-Reported Suicidality Differentially Estimate Completed Suicide Risk," *Clinical Psychological Science* 4, no. 3 (2016).

6 ここでは私のサイト上の「非合法な中絶手段」で議論した方法を使っている。私は「自殺」に関するグーグル検索と「ネクタイの結び方」の検索を比較した。2015年、米国では660万回のネクタイの結び方検索が行われた。自殺に関する検索は650万回だった。6.5*6.6/12≫3.5.

7 Bridge Initiative Team, "When Islamophobia Turns Violent: The 2016 U.S. Presidential Election," May 2, 2016, available at http://bridge.georgetown.edu/when-islamophobia-turns-violent-the-2016-u-s-presidential-elections/.

結びに　ここまで読み通して来た人は何人？

1 Karl Popper, *Conjectures and Refutations* (London: Routledge & Kegan Paul, 1963).

2 Simon Rogers, "John Snow's Data Journalism: The Cholera Map That Changed the World," *Guardian*, March 15, 2013.

3 私はベンジャミン・ジョーンズに2015年6月1日に電話で取材した。この研究は以下でも言及されている。Aaron Chatterji and Benjamin Jones, "Harnessing Technology to

28 対象科目はスタイ校のサイトで見られる。http://stuy.enschool.org/index.jsp.

29 Anna Bahr, "When the College Admissions Battle Starts at Age 3," *New York Times*, July 29, 2014, http://www.nytimes.com/2014/07/30/upshot/when-the-college-admissions-battle-starts-at-age-3.html.

30 Sewell Chan, "The Obama Team's New York Ties," *New York Times*, November 25, 2008; Evan T. R. Rosenman, "Class of 1984: Lisa Randall," *Harvard Crimson*, June 2, 2009; "Gary Shteyngart on Stuyvesant High School: My New York," YouTube video, posted August 4, 2010, https://www.youtube.com/watch?v=NQ_phGkC-Tk;CandaceAmos, "30 Stars Who Attended NYC Public Schools," *New York Daily News*, May 29, 2015.

31 Carl Campanile, "Kids Stuy High Over Bubba: He'll Address Ground Zero School's Graduation," *New York Post*, March 22, 2002; United Nations Press Release, "Stuyvesant High School's 'Multicultural Tapestry' Eloquent Response to Hatred, Says Secretary-General in Graduation Address," June 23, 2004; "Conan O'Brien's Speech at Stuyvesant's Class of 2006 Graduation in Lincoln Center," YouTube video, posted May 6, 2012, https://www.youtube.com/watch?v=zAMkUE9Oxnc.

32 以下を参照。https://k12.niche.com/rankings/public-high-schools/best-overall/. 232 Fewer than 5 percent: Pamela Wheaton, "8th-Graders Get High School Admissions Results," Insideschools, March 4, 2016, http://insideschools.org/blog/item/1001064-8th-graders-get-high-school-admissions-results.

33 M. Keith Chen and Jesse M. Shapiro, "Do Harsher Prison Conditions Reduce Recidivism? A Discontinuity-Based Approach," *American Law and Economics Review* 9, no. 1（2007).

34 Atila Abdulkadiroğlu, Joshua Angrist, and Parag Pathak, "The Elite Illusion: Achievement Effects at Boston and New York Exam Schools," *Econometrica* 82, no. 1（2014).同じ結論は、次の独立した別の研究でも確認されている。Will Dobbie and Roland G. Fryer Jr., "The Impact of Attending a School with High-Achieving Peers: Evidence from the New York City Exam Schools," *American Economic Journal: Applied Economics* 6, no. 3（2014).

35 http://www.payscale.com/college-salary-report/bachelors.

36 Stacy Berg Dale and Alan B. Krueger, "Estimating the Payoff to Attending a More Selective College: An Application of Selection on Observables and Unobservables," *Quarterly Journal of Economics* 117, no. 4（2002).

37 Alice Schroeder, *The Snowball: Warren Buffett and the Business of Life*（New York: Bantam, 2008).

第7章　できることとできないこと

1 Johan Bollen, Huina Mao, and Xiaojun Zeng, "Twitter Mood Predicts the Stock Market," *Journal of Computational Science* 2, no. 1（2011).

2 James Mackintosh, "Hedge Fund That Traded Based on Social Media Signals Didn't Work Out," *Financial Times*, May 25, 2012.

3 Christopher F. Chabris et al., "Most Reported Genetic Associations with General

20　テロ攻撃時の凄惨な動画は次で見ることができる。"Parade surprise (Chechnya 2004)," YouTube video, posted March 31, 2009, https://www.youtube.com/watch?v=fHWhs5QkfuY.

21　この顚末は次で論じられている。Jones and Olken, "Do Assassins Really Change History?"

22　Benjamin F. Jones and Benjamin A. Olken, "Hit or Miss? The Effect of Assassinations on Institutions and War," *American Economic Journal*: Macroeconomics 1, no. 2 (2009).

23　この考えは次による。John Tierney, "How to Win the Lottery (Happily)," *New York Times*, May 27, 2014, D5.この記事では、次の各研究に触れている。Bénédicte Apouey and Andrew E. Clark, "Winning Big but Feeling No Better? The Effect of Lottery Prizes on Physical and Mental Health," *Health Economics* 24, no. 5 (2015); Jonathan Gardner and Andrew J. Oswald, "Money and Mental Wellbeing: A Longitudinal Study of Medium-Sized Lottery Wins," *Journal of Health Economics* 26, no. 1 (2007); and Anna Hedenus, "At the End of the Rainbow: Post-Winning Life Among Swedish Lottery Winners,"未発表原稿, 2011.さらにこの記事では、1978年に発表された次の有名な研究にも触れている。Philip Brickman, Dan Coates, and Ronnie Janoff-Bulman, "Lottery Winners and Accident Victims: Is Happiness Relative?" *Journal of Personality and Social Psychology* 36, no. 8 (1978). この研究では、宝くじに当たっても幸せにはならないことは、小規模な標本から導かれた結論であることが明かされている。

24　参考文献に次がある。Peter Kuhn, Peter Kooreman, Adriaan Soetevent, and Arie Kapteyn, "The Effects of Lottery Prizes on Winners and Their Neighbors: Evidence from the Dutch Postcode Lottery," *American Economic Review* 101, no. 5 (2011), Sumit Agarwal, Vyacheslav Mikhed, and Barry Scholnick, "Does Inequality Cause Financial Distress? Evidence from Lottery Winners and Neighboring Bankruptcies," working paper, 2016.

25　Agarwal, Mikhed, and Scholnick, "Does Inequality Cause Financial Distress?"

26　Jeffrey Clemens and Joshua D. Gottlieb, "Do Physicians' Financial Incentives Affect Medical Treatment and Patient Health?" *American Economic Review* 104, no. 4 (2014).こうした結果は、医師らが邪悪であることを意味しない点に留意されたい。実際、この結果は、もしも医師らが余計に報酬を受け取れるときに施した医療行為が実際により多くの命を救ったのであったら、さらに憂慮すべきものと言える。もしそうであるなら、医師らはより多くの報酬を受け取れるのでなければ救命のために十分な医療を施さないことになるからだ。クレメンスとゴットリーブの研究結果が示唆しているのは、むしろ医師らが報酬にかかわらず救命措置を施している事実であり、一方、あまり救命効果のない医療行為に踏み切るのは、そうすれば余計に儲かる場合のみ、ということである。換言すると、医師らは救命に関わる重大事については金銭的報酬にはあまりこだわらないが、救命に寄与しない些事については金銭的報酬にしっかりと目配りしている、ということである。

27　Robert D. McFadden and Eben Shapiro, "Finally, a Face to Fit Stuyvesant: A High School of High Achievers Gets a High-Priced Home," *New York Times*, September 8, 1992.

www.wired.com/2012/04/ff_abtesting/.
2 Esther Duflo, Rema Hanna, and Stephen P. Ryan, "Incentives Work: Getting Teachers to Come to School," *American Economic Review* 102, no. 4（2012）.
3 Ian Parker, "The Poverty Lab," *New Yorker*, May 17, 2010.
4 Christian, "The A/B Test."
5 Douglas Bowman, "Goodbye, Google," stopdesign, March 20, 2009, http://stopdesign.com/archive/2009/03/20/goodbye-google.html.
6 Eytan Bakshy, "Big Experiments: Big Data's Friend for Making Decisions," April 3, 2014, https://www.facebook.com/notes/facebook-data-science/big-experiments-big-datas-friend-for-making-decisions/10152160441298859/.製薬会社の実験についての情報源は"How many clinical trials are started each year?" Quora post, https://www.quora.com/How-many-clinical-trials-are-started-each-year.
7 私はシロカーに2015年4月29日に電話で取材した。
8 Dan Siroker, "How Obama Raised $60 Million by Running a Simple Experiment," Optimizely blog, November 29, 2010, https://blog.optimizely.com/2010/11/29/how-obama-raised-60-million-by-running-a-simple-experiment/.
9 同紙の試験とその結果は、著者に対して情報提供されたもの。関連情報は次でも見られる。"The Boston Globe: Discovering and Optimizing a Value Proposition for Content," Marketing Sherpa Video Archive, https://www.marketingsherpa.com/video/boston-globe-optimization-summit2.これは『ボストン・グローブ』のピーター・ドウシェとMECLABSのパメラ・マーキーの会話録音を含む。
10 私はクラーク・ベンソンに2015年7月23日に電話で取材した。
11 "Enhancing Text Ads on the Google Display Network," Inside AdSense, December 3, 2012, https://adsense.googleblog.com/2012/12/enhancing-text-ads-on-google-display.html.
12 一例に"Large arrows appearing in google ads—please remove," DoubleClick Publisher Help Forum, https://productforums.google.com/forum/#!topic/dfp/pTRMqWUF9sがある。
13 Adam Alter, *Irresistible: The Rise of Addictive Technology and the Business of Keeping Us Hooked*（New York: Penguin, 2017）.
14 著者のグーグル・トレンドデータ分析による。
15 これはHarry Walker Speakers Bureauの"Freaknomics"の欄で現在公開中。http://www.harrywalker.com/speakers/authors-of-freakonomics/
16 Wesley R. Hartmann and Daniel Klapper, "Super Bowl Ads,"未発表原稿
17 我々がコンピュータのシミュレーションのように生きていることの強い証拠として次を参照。Nick Bostrom, "Are We Living in a Computer Simulation?" *Philosophical Quarterly* 53, no. 211（2003）.
18 Los Angeles Times staff, "U.S. Presidential Assassinations and Attempts," *Los Angeles Times*, January 22, 2012, http://timelines.latimes.com/us-presidential-assassinations-and-attempts/.
19 Benjamin F. Jones and Benjamin A. Olken, "Do Assassins Really Change History?" *New York Times*, April 12, 2015, SR12.

2011).（グレイザーは私の大学院時代の指導教授である）

9 David Levinson, ed., *Encyclopedia of Crime and Punishment*（Thousand Oaks, CA: SAGE, 2002).

10 Craig Anderson et al., "The Influence of Media Violence on Youth," *Psychological Science in the Public Interest* 4（2003).

11 Gordon Dahl and Stefano DellaVigna, "Does Movie Violence Increase Violent Crime?" *Quarterly Journal of Economics* 124, no. 2（2009).

12 Seth Stephens-Davidowitz, "Days of Our Digital Lives," *New York Times*, July 5, 2015, SR4.

13 Anna Richardson and Tracey Budd, "Young Adults, Alcohol, Crime and Disorder," *Criminal Behaviour and Mental Health* 13, no. 1（2003); Richard A. Scribner, David P. MacKinnon, and James H. Dwyer, "The Risk of Assaultive Violence and Alcohol Availability in Los Angeles County," *American Journal of Public Health* 85, no. 3（1995); Dennis M. Gorman, Paul W. Speer, Paul J. Gruenewald, and Erich W. Labouvie, "Spatial Dynamics of Alcohol Availability, Neighborhood Structure and Violent Crime," *Journal of Studies on Alcohol* 62, no. 5（2001); Tony H. Grubesic, William Alex Pridemore, Dominique A. Williams, and Loni Philip-Tabb,"Alcohol Outlet Density and Violence: The Role of Risky Retailers and Alcohol-Related Expenditures," *Alcohol and Alcoholism* 48, no. 5（2013).

14 "Ed McCaffrey Knew Christian McCaffrey Would Be Good from the Start—'The Herd,'" YouTube video, posted December 3, 2015, https://www.youtube.com/watch?v=boHMmp7DpX0.

15 この犯罪データの絞り込み分析からは、さらにさまざまな有益なデータが得られている。例えば、地元のフットボールチームが、勝つと予想されていた試合を落とした直後に家庭内暴力（DV）の訴えが増えるなどだ。David Card and Gordon B. Dahl, "Family Violence and Football: The Effect of Unexpected Emotional Cues on Violent Behavior," *Quarterly Journal of Economics* 126, no. 1（2011).

16 Bill Simmons, "It's Hard to Say Goodbye to David Ortiz," ESPN.com, June 2, 2009, http://www.espn.com/espnmag/story?id=4223584.

17 これを論じたものに次がある。Nate Silver, *The Signal and the Noise: Why So Many Predictions Fail—But Some Don't*（New York: Penguin, 2012).

18 Ryan Campbell, "How Will Prince Fielder Age?" October 28, 2011, http://www.fangraphs.com/blogs/how-will-prince-fielder-age/.

19 寛大にも著者にこのデータを与えてくれたことを、ベースボール・プロスペクタスのロブ・マックインに感謝する。

20 私はアイザック・コハネに2015年6月15日に電話で取材した。

21 私はジェイムズ・ヘイウッドに2015年8月17日に電話で取材した。

第6章　世界中が実験室

1 この物語は以下をはじめ、随所で論じられている。Brian Christian, "The A/B Test: Inside the Technology That's Changing the Rules of Business," *Wired*, April 25, 2012, http://

44 “List of Most Popular Websites,” Wikipedia.ブラウジング行動を追跡するAlexaが2016年9月4日に調べたところ、最も人気のあるポルノサイトはXVideosで、これはネット上のサイト人気リスト全体では57位だった。さらにSimilarWebが2016年9月4日に調べた結果、最も人気のあるポルノサイトはXVideosで、サイト全体では17位だった。Alexaによるとトップ10は、グーグル、ユーチューブ、フェイスブック、百度、ヤフー！、アマゾン、ウィキペディア、テンセントQQ、グーグル・インド、そしてツイッターだった。

45 David Kirkpatrick, *The Facebook Effect: The Inside Story of the Company That Is Connecting the World*（New York: Simon & Schuster, 2010）.より引用。

46 Peter Thiel and Blake Masters, *Zero to One: Notes on Startups, or How to Build the Future*（New York: The Crown Publishing Group, 2014）.

47 私はサビエ・アマトリエインに2015年5月5日に電話で取材した。

48 著者のグーグル・トレンド分析による。

49 “The President Speaks at the Islamic Society of Baltimore,” YouTube video, posted February 3, 2016, https://www.youtube.com/watch?v=LRRVdVqAjdw.

50 著者のグーグル・トレンド分析による。「イスラム教徒を殺せ」検索は、前週同期比で下がっていた。さらに「イスラム教徒」と彼らについてのネガティブな単語ワースト5を組み合わせての検索も減っていた。

第5章　絞り込みという強力な手法

1 Seth Stephens-Davidowitz, “They Hook You When You're Young,” *New York Times*, April 20, 2014, SR5.この研究のためのデータとコードは私のサイトsethsd.comの“Baseball”と題したセクションにて公開。

2 Yair Ghitza and Andrew Gelman, “The Great Society, Reagan's Revolution, and Generations of Presidential Voting,”未発表原稿

3 私はチェッティに2015年7月30日に電話で取材した。

4 Raj Chetty et al., “The Association Between Income and Life Expectancy in the United States, 2001–2014,” JAMA 315, no. 16（2016）.

5 Julia Belluz, “Income Inequality Is Chipping Away at Americans' Life Expectancy,” vox .com, April 11, 2016.

6 Raj Chetty, John Friedman, and Emmanuel Saez, “Using Differences in Knowledge Across Neighborhoods to Uncover the Impacts of the EITC on Earnings,” *American Economic Review* 103, no. 7（2013）.

7 This is from Seth Stephens- Davidowitz, “The Geography of Fame,” *New York Times*, March 23, 2014, SR6.データは私のサイトsethsd .comの “Wikipedia Birth Rate, by County”にて公開中。ウィキペディア採録者の誕生日と出身国のデータ抜き出しのためのコード書きとダウンロードを手助けしてくれたことで、ノア・スティーヴンズ＝ダヴィドウィッツに感謝する。

8 大都市の価値についての詳細はEd Glaeser, *Triumph of the City*（New York: Penguin,

33　Matthew Gentzkow and Jesse M. Shapiro, "Ideological Segregation Online and Offline," *Quarterly Journal of Economics* 126, no. 4（2011）.

34　Eytan Bakshy, Solomon Messing, and Lada A. Adamic, "Exposure to Ideologically Diverse News and Opinion on Facebook," *Science* 348, no. 6239（2015）.この共同研究でわかったことは、自分の政治信条を表明しているフェイスブックのユーザーは9％で、彼らの友人でやはり政治信条を表明している人々の23％は彼らとは対極的な信条を表明しており、また28.5％はフェイスブック上で彼らとは対極的な政治的主義に基づくニュースを読んでいた。これらの数値は必ずしもネット上の隔離性にまつわる他のデータにそぐわないが、それは政治信条を表明したフェイスブック・ユーザーという小規模標本に基づいているためである。おそらくこうしたユーザーは政治的に活動的で、政治信条を共にする他の政治的に活動的なユーザーと付き合うことがずっと多い可能性がある。もしそうであるなら、全ユーザーの多様性はもっと大きいことになる。

35　ソーシャルメディアを驚くほど多様にしているもう一つの要因は、非常に人気があり広くシェアされている記事に対して、その政治的偏向性にかかわらず、過大なほど注目が集まるきらいがあることが挙げられる。Solomon Messing and Sean Westwood, "Selective Exposure in the Age of Social Media: Endorsements Trump Partisan Source Affiliation When Selecting News Online," 2014.を参照のこと。

36　Ben Quinn, "Social Network Users Have Twice as Many Friends Online as in Real Life," *Guardian*, May 8, 2011.この記事では2011年にthe Cystic Fibrosis Trustが実施した研究を取り上げている。この研究によると、人々はオンラインでは平均121人の友人を持っていたが、現実社会での友人数は55人だった。2014年にピュー・リサーチ・センターが行った調査では、平均的なフェイスブック・ユーザーは300人以上の友人を持っている。Aaron Smith, "6 New Facts About Facebook," February 3, 2014, http://www.pewresearch.org/fact-tank/2014/02/03/6-new-facts-about-facebook/を参照。

37　Eytan Bakshy, Itamar Rosenn, Cameron Marlow, and Lada Adamic, "The Role of Social Networks in Information Diffusion," *Proceedings of the 21st International Conference on World Wide Web*, 2012.

38　"Study: Child Abuse on Decline in U.S.," Associated Press, December 12, 2011.

39　Seth Stephens-Davidowitz, "How Googling Unmasks Child Abuse," *New York Times*, July 14, 2013, SR5およびSeth Stephens-Davidowitz, "Unreported Victims of an Economic Downturn," mimeo, 2013参照。

40　"Stopping Child Abuse: It Begins With You," *The Arizona Republic*, March 26, 2016.

41　Seth Stephens-Davidowitz, "The Return of the D.I.Y. Abortion," *New York Times*, March 6, 2016, SR2.データおよび更なる詳細は私のサイトsethsd.comの"Self-Induced Abortion"と題したセクションにて公開。

42　Alliance for Audited Media, Consumer Magazines, http://abcas3.auditedmedia.com/ecirc/magtitlesearch.asp.

43　2016年10月4日のフェイスブック・アドマネジャーを利用しての著者の計算による。

20 David Spiegelhalter, "Sex: What Are the Chances?" BBC News, March 15, 2012, http://www.bbc.com/future/story/20120313-sex-in-the-city-or-elsewhere.

21 15歳から44歳までの女性のうち妊娠する人は、年間ざっと660万人である。

22 既述の通り、グーグル検索をする人の性別はわからない。だが「クンニリングス」と検索する人の大半は男性、「フェラチオ」と検索する人の大半は女性であろうと考える。男女ともに大半の人は異性愛者であり、従って同性のパートナーを喜ばせるための検索をする必要が少ないからである。

23 グーグル・アドワーズに対する著者による分析。

24 Evan Soltas and Seth Stephens-Davidowitz, "The Rise of Hate Search," *New York Times*, December 13, 2015, SR1.データおよびさらなる詳細は私のサイトsethsd.comの"Islamophobia"セクションを参照。

25 著者によるグーグル・トレンドデータの分析。

26 著者によるグーグル・トレンドデータの分析。

27 Ashwin Rode and Anand J. Shukla, "Prejudicial Attitudes and Labor Market Outcomes," mimeo, 2013.

28 Seth Stephens-Davidowitz, "Google, Tell Me. Is My Son a Genius?" *New York Times*, January 19, 2014, SR6.この検索語そのもののデータはグーグル・アドワーズで得られる。さらにグーグル・トレンドからも、「才能がある」という検索語を「息子」と「娘」に複合した検索回数を比較することで推計できる。例えば次の比較を見てみると良い。https://www.google.com/trends/explore?date=all&geo=US&q=gifted%20son,gifted%20daughter および https://www.google.com/trends/explore?date=all&geo=US&q=overweight%20son,overweight%20daughter.一般的パターン（息子については頭脳絡み、娘については容姿絡みの検索が多いこと）に関する例外の1つは、「太った息子」検索が「太った娘」検索より多いことだ。これは既述の近親相姦ものポルノ人気に関わっているように思われる。「太った」と「息子」を含む検索のざっと20％はさらに「ポルノ」という語も含んでいる。

29 "Gender Equity in Education: A Data Snapshot," Office for Civil Rights, U.S. Department of Education, June 2012, http://www2.ed.gov/about/offices/list/ocr/docs/gender-equity-in-education.pdf.

30 Data Resource Center for Child and Adolescent Health, http://www.childhealthdata.org/browse/survey/results?q=2415&g=455&a=3879&r=1.

31 Stephens-Davidowitz, "The Data of Hate."関連データは私のサイトsethsd.comのデータセクションの"Stormfront"にて公開。

32 2016年10月の「ストームフロント」検索は前年同月と同様だった。これはオバマの最初の選挙戦当時とは対照的である。2008年10月には、ストームフロント絡みの検索はその前年同月に比べてほぼ60％も増えた。オバマ当選直後の日には、ストームフロント検索はざっと10倍増えた。トランプ当選直後には2.5倍増だった。これは2004年にジョージ・W・ブッシュが当選した直後の日とおおむね同じで、政治ニュースマニアによるニュースへの関心を反映しているのかもしれない。

からぬ割合の人々は、設問の意図を恋愛関係よりも友情ととらえたようである。

13 既述の通り、グーグル・トレンドではユーザーの性別で検索を分類していない。一方、グーグル・アドワーズでは、ページビューをいくつかのカテゴリーで性別に分類しているが、このデータはあまり正確ではない。件の性別検索を推計するために、私はまず、検索データを使って州ごとのゲイ・ポルノの検索率を推計した。次にこのデータをグーグル・アドワーズの性別データで正規化した。これ以外に性別のデータを得る方法として、ポーンハブのデータを使うことがあげられる。しかしポーンハブのユーザーは特殊性が強いおそれがあり、多くのゲイの人は代わりに、ゲイ・ポルノ専門サイトを利用するかもしれない。ポーンハブのデータが示唆する男性によるゲイ・ポルノ利用は、グーグル検索データが示唆するより低い。しかし同性愛に対する寛容性と男性によるゲイ・ポルノ視聴との間に強い相関性はないことは認められる。これら関連の全データと関連注記は、私のサイトsethsd.com上の"Sex"と題したセクションにある。

14 2017年2月8日のフェイスブックの広告データを著者が分析した結果。フェイスブックのサンフランシスコ、オークランド、サンノゼ・メディア市場で、ざっと300人の男子高校生が男性に興味があると表明している。女性に興味があるとした人はざっと7800人だった。

15 "'We Don't Have Any Gays in Iran,' Iranian President Tells Ivy League Audience," Daily Mail.com, September 25, 2007, http://www.dailymail.co.uk/news/article-483746/We-dont-gays-Iran-Iranian-president-tells-Ivy-League-audience.html.

16 Brett Logiurato, "Sochi Mayor Claims There Are No Gay People in the City," *Sports Illustrated*, January 27, 2014.

17 グーグル・アドワーズによると、毎年"гей порно"(ゲイ・ポルノ)という検索は万単位で行われている。ポルノ検索に占めるゲイ・ポルノの比率は米国でもソチでもおおむね同じである。グーグル・アドワーズにはイランのデータは含まれていない。ポーンハブもイランのデータを含まない。しかし、PornMDが同社のポルノ検索データを調べたところ、イランにおけるポルノ検索上位のうち5つはゲイ・ポルノを探すものだった。検索語には「ダディ・ラブ」や「ホテル・ビジネスマン」などが含まれ、以下に報告されている。Joseph Patrick McCormick, "Survey Reveals Searches for Gay Porn Are Top in Countries Banning Homosexuality," *PinkNews*, http://www.pinknews.co.uk/2013/03/13/survey-reveals-searches-for-gay-porn-are-top-in-countries-banning-homosexuality/.グーグル・トレンドによるとイランでのポルノ検索のうちゲイ・ポルノ関連は2%程度で、これは米国よりは低い比率だが、やはり広範な関心を示している。

18 Stephens-Davidowitz, "Searching for Sex."このセクションのデータは私のウェブサイトsethsd.comの"Sex"の部にて公開。

19 Current Contraceptive Status Among Women Aged 15–44: United States, 2011–2013, Centers for Disease Control and Prevention, http://www.cdc.gov/nchs/data/databriefs/db173.pdf.

2 Frauke Kreuter, Stanley Presser, and Roger Tourangeau, "Social Desirability Bias in CATI, IVR, and Web Surveys," *Public Opinion Quarterly* 72（5）, 2008.

3 トランプ支持率を測定するうえで嘘回答が問題になりかねないことについては次を参照。Thomas B. Edsall, "How Many People Support Trump but Don't Want to Admit It?" *New York Times*, May 15, 2016, SR2.一方、これは大問題ではないという議論については次を参照。Andrew Gelman, "Explanations for That Shocking 2% Shift," *Statistical Modeling, Causal Inference, and Social Science*, November 9, 2016, http://andrewgelman.com/2016/11/09/explanations-shocking-2-shift/.

4 私はロジャー・トゥーランゴーに2015年5月5日に電話取材した。

5 この議論は次を参照。Adam Grant, *Originals: How Non-Conformists Move the World*（New York: Viking, 2016）.当初の出典元はDavid Dunning, Chip Heath, and Jerry M. Suls, "Flawed Self-Assessment: Implications for Health, Education, and the Workplace," *Psychological Science in the Public Interest* 5（2004）.

6 Anya Kamenetz, "'Mischievous Responders' Confound Research on Teens," nprED, May 22, 2014, http://www.npr.org/sections/ed/2014/05/22/313166161/mischievous-responders-confound-research-on-teens.この記事が議論の対象にしている研究のオリジナルはJoseph P. Robinson-Cimpian, "Inaccurate Estimation of Disparities Due to Mischievous Responders," *Educational Researcher* 43, no. 4（2014）.

7 https://www.google.com/trends/explore?date=all&geo=US&q=porn,weather.

8 Amanda Hess, "How Many Women Are Not Admitting to Pew That They Watch Porn?" *Slate*, October 11, 2013, http://www.slate.com/blogs/xxfactor/2013/10/11/pew_online_viewing_study_percentage_of_women _who_watch_online_porn_is_growing.html.

9 Nicholas Diakopoulus, "Sex, Violence, and Autocomplete Algorithms," *Slate*, August 2, 2013, http://www.slate.com/articles/technology/future_tense/2013/08/words_banned_from_bing_and_google_s_autocomplete_algorithms.html.

10 さまざまな検索フレーズで調べた私の推計によると、子供を持ったことを後悔していると明言する米国人は毎月1730人いる。一方、子供を持たなかったことの後悔を表明する人はわずか50人ほどである。45歳を超えた米国人で子供を持たない人は約1590万人いる。子供を持つ人は1億5200万人程度である。ということは、子供を持つ人がそうしたことを後悔しているとグーグルに告白することは、子供を持たない人の懺悔のざっと3.6倍に及ぶことになる。本文中にも記しているが、グーグルにこうした告白をする人は明らかに一部に過ぎないことをあえて繰り返したい。おそらく、グーグルに告白してもどうにもならないことを忘れてしまうほど深く悔いているのだろう。

11 これらの推計の出典はNate Silver, "How Opinion on Same-Sex Marriage Is Changing, and What It Means," FiveThirtyEight, March 26, 2013, http://fivethirtyeight.blogs.nytimes.com/2013/03/26/how-opinion-on-same-sex-marriage-is-changing-and-what-it-means/?r=0.

12 著者のフェイスブック広告の分析による。「男性と女性」としているユーザーはカウントしていない。私の分析の示唆するところ、「男性と女性」としたユーザーの少な

ストの結果別に、人々の話し方の違いを細分している。詳細は次ページの図を参照。

23 Andrew J. Reagan, Lewis Mitchell, Dilan Kiley, Christopher M. Danforth, and Peter Sheridan Dodds, "The Emotional Arcs of Stories Are Dominated by Six Basic Shapes," *EPJ Data Science* 5, no. 1（2016）.

24 Jonah Berger and Katherine L. Milkman, "What Makes Online Content Viral?" *Journal of Marketing Research* 49, no. 2（2012）.

25 この研究は次の論文に詳述されている。Matthew Gentzkow and Jesse M. Shapiro, "What Drives Media Slant? Evidence from U.S. Daily Newspapers," *Econometrica* 78, no. 1（2010）. これを手掛け始めたとき、彼らはいずれも博士課程中だったが、今ではスター・エコノミストである。ジェンツコウはいまやスタンフォード大学の教授になり、40歳未満のトップ・エコノミストに与えられるジョン・ベイツ・クラーク賞を2014年に受賞している。シャピロは現在ブラウン大学教授であり、また名門誌*Journal of Political Economy*の編集者でもある。メディア偏向についての彼らの共同論文は、両者にとって最も引用された論文になっている。

26 マードックがニューヨーク・ポストを所有していることは、ニューヨークが大都市であり、従ってさまざまな視点に立つ媒体を支えられることによって説明できる。だが『ポスト』紙が一貫して赤字であることは明らかだ。参考文献の例に以下がある。Joe Pompeo, "How Much Does the 'New York Post' Actually Lose?" *Politico*, August 30, 2013, http://www.politico.com/media/story/2013/08/how-much-does-the-new-york-post-actually-lose-001176.

27 私はマット・ジェンツコウとジャセ・シャピロに2015年8月16日、ボストンのザ・ロイヤル・ソネスタで取材した。

28 Kate Rakelly, Sarah Sachs, Brian Yin, and Alexei A. Efros, "A Century of Portraits: A Visual Historical Record of American High School Yearbooks," paper presented at International Conference on Computer Vision, 2015.本書の写真は共著者らに許可を得て採録した。

29 参考文献 Christina Kotchemidova, "Why We Say 'Cheese': Producing the Smile in Snapshot Photography," *Critical Studies in Media Communication* 22, no. 1（2005）.

30 J. Vernon Henderson, Adam Storeygard, and David N. Weil, "Measuring Economic Growth from Outer Space," *American Economic Review* 102, no. 2（2012）.

31 Kathleen Caulderwood, "Nigerian GDP Jumps 89% as Economists Add in Telecoms, Nollywood," IBTimes, April 7, 2014, http://www.ibtimes.com/nigerian-gdp-jumps-89-economists-add-telecoms-nollywood-1568219.

32 私はジョセフ・レイジンガーに2015年6月10日に電話取材した。

33 Leena Rao, "SpaceX and Tesla Backer Just Invested $50 Million in This Startup," *Fortune*, September 24, 2015.

第4章　秘められた検索

1 Hugh J. Parry and Helen M. Crossley, "Validity of Responses to Survey Questions," *Public Opinion Quarterly* 14, 1（1950）.

Engine," Seventh International World-Wide Web Conference, April 14–18, 1998, Brisbane, Australia.

6 John Battelle, *The Search: How Google and Its Rivals Rewrote the Rules of Business and Transformed Our Culture* (New York: Penguin, 2005).

7 これについての良質な議論は以下を参照。Steven Levy, *In the Plex: How Google Thinks, Works, and Shapes Our Lives* (New York: Simon & Schuster, 2011).

8 "Ahmed Zayat's Journey: Bankruptcy and Big Bets," *New York Times*, June 5, 2015, A1.からの引用。ただし同記事は不正確で、実際にはセダーのチームの別の人物の発言である。

9 私はジェフ・セダーとパティ・マリーに2015年6月12日から同14日までフロリダ州オカラで取材した。

10 競走馬が挫折する理由はジェフ・セダーの職業経験上の意見による。

11 Supplemental Tables of Equine Injury Database Statistics for Thoroughbreds, http://jockeyclub.com/pdfs/eid7_year_tables.pdf.

12 "Postmortem Examination Program," California Animal Health and Food Laboratory System, 2013.

13 Avalyn Hunter, "A Case for Full Siblings," Bloodhorse, April 18, 2014, http://www.bloodhorse.com/horse-racing/articles/115014/a-case-for-full-siblings.

14 Melody Chiu, "E. J. Johnson Loses 50 Lbs. Since Undergoing Gastric Sleeve Surgery," *People*, October 1, 2014.

15 Eli Saslow, "Lost Stories of LeBron, Part 1," ESPN.com, October 17, 2013, http://www.espn.com/nba/story/_/id/9825052/how-lebron-james-life-changed-fourth-grade-espn-magazine.

16 参考文献　Sherry Ross, "16 Million Dollar Baby," *New York Daily News*, March 12, 2006, and Jay Privman, "The Green Monkey, Who Sold for $16M, Retired," ESPN.com, February 12, 2008, http://www.espn.com/sports/horse/news/story?id=3242341.オークションの模様は次の動画で見ることができる。"$16 Million Horse," YouTube video, posted November 1, 2008, https://www.youtube.com/watch?v=EyggMC85Zsg.

17 Sharad Goel, Jake M. Hofman, Sébastien Lahaie, David M. Pennock, and Duncan J. Watts, "Predicting Consumer Behavior with Web Search," *Proceedings of the National Academy of Sciences* 107, no. 41 (2010).

18 Constance L. Hays, "What Wal-Mart Knows About Customers' Habits," *New York Times*, November 14, 2004.

19 私はオーレイ・アッシェンフェルターに2016年10月27日に電話で取材した。

20 Daniel A. McFarland, Dan Jurafsky, and Craig Rawlings, "Making the Connection: Social Bonding in Courtship Situations," *American Journal of Sociology* 118, no. 6 (2013).

21 Jonathan Greenberg, "What I Learned From My Wise Uncle Leonard Cohen," *Huffington Post*, November 11, 2016.

22 H. Andrew Schwartz et al., "Personality, Gender, and Age in the Language of Social Media: The Open-Vocabulary Approach," *PloS One* 8, no. 9 (2013).この論文ではさらに、性格テ

5　著者の計算によると、以下は男性によるポルノ検索における最も人気のある女性の職業設定である。男性の年齢層別に分類した。

	18歳から24歳	25歳から64歳	65歳以上
1位	ベビーシッター	ベビーシッター	ベビーシッター
2位	教師	ヨガ・インストラクター	チアリーダー
3位	ヨガ・インストラクター	教師	医師
4位	チアリーダー	チアリーダー	教師
5位	医師	不動産屋	不動産屋
6位	売春婦	医師	看護師
7位	不動産屋	売春婦	ヨガ・インストラクター
8位	看護師	秘書	秘書
9位	秘書	看護師	売春婦

第3章　何がデータになるのか――驚くべき新データの世界

1　Matthew Leising, "HFT Treasury Trading Hurts Market When News Is Released," Bloomberg Markets, December 16, 2014; Nathaniel Popper, "The Robots Are Coming for Wall Street," *New York Times Magazine*, February 28, 2016, MM56; Richard Finger, "High Frequency Trading: Is It a Dark Force Against Ordinary Human Traders and Investors?" *Forbes*, September 30, 2013, http://www.forbes.com/sites/richardfinger/2013/09/30/high-frequency-trading-is-it-a-dark-force-against-ordinary-human-traders-and-investors/#50875fc751a6.

2　著者によるアラン・クルーガーへの電話取材による。2015年5月8日実施。

3　当初この研究を発表した論文はJeremy Ginsberg, Matthew H. Mohebbi, Rajan S. Patel, Lynnette Brammer, Mark S. Smolinski, and Larry Brilliant, "Detecting Influenza Epidemics Using Search Engine Query Data," *Nature* 457, no. 7232（2009）.当初のモデルの欠陥を論じたものにDavid Lazer, Ryan Kennedy, Gary King, and Alessandro Vespignani, "The Parable of Google Flu: Traps in Big Data Analysis," *Science* 343, no. 6176（2014）がある。修正後のモデルは以下にて。Shihao Yang, Mauricio Santillana, and S. C. Kou, "Accurate Estimation of Influenza Epidemics Using Google Search Data Via ARGO," *Proceedings of the National Academy of Sciences* 112, no. 47（2015）.

4　Seth Stephens-Davidowitz and Hal Varian, "A Hands-on Guide to Google Data," mimeo, 2015.さらに以下を参照。Marcelle Chauvet, Stuart Gabriel, and Chandler Lutz, "Mortgage Default Risk: New Evidence from Internet Search Queries," *Journal of Urban Economics* 96（2016）.

5　Sergey Brin and Larry Page, "The Anatomy of a Large-Scale Hypertextual Web Search

第2章　夢判断は正しいか？

1　男根的形状の食べ物については、著しく長く総じて丸い形状のものを分析した。キュウリ、トウモロコシ、ニンジン、なす、カボチャ、バナナなどである。データとコードは、sethsd.comを参照。

2　このデータセットは以下でダウンロードできる。https://www.microsoft.com/en-us/download/details.aspx?id=52418.研究者らはAmazon Mechanical Turkのユーザーに画像を表現するよう依頼し、キー・ストロークのログを取り、文字入力が修正されるたびにそれを記録した。詳細は以下を参照。Yukino Baba and Hisami Suzuki, "How Are Spelling Errors Generated and Corrected? A Study of Corrected and Uncorrected Spelling Errors Using Keystroke Logs," Proceedings of the Fiftieth Annual Meeting of the Association for Computational Linguistics, 2012.この研究についてのデータ、コード、さらなる詳述はsethsd.comで提供している。

3　全データ（警告：画像を含む）は以下の通り。

「私はXXXとセックスがしたい」

	月間グーグル検索数
母	720
息子	590
姉妹	590
従兄弟	480
父	480
彼氏	480
兄弟	320
娘	260
友人	170
彼女	140

4　たとえば「ポルノ」という単語は多くの非常に人気のあるアニメ番組の検索の際に複合検索されることが最も多いものである。以下を参照。

各種アニメ番組について最も人気のあるグーグル検索語

family guy porn	watch the simpsons	**futurama porn**	scooby doo games
family guy episodes	**the simpsons porn**	futurama leela	scooby doo movie
family guy free	the simpsons online	futurama episodes	**scooby doo porn**
watch family guy	the simpsons movie	futurama online	scooby doo velma

身長7フィート以上の選手の数は激増している。外国人高身長選手の中でも最も人数の伸びが顕著なのはトルコ、スペイン、ギリシャなどの出身者で、これらは近年に幼少時健康状態の改善と成人の身長増大をみた国々である。

14 Carmen R. Isasi et al., "Association of Childhood Economic Hardship with Adult Height and Adult Adiposity among Hispanics/Latinos: The HCHS/SOL Socio-Cultural Ancillary Study," PloS One 11, no. 2（2016）; Jane E. Miller and Sanders Korenman, "Poverty and Children's Nutritional Status in the United States," *American Journal of Epidemiology* 140, no. 3（1994）; Harry J. Holzer, Diane Whitmore Schanzenbach, Greg J. Duncan, and Jens Ludwig, "The Economic Costs of Childhood Poverty in the United States," *Journal of Children and Poverty* 14, no. 1（2008）.

15 Cheryl D. Fryar, Qiuping Gu, and Cynthia L. Ogden, "Anthropometric Reference Data for Children and Adults: United States, 2007–2010," *Vital and Health Statistics Series* 11, no. 252（2012）.

16 Pablo S. Torre, "Larger Than Real Life," *Sports Illustrated*, July 4, 2011.

17 Tim Kautz, James J. Heckman, Ron Diris, Bas Ter Weel, and Lex Borghans, "Fostering and Measuring Skills: Improving Cognitive and Non-Cognitive Skills to Promote Lifetime Success," National Bureau of Economic Research Working Paper 20749, 2014.

18 Desmond Conner, "For Wrenn, Sky's the Limit," *Hartford Courant*, October 21, 1999.

19 ダグ・レンの生い立ちは、以下の資料による。Percy Allen, "Former Washington and O'Dea Star Doug Wrenn Finds Tough Times," *Seattle Times*, March 29, 2009.

20 同上。

21 Melissa Isaacson, "Portrait of a Legend," ESPN.com, September 9, 2009, http://www.espn.com/chicago/columns/story?id=4457017&columnist=isaacson_melissa.ジョーダンのよき伝記として、次を挙げる。Roland Lazenby, *Michael Jordan: The Life*（Boston: Back Bay Books, 2015）.訳書は『マイケル・ジョーダン―父さん。僕の人生をどう思う？』（東邦出版刊）

22 Barry Jacobs, "High-Flying Michael Jordan Has North Carolina Cruising Toward Another NCAA Title," *People*, March 19, 1984.

23 Isaacson, "Portrait of a Legend."

24 Michael Jordan's Basketball Hall of Fame Enshrinement Speech, YouTube video, posted February 21, 2012, https://www.youtube.com/watch?v=XLzBMGXfK4c.ジョーダンのスピーチの最も面白いところは、両親についての熱のこもった語り口ではない。彼がいまだに駆け出し時代の些事に言及せずにはいられないようであることだ。おそらく些事に生涯こだわり続けることが、史上最高のバスケ選手になるために必要なのだろう。

25 "I'm LeBron James from Akron, Ohio," YouTube video, posted June 20, 2013, https://www.youtube.com/watch?v=XceMbPVAggk.

Journal of Oncology Practice（2016）.

3 これについては以下で論じている。Seth Stephens-Davidowitz, "Dr. Google Will See You Now," *New York Times*, August 11, 2013, SR12.

4 Lars Backstrom and Jon Kleinberg, "Romantic Partnerships and the Dispersion of Social Ties: A Network Analysis of Relationship Status on Facebook," in *Proceedings of the 17th ACM Conference on Computer Supported Cooperative Work & Social Computing*（2014）.

5 Daniel Kahneman, *Thinking, Fast and Slow*（New York: Farrar, Straus and Giroux, 2011）.

6 1979年から2010年までを平均すると、トルネードで死んだ米国人は55.81人である一方、喘息は4216.53人である。以下を参照。Annual U.S. Killer Tornado Statistics, National Weather Service, http://www.spc.noaa.gov/climo/torn/fatalmap.php and Trends in Asthma Morbidity and Mortality, American Lung Association, Epidemiology and Statistics Unit.

7 私が最も好きなユーイングの動画は以下の通り。"Patrick Ewing's Top 10 Career Plays," YouTube video, posted September 18, 2015, https://www.youtube.com/watch?v=Y29gMuYymv8; と "Patrick Ewing Knicks Tribute," YouTube video, posted May 12, 2006, https://www.youtube.com/watch?v=8T2l5Emzu-I.

8 S. L. Price, "Whatever Happened to the White Athlete?" *Sports Illustrated*, December 8, 1997.

9 2013年10月22日に私が行ったグーグル消費者サーベイによる。質問は「NBA選手の大半はどこの生まれだと推測しますか？」選択肢は「貧困地域」と「中流地域」の2択だった。回答者の59.7%が「貧困地域」を選んだ。

10 Roland G. Fryer Jr. and Steven D. Levitt, "The Causes and Consequences of Distinctively Black Names," *Quarterly Journal of Economics* 119, no. 3（2004）.

11 Centers for Disease Control and Prevention, "Health, United States, 2009," Table 9, Nonmarital Childbearing, by Detailed Race and Hispanic Origin of Mother, and Maternal Age: United States, Selected Years 1970–2006.

12 "Not Just a Typical Jock: Miami Heat Forward Chris Bosh's Interests Go Well Beyond Basketball," PalmBeachPost.com, February 15, 2011, http://www.palmbeachpost.com/news/sports/basketball/not-just-a-typical-jock-miami-heat-forward-chris-b/nLp7Z/; Dave Walker, "Chris Paul's Family to Compete on 'Family Feud,'nola.com, October 31, 2011, http://www.nola.com/tv/index.ssf/2011/10/chris_pauls_family_to_compete.html.

13 "Why Are We Getting Taller as a Species?" *Scientific American*, http://www.scientificamerican.com/article/why-are-we-getting-taller/.興味深いことに、米国人の身長の伸びは止まっている。Amanda Onion, "Why Have Americans Stopped Growing Taller?" ABC News, July 3, 2016, http://abcnews.go.com/Technology/story?id=98438&page=1.私は外国生まれのNBA選手が激増している理由の一つは、他国が身長で米国に追いつきつつあるからだと議論したことがある。米国生まれの身長7フィート（210センチ）以上のNBA選手は1946年から1980年までに16倍増し、その後は米国人の身長の伸びが止まったために高原状態にある。同時に、他国生まれの

さらに、この地図と下のトランプ支持率の図とのいくらかの差異は明快に説明できる。トランプはテキサスとアーカンソーの２州で支持を落としているが、これは政敵テッド・クルーズとマーク・ハッカビーの地元州であるためだ。

11　Civis Analytics from December 2015のサーベイ・データによる。実際の投票率は予備選挙が行われた時期と投票フォーマットの影響を大きく受けるため、ここではあまり役に立たない。地図は『ニューヨーク・タイムズ』の許可を得て採録。

12　"Bringing Big Data to the Enterprise," IBM, https://www-01.ibm.com/software/data/bigdata/what-is-big-data.html.

13　Nassim M. Taleb, "Beware the Big Errors of 'Big Data,'" *Wired*, February 8, 2013, http://www.wired.com/2013/02/big-data-means-big-errors-people.

14　著者はネット上の人種差別主義が、グレート・リセッションの影響度によって米国各地域でどう違うかを調べた。指標は「ニガー（nigger)」という語を含むグーグル検索とストームフロントの入会数の両方である。関連データはsethsd.comのデータセクションにて"Racial Animus"と"Stormfront"と題したフォルダで公開している。

15　Seth Stephens-Davidowitz, "Fifty States of Anxiety," *New York Times*, August 7, 2016, SR2. 注記：このパターンは各種サーベイから得られる証拠にも共通している（グーグル検索データのほうが規模がはるかに大きいが)。例えば、William C. Reeves et al., "Mental Illness Surveillance Among Adults in the United States," *Morbidity and Mortality Weekly Report Supplement* 60, no. 3（2011）を参照。

16　これについては以下で論じている。Seth Stephens-Davidowitz, "Why Are You Laughing?" *New York Times*, May 15, 2016, SR9.関連データはsethsd.comのデータセクションにて"Jokes"と題したフォルダで公開している。

17　これについては以下で論じている。Seth Stephens-Davidowitz, "What Do Pregnant Women Want?" *New York Times*, May 17, 2014, SR6.

18　著者によるポーンハブ上のデータ分析による。

19　これについては以下で論じている。"Searching for Sex," *New York Times*, January 25, 2015, SR1.

20　Stephens-Davidowitz, "What Do Pregnant Women Want?"

21　著者が2015年10月27日にジェリー・フリードマンに電話で取材したもの。

22　Hal R. Varian, "Big Data: New Tricks for Econometrics," *Journal of Economic Perspectives* 28, no. 2（2014).

第1章　直感は裏切り者

1　ここでは私が知るデータ分析の一面――人間行動を説明し、予測しようとするもの――について議論しているのであり、例えば自動運転のようなAIについて議論しているのではない。こうした方法論は、実際に人間の脳を調べて得られたツールを活用しているが、より理解が困難である。

2　John Paparrizos, Ryan W. White, and Eric Horvitz, "Screening for Pancreatic Adenocarcinoma Using Signals from Web Search Logs: Feasibility Study and Results,"

注

序章　いま起きているビッグデータ革命

1　Katie Fretland, "Gallup: Race Not Important to Voters," The Swamp, *Chicago Tribune*, June 2008.

2　Alexandre Mas and Enrico Moretti, "Racial Bias in the 2008 Presidential Election," *American Economic Review* 99, no. 2（2009）.

3　2009年11月12日、ルー・ドブスは司会を務める番組で、我々が「ポスト党派主義でポスト人種差別主義」時代に生きていると語った。2010年1月27日、クリス・マシューズは司会を務める番組でオバマ大統領は「どう見てもポスト人種差別主義」に見えると語った。他の例は、Michael C. Dawson and Lawrence D. Bobo, "One Year Later and the Myth of a Post-Racial Society," *Du Bois Review: Social Science Research on Race* 6, no. 2（2009）などを参照。

4　この分析の詳細は、私のウェブサイト（sethsd.com）上で"Sex Data"と題したcsvファイルで見ることができる。総合的社会調査のデータはhttp://gss.norc.org/.で得られる。

5　データは著者がニールセンからもらったもの。

6　著者がグーグル・トレンドを分析した結果。さらに、次の記事向けにストームフロントの全メンバーのデータを分析した結果も加味している。Seth Stephens-Davidowitz, "The Data of Hate," *New York Times*, July 13, 2014, SR4.関連データはsethsd.comのデータセクションにて"Stormfront"と題したフォルダで公開している。

7　著者がグーグル・トレンドを分析した結果。ケンタッキー、ルイジアナ、アリゾナ、ノースカロライナ州がそうである。

8　この論文は結局、Seth Stephens-Davidowitz, "The Cost of Racial Animus on a Black Candidate: Evidence Using Google Search Data," *Journal of Public Economics* 118（2014）として掲載された。詳細は同論文を参照されたい。さらに論文に用いたデータは、私のウェブサイトsethsd.comのデータセクションにて"Racism"と題したフォルダで公開している。

9　"Strongest correlate I've found for Trump support is Google searches for the n-word. Others have reported this too"（February 28, 2016, tweet）. See also Nate Cohn, "Donald Trump's Strongest Supporters: A New Kind of Democrat," *New York Times*, December 31, 2015, A3.

10　「ニガー（nigger）」という語を含むグーグル検索の割合を示したもの。グーグル検索における割合なので、人口の多い州や検索量が特に多い州が上位になることはない。

誰《だれ》もが嘘《うそ》をついている

ビッグデータ分析《ぶんせき》が暴《あば》く人間《にんげん》のヤバい本性《ほんしょう》

2018年2月20日　初版1刷発行
2019年4月30日　　4刷発行

著者 ―――― セス・スティーヴンズ＝ダヴィドウィッツ
訳者 ―――― 酒井泰介《さかいたいすけ》
カバーデザイン ―――― TYPEFACE
発行者 ―――― 田邊浩司
組版 ―――― 新藤慶昌堂
印刷所 ―――― 新藤慶昌堂
製本所 ―――― 国宝社
発行所 ―――― 株式会社光文社
〒112-8011　東京都文京区音羽1-16-6
電話 ―――― 翻訳編集部 03-5395-8162
書籍販売部 03-5395-8116
業務部 03-5395-8125

落丁本・乱丁本は業務部へご連絡くだされば、お取り替えいたします。

ISBN978-4-334-96216-6 Printed in Japan

■好評既刊

イアン・レズリー 著　須川綾子 訳

子どもは40000回質問する

あなたの人生を創る「好奇心」の驚くべき力

「好奇心格差」が「経済格差」を生む！

「知ることへの意欲＝好奇心」は成功や健康に大きな影響を及ぼす。その好奇心を突き動かしつづけるのは実は「知識」であり、知識を得るには「労力」が必要だ。いっぽう、幼少期の環境に由来する「好奇心格差」は、深刻な経済格差に発展している。はたして、いま私たちが自分のために、そして子どもたちのためにできることとは？　人間に好奇心が必要な理由を、多彩な例を引きつつ解明する好著。

四六判・ソフトカバー

■好評既刊

J.D.ヴァンス 著　関根光宏・山田文 訳

ヒルビリー・エレジー

アメリカの繁栄から取り残された白人たち

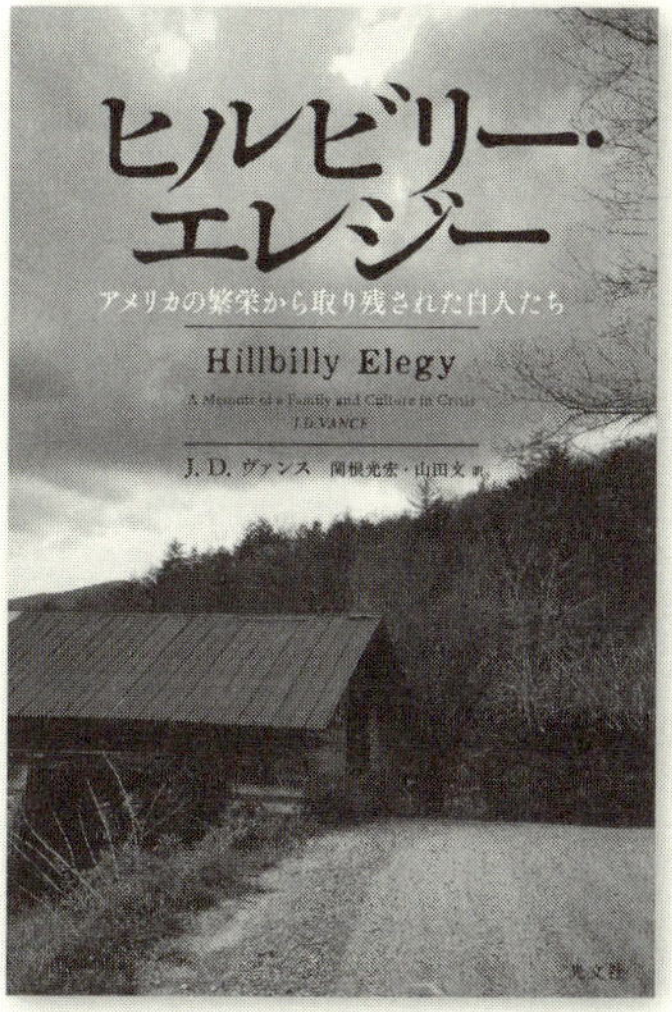

四六判・ソフトカバー

トランプ支持者の実態、アメリカ分断の深層とは？

「ラスト・ベルト（さびついた工業地帯）」と呼ばれる地域で、白人ではあるがいわゆるＷＡＳＰではなく、大学には行かず、地元の労働者として生計を立てる「ヒルビリー」たち。貧困が常態化しているそんな社会から幸運にも抜け出した著者が、これまで注目されなかった彼らの生活を赤裸々に綴り、全世界に衝撃を与えたベストセラー！

■好評既刊

ウォルター・アルバレス 著　山田美明 訳

ありえない138億年史

宇宙誕生と私たちを結ぶビッグヒストリー

「46億年もの連続と偶然。ぼくはまた地球について語りたくなりました。」

――京都大学教授　鎌田浩毅氏推薦！

四六判・ソフトカバー

われわれ人間は、なぜここにいるのか？　それは人類の歴史だけを見てもわからない。宇宙誕生から現在までの通史――「ビッグヒストリー」の考え方が必要だ。自然科学と人文・社会科学を横断する驚きに満ちた歴史を、恐竜絶滅の謎（隕石衝突）を解明した地球科学者が明らかにする。